새 언약의 비밀

말콤 스미스 지음 | 황의무 옮김

기독교문서선교회

기독교문서선교회(Christian Literature Crusade: 약칭 CLC)는
1941년 영국 콜체스터에서 켄 아담스에 의해 시작되었으며
국제 본부는 영국의 쉐필드에 있습니다.
현재 약 650여명의 선교사들이 59개 나라에서 180개의 본부를 두고,
이동도서차량 40대를 이용하여 문서 보급에 힘쓰고 있으며
이메일 주문을 통해 130여국으로 책을 공급하고 있습니다.
CLC는 청교도적 복음주의 신학과 신앙을 선포하는
국제적, 초교파적, 비영리 문서선교기관으로서, 하나님의 뜻에 합당한 책을 만들고
이 책을 통해 단 한 영혼이라도 구원되길 소망하며
이를 위해 주님이 오시는 그날까지 최선을 다할 것입니다.

The Lost Secret of the New Covenant

by
Malcolm Smith

translated by
Whang Eui Mu

Copyright ⓒ 2002 by Malcolm Smith

Originally published in English under the title as
The Lost Secret of the New Covenant by Malcolm Smith.
Translated by permission of Harris House,
P. O. Box 35035, Tulsa, Oklahoma 74153, U. S. A.

All rights reserved.

Korean Edition
Copyright ⓒ 2007 by Christian Literature Crusade
Seoul, Korea

차 례
Contents

역자서문 _ 6

제1장 무엇을 놓치고 있는가? _ 9
제2장 언약의 세계 _ 21
제3장 산송장의 세계 _ 35
제4장 하나님의 인자하심 _ 53
제5장 언약의 핵심 _ 67
제6장 인간의 대표 _ 87
제7장 므비보셋 이야기 _ 107
제8장 하나님의 보혈 _ 115
제9장 하나님의 맹세 _ 133
제10장 언약 체결 _ 153
제11장 언약 만찬 _ 171
제12장 더 이상 기억되지 않는 죄 _ 189
제13장 내가 너희 안에, 너희가 내 안에 _ 209
제14장 그리스도인의 삶의 절정 _ 227
제15장 성령으로 행함 _ 247
제16장 성령의 사람 _ 271
제17장 하나님의 벗 _ 289

저자후기 _ 306
미주 _ 310
참고문헌 _ 314

역자서문

저자는 영국에서 태어나 15세 때 예수를 구주로 영접하였다. 일찍부터 목회 사역을 시작하였으나 육신적 노력의 한계를 절감하고 있던 그에게 "내가 나의 법을 그들의 속에 두며 그 마음에 기록하여 나는 그들의 하나님이 되고 그들은 내 백성이 될 것이라"(렘 31:33)는 언약의 말씀은 큰 충격으로 다가왔다. "이것은 지금까지 복음에 대해 가지고 있던 나의 모든 생각을 송두리째 바꾸어 버렸다. 나의 출발점은 더 이상 내가 아니라 그로부터 시작되었으며, 나는 '더욱 열심을 내겠습니다' 라는 약속 대신 '네, 주님! 말씀하신 대로 행하십시오' 라고 고백하였다"(본문 중에서).

그는 대형교회의 목사도, 신학박사도 아니다. 그러나 하나님의 사랑과 그리스도 안에서 성령을 좇아 사는 것에 대한 깊은 깨달음은 오늘날 미국과 전 세계에서 교파를 초월하여 성경의 진리를 삶에 적용하려는 신자들에게 큰 영적 감화를 주고 있다.

왜 믿게 하셨는가? 왜 우리를 그의 자녀 삼으셨는가? 그것은 "선한 일에 열심하는 친 백성이 되게 하려 하심"(딛 2:14)이다. 오늘날 목회자와 성도는 저마다 선한 일이라고 생각하는 일에 최선을 다하고 있다. 그러나 무엇이 선한 일인가? 그것은 여호와를 아는 것이며 성령께서 이루어 가시는 거룩한 생명의 역사라고 본서는 말한다.

"그는 창세 전, 인류의 반역과 그로 인해 죄가 들어오기 전에 이미 하나님의 마음에서 죽었다. 하나님의 아들 예수는 골고다에서 역사적으로 죽으시기 전에 세상의 기초를 놓기 전부터 이미 그의 마음에서 도살을 당하셨다"(본문

중에서). 이 큰 사랑을 깨닫기를 간절히 바라는 것이 하나님의 마음이고 저자의 마음이다. 이 귀한 책이 독자들에게 큰 도전을 주리라 믿는다.

　말콤 스미스의 저서 시리즈를 출판 계획하고 있으며 제1권의 번역을 맡겨 주신 사단법인 기독교문서선교회(CLC)와, 번역하는 동안 한없는 위로와 평안을 주신 하나님께 감사드린다.

2007년 11월
황의무 識

The Lost Secret of the
New Covenant

제1장

무엇을 놓치고 있는가?

지금까지 천문학자들은 주변 천체에 작용하는 중력만으로 명왕성을 태양계에 속하는 행성으로 생각하였다. 적어도 궤도 주변 천체에 대한 싹쓸이 과정이 끝나지 않았다는 사실을 직접 눈으로 확인하기 전까지는 그랬다. 본서에 대한 나의 모든 여정은 그와 똑같다.

나는 성경을 읽고 성경의 인물들에 대해 연구하면서 그들은 내가 모르고 있는 무엇인가를 알고 있다는 생각이 들었다. 이 '무엇인가' 는 하나님과 구원에 대한 그들의 사고방식에 지대한 영향을 끼쳤다. 영적 권위를 지닌 그들의 담대한 신앙은 이 '무엇인가' 에 대한 반응이었던 것이다.

성경에 기록된 하나님의 사람들의 기도와 시편을 연구하면서 나는 그들의 기도와 예배는 모두 그들이 가진 이 '무엇인가' 에 관한 계시에 대한 반응이라는 사실을 알게 되었다. 그것이 어떤 것이든 한 가지 분명한 사실은 이 '무엇인가' 는 하나님의 사람들의 삶을 떠받치고 있는 초석이었다는 것이다. 그들에게 있어서 이 '무엇인가' 는 하나님과 동행하는 삶의 비밀이자 그분의 이름으로 행해지는 모든 행위의 기초였던 것이다.

특히 신약성경에는 이 '무엇인가'에 관한 내용으로 가득하다. 당시의 성도들은 내가 미처 발견하지 못했던 그것에 대해 반응하고 있었던 것이다. 그들은 나와는 다른 렌즈를 통해 구원을 바라보는 듯했다.

나는 지금까지 내가 사형선고를 받은 죄인이었으나 재판장이 내 대신 형을 받음으로 의롭게 되었다는 법정 개념의 구원관을 가지고 있었다. 이러한 구원 모델은 매우 쓸모 있는 것이기는 하나 꼭 집어 말할 수 없는 무엇인가가 부족했던 것이 사실이다.

나는 그리스도를 영접하고 몇 주 후 성령을 체험하였는데 그것은 나의 삶을 근본적으로 변화시키는 것이었다. 그러나 나는 신약성경을 계속해서 읽고 묵상하는 가운데 성령은 그들의 생명 자체이자 삶의 전부라는 사실을 깨닫게 되었다. 성령이야말로 그들이 구원을 정의하고 이해하는 유일한 통로였던 것이다. 그들에게 성령은 단순한 환상적 경험이 아니라 모든 삶의 정황 속에 인격적으로 내재해 계신 분이셨다.

그들이 이러한 삶을 지속적으로 영위하기 위해 제2, 제3의 경험을 하지 않았다는 것은 분명하다. 그러나 그들에게는 내가 알지 못하는 '무엇인가'가 확실히 있었으며, 그들은 그것을 통해 십자가를 이해하고 그것을 통해 예수님의 보혈과 그의 부활과 승천과 성령 주심에 관한 모든 것을 이해하였다. 그들의 개인적 삶과 신앙 공동체에 대한 성령의 역사는 나의 성령 체험과는 너무나 달랐는데 그것은 바로 이 '무엇인가' 때문이었던 것이다.

1. 언약의 핵심

내가 몰랐던 이 '무엇인가'는 하나님께서 자기 백성과 맺은 언약이었다. 지금 생각해 보면 언약을 알지 못하던 그 때에 성경을 어떤 식으로 읽었는지 기억조차 나지 않는다. 나는 분명히 이 감추어진 언약의 핵심으로부터 모든 것이 비롯된다는 사실을 알지 못하였다. 나는 마치 기독교라는 망망대해에

서로 아무런 관계도 없이 여기저기 흩어져 있는 섬처럼 아무런 응집력도 없는 신앙 체계를 가지고 있었다. 나는 하나님께서 세상을 창조하셨다고 믿었으나 그것이 나의 구원과 어떤 관계가 있는지 알지 못하였다. 구원은 하나님의 사랑의 행위이지만 그의 약속과는 아무런 관계도 없는 것인 줄 알았다. 성령은 죄에서 구원받은 자에게 덤으로 주어지는 영광스러운 경험이었으나 그것이 다른 모든 것의 중추적인 요소라는 사실은 알지 못하였다.

이 모든 것들에는 그것을 하나로 묶는 '무엇인가' 가 빠져 있었던 것이다. 하나님의 약속은 전적으로 신뢰할 수 있는 하나님의 말씀이었으나 하나님께서 피로 세우신 언약과는 아무런 관계도 없이 홀로 허공을 맴돌았을 뿐이었다.

나에게 믿음은 하나의 미스터리였다. 나는 성경에 기록된 영웅들의 말에 담긴 권위에 대해 생각하며 이러한 권위가 어디서 왔기에 하나님이 인정하시는 놀라운 것들을 말할 수 있었는지 궁금하였다. 나는 그들이 하나님께서 이미 하신 약속에 따라 담대히 말하였다는 사실을 깨닫지 못하였던 것이다.

기도도 마찬가지이다. 예수님의 이름으로 기도한다는 것이 무슨 뜻인가? 그것은 제한적 의미를 가지지만 동시에 어떤 의미도 부여할 수 있는 것처럼 보였다. 나는 그의 이름이 언약의 핵심이라는 사실을 몰랐다. 심지어 시편에 나타난 찬양이나 감사 및 예배조차도 이 '무엇인가' 에 감사하여 드리는 것이었으나, 나는 그것이 그의 언약이자 신실한 언약적 사랑이었음을 깨닫지 못하였던 것이다.

나는 십자가에 달리신 예수님의 상처로부터 흘러내린 하나님의 보혈로 새 언약이 체결되었다는 사실을 깨달은 후 성경을 새로운 시각으로 바라보게 되었다. 기독교라는 망망대해는 견고한 땅으로 바뀌었으며 흩어져 있던 진리와 경험의 섬들은 하나로 연결되었다. 나는 그리스도 안에 있는 평안을 누리게 되었으며 언약을 발견하기 전에는 결코 몰랐으나 이제는 성령께서 나의 삶과 교회 가운데 내주하심을 깨닫게 되었다.

2. 능력을 상실한 복음

그러나 참으로 안타까운 사실은 21세기를 사는 신자들 가운데 많은 사람들이 복음이 이러한 하나님과의 관계에 대해 선포하며 능력으로 그러한 관계로 들어가게 하신다는 사실을 모르고 있다는 것이다. 이처럼 다급한 복음의 부름을 깨닫지 못하기 때문에 그들은 매주마다 돌아오는 공예배에 참석하여 기도와 성경 공부, 그리고 주로 육신적 삶과 관련된 규례들을 지키는 것으로 만족하고 있는 것이다.

나는 기계를 잘 다루지 못한다. 사실 기계적인 것들에 대해서는 전혀 문외한이라고 할 수 있다. 나는 십대 후반 시절 북아일랜드의 한 농촌에 있는 작은 교회에서 사역한 적이 있다. 당시에 나는 자전거로 농장에 사는 성도들을 심방하였는데, 그것을 본 한 성도가 편하게 심방하라며 아들이 타고 다니던 작은 오토바이 한 대를 선물로 주었다. 나는 한 번도 오토바이를 타본 적이 없고 타겠다는 생각도 해보지 않았기 때문에 놀라움 반 두려움 반으로 그것을 다루었다. 대충 움직일 줄은 알았으나 아무도 자세한 작동 원리에 대해 가르쳐 주지 않았으며 사용설명서도 없었다.

나는 헬멧을 쓰고 사이클 복장을 갖춘 후 저절로 움직이는 새로운 기분을 만끽하며 출발하였다. 드디어 맞바람과 싸우며 진력을 다해 페달을 밟던 시절은 지나갔다고 생각했다.

그러나 이튿날 오토바이는 덜거덕거리는 소리와 함께 멈추고 말았다. 나는 어디가 잘못되었는지도 모른 채 당황해하며 이리저리 기웃거리기만 했다. 결국 나는 오토바이를 끌고 가는 수밖에 없었다. 두터운 사이클 복장 속으로 땀에 흠뻑 젖은 나는, 페달만 밟으면 굴러갔던 옛날 자전거 생각이 간절하였다. 터덜거리는 걸음으로 햇볕이 내리쬐는 길을 한참 가야 했던 나는 이 성가신 기계를 개울에 내팽개쳐버리고 싶다는 생각이 굴뚝같았다. 하지만 선물한 성도를 생각하니 그럴 수도 없는 노릇이었다.

선물에 대한 실망감과 어떻게 손 써볼 수도 없이 완전히 망가져 버렸다는 절망감에 싸여 있을 때 한 농부의 친절한 음성이 들렸다. 무겁게 짐을 끌고 가는 내 모습을 본 그는 "기름이 떨어진 것 같은데 내 것 좀 가져가시오"라고 하였다. 나는 깜짝 놀라 그 자리에 멈추어 섰다. 자전거가 고장 난 것이 아니라 연료가 다 되었던 것이다.

오늘날 크리스천이라는 이름은 가졌으나 신자의 삶을 이끌어가는 원동력을 알지 못해 모든 것을 내팽개치고 싶은 마음으로 힘들게 자신의 삶을 끌어가는 그리스도인들이 얼마나 많은지 모른다. 그들은 진력을 다하지만 정작 그들에게 필요한 것은 다른 원천으로부터 나오는 동력의 힘이다.

복음이란 무엇인가? 만일 우리가 복음이라고 믿는 것이 하나님의 구원하시는 능력이 아니라면, 우리가 진정 그것을 제대로 이해하고 있는지 자문해 보아야 한다.

성경적 믿음이란 무엇인가? 많은 사람들에게 그것은 자구적인(self-help) 저자들이 말하는 바, 신앙을 종교적으로 변형한 형태에 불과하다.

우리는 어떻게 하나님에 대한 두려움을 멈추고 진정으로 그를 사랑할 수 있는가? 그의 종인 동시에 그의 벗이 되는 것이 가능한 일인가?

진정한 거룩이란 과연 무엇인가? 그것은 분명 일련의 외적 원리나 지침들을 지켜나가는 것 이상이다.

예수께서 "내가 너희 안에 너희가 내 안에"라고 하신 말씀의 의미는 무엇인가? 그것은 분명 한 주일에 두 번씩 교회에 나가는 것 이상의 의미를 담고 있는 것으로 보인다.

우리는 어떻게 유혹을 이길 수 있는가? 그것은 과연 강한 의지력과 결단에 달린 문제인가?

사랑할 수 없는 사람을 어떻게 사랑할 수 있는가? 우리는 어떻게 예수께서 우리를 사랑하신 것처럼 다른 사람을 사랑할 수 있는가? 어떻게 하면 용서할 수 없는 사람을 용서할 수 있는가?

안타깝게도 오늘날 수많은 신자들은 마치 내가 오토바이에 대해 문외한이었던 것처럼 이러한 질문에 대한 답을 모르고 있다.
나는 얼마 전에 다음과 같은 편지를 받았다.

말콤 선생님께

당신은 아마도 내가 누구인지 모르실 것입니다. 나도 당신을 만난 적이 없지만 한 친구가 당신의 가르침이 많은 도움이 되었다는 말과 함께 주소를 알려주어 이렇게 편지를 쓰게 되었습니다. 편지를 꼭 읽어보시고 필요한 도움을 주시기 바랍니다.

내가 이렇게 편지를 쓰는 이유는 그리스도인으로서 나의 삶이 너무나 비참하고 이제 더 이상 어떻게 해볼 수 없는 막다른 골목에 이르렀다고 생각되어서입니다. 나는 교회에서 지도자적 위치에 있으며, 따라서 목사님이나 다른 성도 중 누구에게 이런 나의 사정을 털어놓는다면 무슨 일이 일어날는지 알 수 없습니다. 어쩌면 더 이상 교회에서 인정받지 못하는 사람이 되고 말는지도 모릅니다. 때문에 나는 당신이 이 글을 읽고 나를 도와주실 수 있도록 기도합니다.

먼저 말씀드리고 싶은 것은 만일 당신이 교회에서 내가 어떻게 지내는지 안다면, 매주 모임이나 다른 성도와의 교제나 주일학교에서 가르치는 나의 모습을 본다면, 내가 당신이 짐작하는 그런 사람이 아니라고는 꿈에도 생각하지 못하실 것이라는 겁니다.

내가 처음부터 위선자로 시작한 것은 아닙니다. 처음에 나는 예수님을 위해 최선을 다해 살았습니다. 나는 날마다 기도하며 성경을 읽고 묵상하였습니다. 나는 매주 솔직하게 예수님을 위한 삶을 시작하였습니다. 그러나 나는 매번 실패하였습니다. 나의 가족과 동료들의 눈에 비친 내 모습은 교회에서의 모습과 판이하게 달랐습니다. 나에게는 아무리 애쓰고 노력해도 통제할 수 없는 끔찍한 기질이 있었습니다. 나는 날마다 이 정욕적인 생각과 씨름하였으며, 일 때문에 마을을 벗어날 때면 호텔 방에서 음란물을 보곤 하였습니다. 나에게는 근 이십년 간 왕래를 않고 지내는 동생이 하나 있습니다. 나는 나에게 깊은 배신감과 상처를 준 그를 용서할 수 없었습니다. 만일 기독교가 예수님과 같은 사랑을 품는 것이라면 나는 분명 그 범주에 해당되지 않는 사람입니다.

그러나 무엇보다도 나는 하나님을 사랑하지 않았습니다. 나는 기도하거나 성경을 읽으면서 기쁨을 찾지 못하였습니다. 내가 그렇게 한 것은 그것이 그리스도인의 삶을 풍성하게 해준다고 들었기 때문입니다. 그러나 내 마음은 그의 명령에 동의하지 않았으며 그와 함께하지도 않았습니다. 사실 나는 한때 나보다 훨씬 행복해 보였던 세상에 대해 부러워한 적도 많습니다.

사실 나는 지난 십년 간 교회에서 이런 식으로 살아왔습니다. 그것은 아마도 교회에서 다른 성도나 지도자들에게 이와 같이 눈가림만 하면서도 그럭저럭 잘해 왔기 때문일 것입니다. 당신은 이러한 형식적인 삶이 어떤 것인지 잘 아실 것입니다. 그것은 우리와 같은 복음주의자들이 속한 문화의 일반적 추세입니다. 한 번은 이러한 것들에 대해 곰곰이 따져보았습니다. 우리는 명백히 드러나는 행위는 하지 않는 사람들입니다. 우리는 특정 장소에 가지 않으며 담배를 피우거나 술을 마시지도 않고 더욱이 가난한 우리들은 세상 사람들처럼 외모를 가꾸지도 않습니다. 이러한 규칙들만 지킨다면 모든 사람들은 나를 꽤 괜찮은 그리스도인으로 생각합니다.

그러나 나는 지난 주 자신을 돌아보며 성경은 교회가 제시하는, 그리고 우리가 평생 추구하는 이러한 원리들보다 나의 생각과 동기 및 관계에 초점을 맞추고 있다는 사실을 깨달았습니다. 무엇보다도 성경은 나에게 하나님을 사랑하고 그를 즐거워하라고 명령하시며 그를 사랑하는 마음으로 그의 명령을 지키라고 하였습니다.

불행히도 나는 지금까지 그것에 실패하였던 것입니다. 말콤 선생님, 실로 나는 하나님을 사랑하지 않았던 것입니다. 정확히 말하면 나는 그를 두려워하였으며 교회에 가서 기도하지 않으면 지옥에 갈는지도 모른다는 두려운 생각에 그렇게 하였던 것입니다. 나는 교회에 있는 다른 성도를 바라보며 심지어는 친구들조차 나처럼 이중적인 삶을 살고 있는지도 모른다는 생각을 했습니다. 그들은 내가 진정 어떤 사람인지를 모릅니다. 혹시 그들도 나처럼 아이들이 그런 것을 보면 야단을 치면서도 아무도 없을 때 음란물을 몰래 보지 않습니까? 또 하나님을 사랑하는 마음이 없으면서도 주일날이면 온갖 말과 행동을 다 하지는 않습니까? 그들도 나와 같이 가면으로 진정한 인격을 덮어 쓴 채 종교적인 삶을 영위하고 있지는 않습니까?

나도 하나님을 경험했다고 생각한 순간이 여러 번 있습니다. 특별 부흥회 때 안수를 받으면서 무엇인가 뜨거운 것이 속에서 일어나고 기쁨이 솟아나는 것을 느꼈으며 이런 상태는 두 주간이나 지속되었습니다. 나는 진정한 그리스도인이라면 언제나 이러한 상태에 있어야 할 것이라는 생각도 해보았습니다. 때때로 나는 성공적인 그리스도인의 삶을 살기 위한 방법에 대한 메시지를 들었으며 나도 그렇게 살기 위해 갖은 노력을 다 해보았으나 너무나 인위적이라는 생각이 들었습니다. 내가 이 땅에서 할 수 있는 모든 희망적 노력도 막다른 골목에 부딪쳤으며 이제 나는 전보다 더욱 깊은 절망에 빠지게 되었습니다.

지난 몇 주 동안 나는 자신을 돌아보며 나의 삶이 진정 어떤 모습인지 평가해 보았습니다. 그것은 나에게 보다 심각한 절망감에 젖어들게 하였습니다. 이 편지는 나나 나의 친구들처럼 평범한 사람들이 그리스도인의 삶을 살 수 있는지에 대해 다른 누군가에게 물어보는 마지막 시도입니다. 말콤 선생님, 진정 그러한 삶이 세상을 멀리하고 하나님만 사랑하며 우리와 같은 정욕적인 생각이 없는 소수의 특별한 사람들에게만 부여된 특권인지 솔직히 말해 주시기 바랍니다. 만일 그것이 모든 사람들에게 주어진 것이라면 내가 놓치고 있는 것이 무엇이며 또한 진정한 그리스도인의 삶을 살기 위해 어느 정도 수준의 헌신이나 경험이 필요한지에 대해서도 알려주시기 바랍니다. 아니면 앞에서 설명한 나의 삶이 더 이상 좋을 수 없는 충분한 것인지에 대해 답변해 주시기 바랍니다.

만일 기독교에 대한 나의 경험이 더 이상 좋을 수 없는 것이라면, 나는 조용히 이 모든 것으로부터 떠나겠습니다. 나는 그처럼 깊이도 없고 의미도 없는 삶을 더 이상 살 수 없습니다. 부디 솔직하게 대답해 주시기 바랍니다. 만일 당신이 이것이 진정 그리스도인의 실제적 삶이라고 말한다면 나는 누구에게도 당신이 그렇게 말했다고 말하지 않겠습니다. 나는 당신의 편지를 불태워 없애버리겠습니다. 오늘밤 교회에서 성경 연구와 기도 시간이 있지만 가고 싶지 않습니다. 사실, 나는 그곳에 있고 싶은 마음이 없습니다. 내가 만일 그 자리에 가 있다면, 그것은 목사님이 왜 오지 않았는지 따지거나 친구들이 내 신앙에 대해 이러쿵저러쿵하는 것을 피하기 위해서일 것입니다. 그러나 나는 이 문제로 고민하느라 집에 머물러야 할 것 같습니다. 부디 어떤 대답이든지 솔직하게 말씀해 주시기 바랍니다.

밥(Bob)으로부터

나는 밥(Bob)과 유사한 절망에 빠진 편지를 수없이 받았다. 불행히도 그와 함께 교회에서 찬송을 부르는 친구들도 자신처럼 희망 없는 삶을 살고 있을지도 모른다는 밥의 가정은 옳다. 그들 역시 기독교적 활동이라는 가면 뒤에 숨어 마지못해 하나님을 사랑하는 것처럼 보이는 형식적 규칙들을 지켜나가고 있는 것이다. 그들이 살고 있는 영적 사막에서 마음으로부터 정직하고 기쁘게 그의 뜻을 따라 살며 하나님을 사랑하는 삶은 신기루에 불과하다.

절망에 빠진 많은 사람들은 신약성경에 나타난 그리스도인과 같은 삶을 살려는 모든 희망을 접고 말았다. 왜 그런가? 그들은 대부분 밥과 같이 신실한 마음으로 하나님께서 요구하신다고 생각하는 것들을 위해 최선을 다해 이루려 했다. 그들은 자신들이 알고 있는 한 최선을 다해 복음을 믿는다. 그렇다면 왜 그들의 삶이 이처럼 깊이가 없고 공허한가?

그들이 복음의 참 의미를 깨닫지 못하였을 가능성은 없는가? 아니면 복음을 부분적으로만 들었기 때문에 중요한 요소를 놓치고 있지는 않는가?

홍콩에 있는 어느 교회에서 말씀을 전할 때 목사님이 나에게 조언을 구한 적이 있다. 그는 주일 예배와 주중 성경 공부에 참석하는 성도들 가운데 상당수가 주중에는 불교 사원에 가고 싶어 한다고 말했다. 그는 자신이 무슨 말이나 교훈을 하여도 성도들에게 영향을 주지 못한다고 했다. 그는 좌절감에 싸여 나에게 특별한 묘안이 없겠느냐고 물었다.

나는 왜 신자들이 주중에 사원에 가고 싶어 하는지 알아보기 위해 사원에 갔다. 대답은 넓은 뜰에 빽빽이 들어찬 책상마다 앉아 있는 점쟁이들이었다. 각 책상마다 문제 해결과 사업이나 결혼에 대한 조언 및 여행을 떠나야 할 날짜를 알아보기 위해 많은 남녀가 줄을 서서 기다리고 있었다.

나는 목사님에게 설교 주제에 관해 물어보았다. 그의 설교는 주로 하늘나라, 재림, 지옥과 심판, 삼위일체와 예수님의 십자가 사역에 관한 내용을 다룬 것이었다.

주일날 교회에 나오는 성도들은 역사의 주관자이시지만 그들의 일상과는 너무나 동떨어진 곳에 거하시는 초월적인 하나님에 대해 배웠다. 회중이 배운 구원은 그들을 지옥에서 구원하여 하늘로 옮기실 예수님과 세상 끝에 일어날 여러 가지 세세한 내용에 초점을 맞추고 있지만, 그들은 현실의 삶을 위해 점쟁이에게로 달려갔던 것이다. 그들에게는 삶 가운데 동행하시며 지혜의 원천과 삶의 능력이 되시는 하나님이 필요하였던 것이다.

미국으로 돌아오면서 나는 이곳의 상황도 마찬가지라는 생각을 하였다. 많은 그리스도인들이 매주 듣는 말씀은 지옥을 피하라는 것과 죽은 후 하늘나라에 가라는 외침이며 대부분의 기독교 베스트셀러는 마지막 예언에 관해 다룬다. 그러나 성령의 능력으로 사는 방법이나 어떻게 하면 예수님과 동행하며 그가 사랑하신 것처럼 사랑할 것인가에 대한 문제는 좀처럼 다루지 않는다.

본서는 밥과 동일한 질문을 가진 사람들에 대한 대답이다. 나는 지금까지 많은 신자들에게 지금 여기서(here and now) 역사하는 기독교, 천국으로 가는 여정에서 실제로 천국과 같은 삶을 살게 하는 기독교에 대해 전파해 왔다.

결론은 간단하다. 그것은 복음이 하나님의 언약에 대한 선포라는 사실을 깨닫고 이 어두운 세상에서 그의 권세와 능력으로 사는 방법을 깨닫는 데 있다. 한 가지 유의할 것은 지금부터 말하는 내용은 여러분이 현재 가지고 있는 복음에 대한 이해나 그리스도인으로서의 삶의 방향을 바꿀 수도 있다는 것이다. 여러분이 현재 가지고 있는 복음관이 여러분의 삶에 열매를 가져오지 못하였다면 지금이야말로 "나는 무엇인가를 놓치고 있으며 지금은 나의 신앙을 근본적으로 재점검해 보아야 할 때"라고 고백할 시점이다.

The Lost Secret of the
New Covenant

제 2 장

언약의 세계

본서는 복음을 처음 접한 사람들의 입장에서 보고 들은 복음에 관한 놀라운 이야기이다. 우리가 성경을 통해 익숙히 알고 있는 말씀들은 21세기의 사람들이 알지 못하는 원래 독자들에게 주어진 말씀이다. 그들은 복음을 언약의 산물로 이해하였다.

나는 오랜 시간 성경을 배워왔으면서도 이 개념을 놓쳤다. 언약은 서구 사회에 워낙 생소한 개념이었기 때문이다. 그러나 이 개념은 고대 사회나 오늘날 제3세계 국가들 사이에서는 잘 알려져 있으며 문서화도 되어 있는 개념이다.

성경 이야기에 나오는 사람들은 모두 이 개념이 깊이 뿌리 내린 환경에서 살았다. 국가나 부족 또는 개인 간의 모든 관계는 어느 정도 이 언약과 연결되었다. 뿐만 아니라 가족조차 이러한 개념을 바탕으로 구성되었다. 가족의 모든 구성원은 서로에 대한 언약적 책임감을 통해 철저한 유대관계를 형성하고 있었다.

성경은 구약성경(Old Testament)과 신약성경(New Testament)이라는 두

가지 문서로 구성된다. 그러나 testament(유언, 증언, 약속)라는 단어는 이들 두 책을 묘사하는 말로 적절하지 못하며, 두 문서에 대한 바른 이름은 옛 언약(old covenant)과 새 언약(new covenant)이 되어야 할 것이다.

옛 언약은 시내산에서 이스라엘의 대표자인 모세를 통해 하나님과 이스라엘이 맺은 언약이다. 이것은 십계명의 규례와 양과 소와 염소를 통해 백성들의 죄를 씻는 제사의식에 관한 언약이다. 이 언약의 당사자가 되는 표식은 남자에 대한 할례의식이었다.

새 언약은 이전의 모든 방식은 옛 것이 되어 더 이상 구원의 수단으로서의 효력을 갖지 못한다는 의미에서 새로운 언약이라 불린다. 이것은 마치 자동차가 전년도 모델을 개조하여 올해 새로 출시된 것처럼 옛 것을 모양만 바꾸어 나온 것이 아니라는 말이다. 새로운(new)[1]이라는 말은 이전과는 전혀 다른 새로운 종(kind)이라는 뜻이다. 이 언약은 주 예수께서 자신의 피로 세우셨다. 이 언약에 동참하기 위해서는 성령의 인침을 받아야 한다. 그는 사람의 마음과 소원에 율법을 새기시고 그 안에 있는 자들로 하여금 약속을 따라 살게 하는 언약의 능력이 되신다.

1. 강제적 의무

언약(covenant)이라는 영어 단어는 "함께 오다, 동의하다"라는 문자적 의미를 가진 라틴어 *convenire*에서 온 것이다.[2] 히브리어로는 베리트(*berith*)라고 하며, 문자적으로는 "결박이나 구속 또는 강제적 의무"라는 뜻이 있다. 성경에서는 헌신적 사랑과 신뢰의 궁극적 표현으로서, 주로 한동안 형성 중인 관계를 규명하고 확인하며 정립하거나 결속한다는 의미로 사용되었다.

지금부터 논의할 내용의 세부적인 설명을 위해서는 언약에 대한 실제적인 정의가 필요하다. 따라서 앞으로 본서에서 사용할 언약의 정확한 개념은 다음과 같이 정의하기로 한다. 언약은 무조건적 사랑에 기초하여 피와 거룩한 맹세로 맺은 구속력을 지닌 파기할 수 없는 의무로서, 양자는 상대에 대한 약속을 구체적으로 이행하여야 하며 만일 그것을 회피할 경우 하나님의 형벌을 자초하게 된다. 이것은 오직 죽음으로만 파기될 수 있는 관계이다.

성경에 나오는 언약은 대부분 불평등 언약(unequal covenants)이다. 즉 능력과 권위가 훨씬 우월한 한쪽 당사자가 힘이나 지위가 훨씬 약한 상대의 유익을 위해 주도적으로 자비를 베푸는 일방적 언약이었다.

종족이나 부족 및 백성들 간에 언약이 체결될 때에는 언제나 일정한 요소가 나타난다. 우리는 하나님께서 우리와 언약하실 때에도 이러한 인간의 언약 체결 방식을 사용하고 계심을 볼 수 있다. 따라서 사람들 간의 언약에 나타나는 요소들을 철저히 파악하여 이해함으로써 하나님께서 예수 그리스도를 통해 우리와 맺은 언약에 대해 보다 잘 이해할 수 있다.

2. 대표자

일단의 사람들이 다른 상대와 조약을 맺으려 할 때 그들은 자신들 가운데 대표자를 선정하여 조약을 체결하게 한다. '대표하다' (represent)[3]라는 말은 "다시 나타내다", "다른 사람의 뜻을 다시 나타내다", "다른 사람을 대신하여 권위를 갖고 말하고 행동하다"는 뜻을 가지며 대리인이나 대행자가 되는 것을 말한다. 대표자는 자신이 대신할 사람들의 필요나 요구를 알기 때문에 언약의 상대방에게 그들의 입장에서, 그리고 그들을 위하여, 그들의 사정을 다시 나타내며 대변할 수 있는 것이다.

대표자는 그가 대표하는 사람들과 같은 혈통 및 가문이어야 한다. 대표자로서 그는 부족이나 종족 및 가족들을 자신에게 모으고 그들의 입장에서 그들을 위해 언약을 체결한다. 또한 대표자는 언약을 보증하는 자였다. 언약은 그를 보증인(guarantor)으로 하여 그의 안에서 그를 통하여 맺어졌으며 그는 모든 언약의 조항과 약속 이행에 대한 담보물(guarantee)이 되었다.

사실 이러한 개념은 모든 사고의 출발점이 개인으로부터 시작하여 개인으로 끝나는 서구적 사고로는 이해하기 어렵다. 그러나 성경은 모든 사람들이 이 대표자 '안에'(in) 포함되어, 대표자의 행위와 업적이 모든 종족, 부족 및 가족 전체의 행동과 업적이 된다고 하는 전혀 다른 사고방식을 제시한다.

우리가 잘 아는 사무엘상 17장의 다윗과 골리앗에 관한 이야기는 이러한 사고방식을 잘 보여준다. 블레셋 군대가 이스라엘을 치러 오자 사울 왕은 군사들을 보내어 그를 막게 하였다. 블레셋 사람들은 기골이 장대하고 훈련이 잘된 용사들로 적군에게는 큰 두려움의 대상이었다. 그들은 놋으로 된 갑옷을 입고 투구 꼭대기에 깃털로 치장을 하고 있어 실제보다 커 보였다. 그들 가운데는 키가 9피트나 되는 육중한 거인들도 있었다. 가드의 골리앗은 이러한 거인 가운데도 출중한 블레셋 군대의 영웅이었다.

싸움이 시작되기 전 골리앗은 앞으로 나와 건너편 계곡을 향해 큰 소리로 포효하였다. 그것은 확실히 오늘날 전쟁과는 다른 특이한 방식이었다.

> 그가 서서 이스라엘 군대를 향하여 외쳐 가로되 너희가 어찌하여 나와서 항오를 벌였느냐 나는 블레셋 사람이 아니며 너희는 사울의 신복이 아니냐 너희는 한 사람을 택하여 내게로 내려 보내라 그가 능히 싸워서 나를 죽이면 우리가 너희의 종이 되겠고 만일 내가 이기어 그를 죽이면 너희가 우리의 종이 되어 우리를 섬길 것이니라 그 블레셋 사람이 또 가로되 내가 오늘날 이스라엘의 군대를 모욕하였으니 사람을 보내어 나로 더불어 싸우게 하라 한지라(삼상 17:8-10).

그는 자신이 블레셋을 대표한다고 했다. 이것은 어떤 의미에서 블레셋의 모든 역사가 자신의 손안에 있다는 의미이다. 만일 골리앗이 그와 같이 이스라엘을 대표하는 자와 싸운다면 그것으로 모든 전쟁은 끝나게 된다. 모든 문제는 자기 백성을 대표하는 두 사람 사이에서 해결될 것이다.

사울은 이스라엘에서 가장 큰 사람이었으나 장막에 숨어 골리앗이 주야로 외쳐대는 도전을 받아들이는 자에게 상을 주겠다는 약속만 하였다. 그러나 아무도 이 거인의 도전을 받아들여 공주와 결혼하겠다거나 평생 면세의 혜택을 누리겠다는 사람은 없었다.

몇 주가 지나면서 더욱 기세가 등등해진 이 거인은 계곡을 건너와 겁에 질린 이스라엘 백성들 면전에서 온갖 모욕을 주었다. 이스라엘 백성들은 아무도 나서지 않음으로 전쟁에서 패할 처지에 놓이게 되었다. 그들에게 남은 것은 공식적으로 항복하고 수치스런 자리를 벗어나는 일뿐이었다.

이스라엘 군대가 이와 같이 여섯 주 동안 수치를 당하고 있을 때였다. 여러 아들을 전방 군인으로 보낸 베들레헴의 이새라는 노인은 아직 어려서 징집 명령을 받지 않고 집에 남아 양떼를 돌보던 막내아들 다윗을 불렀다. 그는 다윗에게 전방에 무슨 일이 일어났는지 알아볼 것을 지시하며 형들에게 줄 음식을 싸주었다.

전장에 도착한 다윗은 때마침 골리앗이 사울의 겁쟁이 부하들을 향해 저주를 퍼부으며 도전하는 말을 듣게 되었다. 이 일이 여섯 주 동안이나 계속되었다는 사실을 모르고 있던 다윗은 과연 누가 이 도전에 먼저 응할는지 내심 기대하며 형제들을 바라보았다. 7때 그들은 마지못해 동생에 군대 내에 아무도 그와 맞설 대표자가 없다는 부끄러운 이야기를 들려주었다.

그러자 다윗이 즉시 자원하고 나섰다. 사울 왕은 사실상 그를 말릴 수 없었다. 다윗은 이스라엘 백성이며 따라서 이스라엘을 대신할 자격이 있었다. 그는 허락을 받고 전장에 나가 이 장대한 괴물과 맞섰다.

드디어 이스라엘을 대표할 사람이 나타났다는 소문이 막사마다 돌았을 때 이스라엘 군대가 어떤 반응을 보였을지 상상해 보라. 그들의 눈에 다윗은 골리앗에게 전혀 위협이 될 것처럼 보이지도 않았다. 아무런 병기도 갖추지 않은 그에게 있는 것이라고는 양떼를 모는 지팡이와 물매 하나가 전부였다.

그가 이스라엘 진영을 떠나 온갖 무장을 한 채 기다리고 있는 골리앗을 향하여 나아갈 때 그는 이미 이스라엘의 일개 시민이 아니었다. 그는 이스라엘이 원하는 것이 무엇인지를 너무 잘 알고 있었기에 두려워 떨며 숨어 있던 이스라엘을 대표하여 나갔던 것이다. 그는 이스라엘의 대표자로서 그들을 자신의 이름하에 불러 모았던 것이다. 이제 그날 그에게 일어나는 모든 일은 고스란히 나라 전체에 전달될 것이다. 그가 승리하든 패배하든, 그 결과는 이스라엘 군대뿐만 아니라 모든 마을과 성읍, 전투에 참가하지 않은 모든 백성들의 삶에 나타날 것이다. 지금이야말로 아직까지 알 수 없는 이스라엘의 역사가 결정되려는 순간이었다. 이스라엘의 현재와 미래는 다윗 안에서 그와 함께 골리앗과 맞서기 위해 나아가고 있었던 것이다.

다윗은 골리앗이 아직 자신의 진으로 돌아가기도 전에 담대히 부르짖으며 그에게로 달려 나갔다.

> 다윗이 블레셋 사람에게 이르되 너는 칼과 창과 단창으로 내게 오거니와 나는 만군의 여호와의 이름 곧 네가 모욕하는 이스라엘 군대의 하나님의 이름으로 네게 가노라 오늘 여호와께서 너를 내 손에 붙이시리니 내가 너를 쳐서 네 머리를 베고 블레셋 군대의 시체로 오늘날 공중의 새와 땅의 들짐승에게 주어 온 땅으로 이스라엘에 하나님이 계신 줄 알게 하겠고 또 여호와의 구원하심이 칼과 창에 있지 아니함을 이 무리로 알게 하리라 전쟁은 여호와께 속한 것인즉 그가 너희를 우리 손에 붙이시리라 (삼상 17:45-47).

그는 한 손으로 물매를 돌리며 이 육중한 거인을 향해 달려 나갔다. 골리앗의 투구에는 매우 작은 구멍이 있었는데 다윗은 바로 그곳을 겨냥하였으며 그의 솜씨와 하나님의 도우심으로 돌은 정확히 그곳을 관통하여 관자놀이에 박혔다. 골리앗이 비틀거리며 쓰러지자 다윗은 그 거인의 칼을 빼내어 그의 머리를 잘랐다.

그의 뒤에서 이 광경을 보고 있던 군사들은 승리의 함성을 질렀다. 그들은 고함소리와 함께 계곡으로 쏟아져 나와 어안이 벙벙한 블레셋 사람들을 쫓았다. 그들은 분명 6주 동안 겁에 질려 꼼짝도 못하던 자들이었다. 그런데도 그들의 입에서 승리의 개가가 터져 나왔던 것이다. 확실히 승리는 그들의 것이었다. 그들은 대표자 '안에서' 승리하였으며 자신이 골리앗을 무너뜨린 것처럼 승리를 만끽하였다. 그러나 만일 다윗이 없었다면 어떠한 승리도 없었을 것이다. 그는 이 승리의 보증인(guarantor)이었던 것이다.

3. 언약의 맹세

'언약 (covenant)이라는 말이나 그것이 가지는 개념은 생소하다. 그것은 이 말이 오늘날 사회에서 잘 사용되지 않는데다 가끔 사용될 경우에도 계약(contract)이라는 말과 구별 없이 사용되어 혼동을 주기 때문이다.

앞으로의 논의에서 계약이라는 개념은 머릿속에서 속히 지워야 한다. 계약은 자신의 소유 재산이나 물건을 다른 사람에게 양도할 때 필요한 절차이다.[4] 계약은 쌍방간에 협상이 가능하며 변경되거나 취소될 수 있다. 계약에서 서로 간의 약속은 서류에 날인하는 계약 당사자의 의중에 달려 있기 때문에 쉽게 깨어질 수 있다.

그러나 언약은 전적으로 다르다. 그것은 단순히 재산이나 물건을 교환하는 행위 이상의 것이다. 그것은 자신의 전 인격과 삶을 상대에게 주고 상대방의 모든 인격과 삶을 전심으로 받아들이는 것이다.

언약은 맹세와 함께 이루어진다. 성경에서 맹세는 하나님 앞에서 상호간의 약속을 반드시 지키겠다는 엄숙한 확인이다. 구약시대 언약 당사자들은 하나님께 자신의 말이 진실임을 증명하는 증인이 되어줄 것을 요구하였다. 그들은 또한 하나님께 언약의 조항들을 지킬 힘이 되어달라고 요구하였다. 끝으로 그들은 하나님께 언약이 실제로 지켜지도록 자신들을 감찰해 달라고 요구하였다. 그들은 맹세할 때 하나님을 불러 언약의 제3자로 세웠던 것이다. 일단 맹세가 이루어지면 언약은 더 이상 협상할 수 없고 변경될 수도 없었다.

우리는 보통 법정에서 증언하는 자나 막중한 사명을 맡은 공직자와 같이 크게 신뢰하고 있는 자에게 맹세를 요구한다. 이러한 맹세에는 흔히 "하나님의 도우심을 바랍니다"라는 표현이 들어간다. 이 구절은 만일 자신의 증언이 거짓이거나 맹세한 대로 직무를 이행하지 않을 경우 하나님께서 심판자가 되어달라는 의미이다.

4. 언약의 축복 또는 약속

구약시대의 모든 언약에는 상대방에 대한 약속과 함께 그의 유익을 위해 책임을 지겠다는 내용이 들어간다. 사무엘상 21장에 나오는 다윗과 요나단 사이에 맺은 언약에서 다윗은 요나단에게 다음과 같이 축복한다.

> 너는 나의 사는 날 동안에 여호와의 인자를 내게 베풀어서 나로 죽지 않게 할 뿐 아니라 여호와께서 너 다윗의 대적들을 지면에서 다 끊어버리신 때에도 너는 네 인자를 내 집에서 영영히 끊어 버리지 말라 하고(삼상 20:14-15).

수년 후 다윗은 므비보셋에게 그의 아버지 요나단과 언약할 때 맹세한 내용으로 축복한다.

> 다윗이 가로되 무서워 말라 내가 반드시 네 아비 요나단을 인하여 네게 은총을 베풀리라 내가 네 조부 사울의 밭을 다 네게 도로 주겠고 또 너는 항상 내 상에서 먹을지니라(삼하 9:7).

이러한 약속과 조건과 책임은 종종 기록으로 남겨졌으며 일정한 때가 되면 그것을 낭독하여 기억을 되살리기도 하였다.

5. 언약의 제물

언약을 맺을 때에는 언제나 피 흘림이 필요했다. 이것을 위해 짐승을 죽여 사체를 반으로 갈라 쪼개었다. 언약을 맺는 당사자는 쪼갠 짐승 사이에 난 피 묻은 길을 걸어서 통과하였다. 이와 같이 생생한 상징을 통해 그들은 죽음을 통과하여 새로운 삶으로 들어서게 되었음을 선포하였다. 그들은 자신의 유익만을 위한 삶을 접고 죽음을 통해 언약으로 맺어진 새로운 상호 연합의 관계로 들어선 것이다.

또한 그들은 주로 자신의 오른쪽 팔이나 손에서 스스로 피를 흘렸다. 그들은 피가 흐르는 오른팔을 높이 들며 하나님께 증인이 되어달라고 요구하였던 것이다. 그들은 피 흘린 제물과 자신의 피를 통해 다음과 같이 부르짖고 있는 것이다. "나는 피 흘리기까지 이 언약을 지킬 것이다. 만일 내가 이 언약을 깬다면 나의 피와 쪼갠 몸을 독수리에게 내어주게 될 것이다."

창세기 31:43-54에 보면 야곱과 라반이 언약을 맺는 내용이 나온다. 그들은 둘 다 상대를 믿지 못하였으며 따라서 그들의 맹세는 기껏해야 불안한 약속일 수밖에 없었다. 그러나 48-49절에서 그들은 다음과 같이 맹세한다.

> 라반의 말에 오늘날 이 무더기가 너와 나 사이에 증거가 된다 하였으므로 그 이름을 갈르엣이라 칭하였으며 또 미스바라 하였으니 이는 그의 말에 우리 피차 떠나 있을 때에 여호와께서 너와 나 사이에 감찰하옵소서 함이라.

하나님을 증인으로 세워 언약을 감찰하게 하였으니 누구도 언약을 깨거나 회피할 수 없다는 사실을 둘 다 잘 알고 있었던 것이다.

6. 언약의 표시

팔에 난 상처는 그들이 언약의 당사자임을 보여주는 몸의 표시였다. 그들은 언약의 당사자임을 나타내는 상처를 자랑스럽게 지니고 다녔다. 때로는 언약을 맺은 사람들의 이름이 언약의 피로 말미암아 하나가 되었음을 알리기 위해 새로운 이름으로 바꾸기도 했다.

7. 하나님의 벗

언약을 맺음으로 두 당사자는 벗으로 표현되는 관계로 돌입한다. '벗'(friend)이라는 말은 서구 사회에서 매우 흔하게 사용되는 용어이지만, 언약이 성행하던 당시에만 해도 누구의 벗으로 불리는 것만큼 명예롭게 인식되는 것도 없을 만큼 언약적 관계를 대변하는 단어였다.
이것은 성경에서 아브라함이 왜 하나님의 벗으로 불렸는지를 설명해 준다. 벗은 하나님께서 아브라함과 언약을 맺었음을 상기시켜 주는 명칭이다.

> 우리 하나님이시여 전에 이 땅 거민을 주의 백성 이스라엘 앞에서 쫓아내시고 그 땅으로 주의 벗 아브라함의 자손에게 영영히 주지 아니하셨나이까(대하 20:7).

8. 언약 만찬

모든 언약은 그것이 당사자의 삶에서 실제적인 효력을 발휘하기 시작하였음을 선언하는 만찬으로 끝난다. 이것은 언약 체결에 있어서 중요한 요소이다. 누군가와 정해진 시간에 함께 먹는다는 것은 일종의 언약이며 더구나 언약 절차의 마지막에 위치함으로써 더욱 중요한 의미를 가진다. 이러한 만찬은 두 대표자가 같은 떡을 떼고 같은 음료를 마심으로 한 마음과 몸이 되어 서로의 삶에 동참한다는 것을 보여준다. 우리는 사람들 간의 언약 체결에서 이러한 만찬의 예를 볼 수 있다.

> 그들이 가로되 여호와께서 너와 함께 계심을 우리가 분명히 보았으므로 우리의 사이 곧 우리와 너의 사이에 맹세를 세워 너와 계약을 맺으리라 말하였노라 너는 우리를 해하지 말라 이는 우리가 너를 범하지 아니하고 선한 일만 네게 행하며 너로 평안히 가게 하였음이니라 이제 너는 여호와께 복을 받은 자니라 이삭이 그들을 위하여 잔치를 베풀매 그들이 먹고 마시고 아침에 일찌기 일어나 서로 맹세한 후에 이삭이 그들을 보내매 그들이 평안히 갔더라(창 26:28-31).

우리는 앞서 야곱과 라반 사이의 언약에 대해 살펴보았다. 이 언약의 장소에서도 만찬이 행하여졌다.

> 이제 오리 너와 내가 언약을 세워 그것으로 너와 나 사이에 증거를 삼을 것이니라 이에 야곱이 돌을 가져 기둥으로 세우고 또 그 형제들에게 돌을 모으라 하니 그들이 돌을 취하여 무더기를 이루매 무리가 거기 무더기 곁에서 먹고(창 31:44-46).

9. 기념비 또는 언약체결 장소

언약이 체결된 장소는 두 당사자가 하나로 연합한 것을 기념하는 곳으로서 신성시되었다. 때로는 그 때의 일을 후세에 알리기 위한 영구적인 기념비를 세우기도 하였다. 이 장소의 명칭은 그곳에서 언약이 체결된 것을 반영하기 위해 다른 이름으로 바뀌기도 하였다.

10. 인자

언약의 당사자가 된다는 것은 새로운 상황으로 들어간다는 것을 의미한다. 즉 혈육관계에 의해서가 아니라 거룩한 맹세와 함께 값없이 주어지는 사랑을 통해 마치 가족과 같은 관계를 형성하게 된다. 쌍방은 맹세를 통하여 결코 파기할 수 없는 생사의 관계로 결속된 새로운 가족을 형성한다.

아랍 사회에는 지금까지 "피는 젖보다 진하다"라는 말이 내려오고 있다. 이것은 언약의 피로 인한 결속이 같은 어머니의 젖을 먹고 자란 형제들 간의 유대보다 더 강하다는 말이다.

이렇게 체결된 언약은 두 당사자가 살아 있는 한 어떤 상황 하에서도 유효하다. 헤세드(hesed)[5]라는 말은 언약을 체결한 당사자가 약속한 내용과 책임을 지속적으로 신실히 지켜나가는 관계를 묘사하는 말이다. 이 헤세드는 서구 사회의 용어로는 번역하기 어려운 말이다. 왜냐하면 우리는 언약의 당사자가 되는 경험을 해보지 않았기 때문이다. 많은 성경 역본은 이 단어가 가지는 여러 국면들을 드러내거나 전체적 의미를 표현하기 위해 다양한 어휘를 사용하였다. 이것은 성경에서 주로 '자비'(mercy), '선하심'(goodness), '견고한 사랑'(steadfast love), '신실한 사랑'(loyal love), '언약적 사랑'(covenant love), '인자'(lovingkindness), 또는 단순히 '친절'(kindness) 등으로 표현되었다. 본서에서는 주로 '인자' 라는 표현을 사용할 것이다.

인류에게 전해진 가장 놀라운 소식은 하나님께서 우리에 대한 무조건적 사랑에 기초하여 우리를 이 세상 무엇보다도 더 밀접하고 파기할 수 없는 결속력을 가진 관계로 부르셨다는 사실이다. 그는 우리를 불러 자신과 언약적 관계를 맺게 하시고, 하나님과 인간이 연합하여 사랑의 교제를 나누는 벗(friend)의 관계로 들어가게 하셨다.

이 언약은 복음의 내용을 형성한다. 그것은 새 언약이라고 불린다. 새 언약은 하나님의 영원하신 맹세와 그의 피, 즉 예수 그리스도의 죽음을 통해 흘리신 보혈과 부활과 승천하심을 통해 이루어진다. 성령께서는 예수 그리스도께 자신의 삶을 바친 사람들의 삶 속에 오셔서 이 언약을 구체적으로 실현시키신다.

The Lost Secret of the
New Covenant

제3장

산송장의 세계

  사람은 하나님과의 언약적 연합을 통해 그와 벗이 되어 교제하기 위하여 창조되었다. 우리는 오직 그와 사랑의 교제를 하기 위해 그의 형상을 따라 지음을 받은 것이다. 따라서 인간의 존재 이유는 하나님의 생명으로 살며 그의 벗으로서의 특권을 누리는 것이다.

  사람은 흙으로 지음을 받은 육신을 입고 그와 친밀한 교제를 나누도록 창조된 특별한 피조물이다. 하나님의 형상대로 지음을 받은 우리의 육신은 영을 담고 있을 뿐만 아니라 그것은 겉으로 표현된 하나의 외적 양식이라고 할 수 있다. 아담과 하와는 하늘의 세계에서 하나님과 교제하며 지내는 동시에 피조세계와 함께 거하며 지내도록 창조되었다. 우리는 영을 통해 하늘의 세계를 인식하는 동시에 동일한 영적 좌소(spirit center)로부터 육신과 물질계를 인식하며 살도록 지음을 받았다.

  그러나 하나님께서 의도하신 이러한 양자간의 사랑의 관계는 선택적 성격을 가진다. 사랑은 결코 강제적일 수 없기 때문이다. 로봇은 언약의 상대가 될 수 없다. 아담과 그 안에 있는 모든 인류는 창조 목적에 부합하는 자신의 존재 이유를 찾아 하나님을 신뢰하고 그를 기꺼이 순종하며 사랑하는 길을 선택해야만 했었다.

우리는 유일한 자유의지를 가지신 하나님께서 또 하나의 자유의지를 가진 존재를 만들어야 할 내적 필요나 외적 압력이 전혀 없음에도 불구하고, 자신을 반대할 수도 있는 자유의지를 가진 존재를 기꺼이 창조하시기로 했다는 사실에 놀라지 않을 수 없다. 우리는 이렇게 혼탁한 세상을 바라보며, 무엇보다 그로 인해 하나님의 아들이 고난 받으시고 돌아가셨다는 사실을 생각하면서 왜 하나님께서 자유의지를 가진 인간을 창조하셨는지 궁금하지 않을 수 없다.

유일한 한 가지 가능성은 우리의 상상을 초월하는 것이다. 하나님께서 우리를 창조한 것은 그의 생명에 동참하여 말할 수 없는 기쁨을 함께 누릴 수 있는 자유의지를 가진 존재와 사랑의 교제를 나누고 싶어 했다는 것이다. 이것을 믿기 어려운 이유는 그에게는 그러한 교제에 대한 내적 필요성이 전혀 없다는 데 있다. 그는 전적으로 완전하신 분으로 모든 것에 부족함이 없는 분이시기 때문이다. 그는 자신의 사랑을 나누어 주시기 위해 사람을 창조하셨다. 그는 이곳에 존재하는 여러분을 사랑하시지만, 사실은 그가 여러분의 존재를 원하셨기 때문에 여러분이 이곳에 있는 것이다.

사람의 자유의지로 인하여 일어날 수 있는 것이 무엇이든, 그것은 이 영광스런 목적에 비하면 비할 바가 못 되는 것이다. 이처럼 위대한 그의 목적은 구체적으로 사람이 하나님의 아들의 형상을 입고 영원히 그의 생명에 동참하는 것으로 나타난다. 이를 위해 하나님의 아들이 육신을 입고 고난을 받아 죽으시고 부활하셨으며 성령께서는 우리를 이 목적으로 인도하실 것이다.

1. 선택

그러나 이것은 어디까지나 결과를 미리 내다 본 것이다. 사람이 하나님을 믿고 그를 사랑하며 그와 동행하는 사랑의 여정을 시작하기 위한 선택을 하기 위해서는 자의적인 선택을 위한 무엇인가가 필요하였다. 하나님께서는 무한한 사랑의 대상인 아담과 하와를 위해 에덴동산을 직접 계획하시고 만드신 후 그들을 그곳에 거하게 하셨다. 그는 선악과를 선택의 대상으로 제시하셨다.

> 여호와 하나님이 그 사람에게 명하여 가라사대 동산 각종 나무의 실과는 네가 임의로 먹되 선악을 알게 하는 나무의 실과는 먹지 말라 네가 먹는 날에는 정녕 죽으리라 하시니라(창 2:16-17).

이 나무에 대한 남자와 여자의 반응은 순종이나 불순종 가운데 하나가 될 것이다. 순종은 하나님을 신뢰하고 사랑하는 것이 될 것이다. 불순종은 하나님과 그의 사랑을 거절하고 하나님으로부터 독립하는 길을 택하는 것이 되어 결국은 죽음에 이르게 될 것이다.

이 나무 자체에는 독이 들어 있지 않았지만 아담과 하와의 순종 여부를 시험하시기 위해 하나님께서 지시하신 장소로서의 역할을 하였던 것이다. 그들은 나무의 실과를 먹을 경우 반드시 죽을 것이라는 경고를 받았다.

그러나 이것은 결코 그들이 통과했다고 해서 한 단계 더 도약할 수 있는 시험으로 보아서는 안 된다. 이 시험은 그들이 창조 목적을 따라 자유의사를 가진 인간이 되기 위해 반드시 거치지 않을 수 없는 꼭 필요한 기회였던 것이다.

그러나 그들은 왜 죽음을 가져오는 나무의 실과를 먹을 생각을 했을까? 어떤 미끼가 그들로 하여금 그런 생각을 하도록 유혹하였을까?

아담은 모든 것을 가지고 있었으며 아무것도 부족한 것이 없었다. 그에게 부족한 것은 오직 한 가지뿐이었으며, 그것은 피조물인 그로서는 어쩔 수 없는 것이었다. 그는 땅의 주인이자 필요한 모든 것을 가지고 있었기 때문에 다른 것은 아무런 부족을 느끼지 못하였다. 그러나 허파를 통해 숨 쉬는 것으로부터 피조세계에 대한 지배에 이르기까지 그가 가진 모든 것은 하나님으로부터 값없이 받은 선물이었다. 그는 숨을 쉬는 매순간마다 자신이 하나님이 아니라 그에 의존하는 피조물이며 자신의 삶의 의미는 창조주에게 복종하는 것임을 기억하였다.

이때 마귀가 찾아와 그를 유혹하였던 것이다. 마귀는 그에게 피조물이 유일하게 누릴 수 없는 신성을 가질 수 있다고 주장하며 그를 유혹하였다.

아담의 죄의 핵심에는 하나님에 대한 질투가 도사리고 있다. 그는 하나님이 가지신 것에 대해서는 질투하지 않았을 것이다. 그는 하나님과 함께 그것을 풍성히 누리고 있기 때문이다. 그가 질투한 것은 그의 신분, 즉 그의 신성에 대한 것으로서 인간은 그로 말미암아 하나님을 끌어내리고 그 자리를 차지하려는 욕심에 빠지게 된 것이다. 죄에 내재된 궁극적 소욕은 하나님을 제거하고 할 수만 있다면 그를 죽여서라도 피조물인 인간을 그의 자리에 세우려는 것이다.

사단은 먼저 하나님을 믿을 수 없는 거짓말쟁이로 묘사하였다. 이어서 그는 여자에게 그 나무의 실과를 먹음으로 스스로 존재할 수 있다는 자신감을 가지고 하나님으로부터의 독립을 선포함으로써 인간이 갖지 못한 유일한 것을 가질 수 있다고 속삭였다. 그것은 그들도 하나님처럼 될 수 있다는 속삭임이었다. 마귀는 그들에게 하나님이 거짓말을 했으며 그 나무의 실과를 먹어도 죽지 않고 오히려 자신에 대한 완전한 자유를 누리게 될 것이라고 유혹하였다.

> 뱀이 여자에게 이르되 너희가 결코 죽지 아니하리라 너희가 그것을 먹는 날에는 너희 눈이 밝아 하나님과 같이 되어 선악을 알 줄을 하나님이 아심이니라(창 3:4-5).

이것이 바로 원초적 거짓말이며 앞으로 본서에서 말하는 거짓말은 근본적으로 이 구절을 지칭한다. 인간의 모든 죄는 이 원래적 거짓말로부터 시작된다.

이는 저희가 하나님의 진리를 거짓 것으로 바꾸어 피조물을 조물주보
다 더 경배하고 섬김이라 주는 곧 영원히 찬송할 이시로다 아멘(롬 1:25).
너희는 너희 아비 마귀에게서 났으니 너희 아비의 욕심을 너희도 행하
고자 하느니라 저는 처음부터 살인한 자요 진리가 그 속에 없으므로 진리
에 서지 못하고 거짓을 말할 때마다 제 것으로 말하나니 이는 저가 거짓
말장이요 거짓의 아비가 되었음이니라(요 8:44).

그들은 사단을 믿었으며 하나님을 불순종하고 그로부터의 독립을 선언함
으로써 그들의 생명의 원천이자 존재 의미인 그분을 벗어나 자신을 섬기게
되었다. 그 순간 그들의 세계는 완전히 무너져 내리고 말았다.

2. 죄로 인한 사망

우리는 그들이 불순종한 순간에 일어난 일과 관련하여 오직 주 예수님의
죽으심과 피 흘리심의 필요성에 대해서만 이해할 수 있을 뿐이다. 그들의 불
순종은 다른 모든 불순종과 죄의 원천이 되는 행동이었던 것이다. 그것은 참
으로 엄청난 불순종으로서 원초적 거짓말(Primal Lie)에 대한 반응이었다.
  그것은 단순한 친구 사이의 단절이 아니다. 친구의 경우 헤어지면 각자 자
신의 길을 가서 새롭게 시작할 수 있으며 친구 없이 혼자서 잘 지내거나 다시
화해를 모색할 수도 있다.
  인간 사회에서는 친구와 헤어져도 얼마든지 살 수 있다. 그러나 이 경우는
상대가 인간에게 생명을 부여하고 그것을 유지하시는 창조주이다. 그로부터
독립을 선언하며 불순종으로 반역한 행위는 생명의 원천으로부터 떨어져 죽
음에 이를 뿐이다. 이것은 그러한 차원에서 이해해야 한다. 그것은 결코 하찮
은 규칙에 대한 위반이 아니다. 그들은 수업시간에 잡담하다 발각되어 반성
문을 쓰고 체벌을 받아야 할 정도의 죄를 범한 것이 아니다. 그들의 행위는

우주의 근본적인 법을 고의적으로 불순종한 행위에 해당한다.

이것은 수업시간에 잡담하는 정도의 행위와는 비교도 할 수 없다. 그것은 그보다 훨씬 더 엄청난, 마치 중력을 무시한 행위와도 같다. 피조물의 죽음 외에 하나님으로서는 이 죄의 결과에 대해 어떻게 하실 수 없었다. "네가 먹는 날에는 정녕 죽으리라"는 말씀은 형벌이 아니라 사실에 대한 선언이었던 것이다. 즉 너의 생명은 하나님께 달려 있으며 그의 사랑 안에 거하도록 창조함을 받았기 때문에 만일 그를 떠나면 결코 변역할 수 없는 한 가지 법이 발효될 것인데 그것은 네가 확실하고 분명히 죽는다는 사실이라는 것이다.

그들은 하나님의 말씀을 순종하고 그의 사랑을 전적으로 신뢰하는 선택을 하도록 창조되었다. 그러나 그들은 하나님께 불순종하고 사단의 말을 들음으로써 하나님의 대적이 된 것이다. 그들은 피조물로서의 존재 의미를 부정하고 하나님께서 부여하신 창조주에 대한 복종과 순종의 영광을 거절하였다. 그들은 자신의 영광을 위해 그들을 창조하신 하나님과의 언약을 부정하고, 하나님으로부터의 독립이라고 하는 죽음으로 향하는 막다른 골목을 선택하였던 것이다.

아담과 하와는 그 나무의 실과를 먹는 순간 죽었다. 이것은 어떤 의미에서의 죽음을 말하는가? 어쨌든 그들은 그 후로도 오랫동안 살았으며 지금도 인류는 여전히 존속하고 있다. 물론 모든 사람들은 결국 죽는다. 하지만 당시의 경고는 그것을 먹는 날에 죽는다는 것이었다.

죽음에 대한 정의에 있어서 문제가 되는 것은 죽은 자들이 죽음에 대한 정의를 내리고 정작 자신은 살아 있는 것으로 믿고 있다는 것이다. 그들의 관점에서 볼 때 자신들은 현재 살아 있으며 죽음은 육신적 생명이 끝나는 날에 찾아오는 것이라고 믿겠지만, 성경은 분명히 그리스도 밖에 있는 자들은 죽었다고 말한다. 그러므로 세상은 존재는 하되 실상은 죽어 있는, 산송장들의 세계(the world of the walking dead)인 것이다.

생명의 의미에 대해서는 여러 가지 면에서 접근할 수 있다.

첫째로, 하나님은 생명이시며 모든 생명의 원천이자 그것을 유지하시는 분이시다. 그를 떠나서는 어떤 생명도 존재하지 않으며 그에게 의존하지 않는 것은 결코 없다.

둘째로, 인간의 생명은 모든 살아 있는 피조물 가운데 가장 복잡하지만 가장 중요한 것은 신적 생명을 나누고 함께 동참하도록 창조되었다는 것이다. 이 놀라운 생명을 소유한 인생은 물질적 피조세계에 거하는 동시에 하나님의 세계를 누리도록 창조되었다.

셋째로, 동물의 생명은 보다 진화된 영장류로부터 단세포 동물인 아메바에 이르기까지 다양한 개체로 등급화되어 있다.

아메바도 살아 있고 개도 살아 있으며 나도 살아 있다. 그리고 하나님도 살아 계시다. 이와 같이 생명은 다양한 차원의 의미를 가진다.

인간은 신적 생명을 공유한다는 데서 자연세계와는 전혀 다른 차원의 생명을 가진 유일한 피조물이다. 생명 또는 살아 있다는 뜻의 히브리어는 '하야'(hayah)[1]이다. 이 단어는 단순히 살아 있다는 의미를 가지지만, 인간에게 사용될 때에는 언제나 심장이 박동하고 폐호흡이 계속되는 상태 이상의 것을 의미한다. 모세는 이스라엘이 광야에서 당한 모든 고난은 사람의 생명이 육신적인 것만이 전부가 아님을 보여주시기 위함이라고 설명하였다.

> 너를 낮추시며 너로 주리게 하시며 또 너도 알지 못하며 네 열조도 알지 못하던 만나를 네게 먹이신 것은 사람이 떡으로만 사는 것이 아니요 여호와의 입에서 나오는 모든 말씀으로 사는 줄을 너로 알게 하려 하심이니라(신 8:3).

그가 사용한 '하야' 라는 단어는 단순히 육신의 기능을 유지하는 것 이상의 의미를 지닌다. 그것은 하나님의 말씀을 먹고 사는 삶이다.

모세는 백성들에게 진정한 생명(hayah)이란 하나님의 말씀에 따라 행하는 것이라고 정의하였다.

곧 내가 오늘날 너를 명하여 네 하나님 여호와를 사랑하고 그 모든 길로 행하며 그 명령과 규례와 법도를 지키라 하는 것이라 그리하면 네가 생존하며[hayah] 번성할 것이요 또 네 하나님 여호와께서 네가 가서 얻을 땅에서 네게 복을 주실 것임이니라(신 30:16).

헬라어로 '조에'(zoe)[2]는 하나님께서 아시는 생명이라는 의미로 사용된다. 이 단어는 모든 생명의 기초이지만 구체적으로는 하나님께만 해당하는 생명의 속성을 묘사하며 신약성경에서는 주로 영생으로 번역된다.

신약성경에는 이 단어가 매우 자주 언급되며, 우리가 육체의 생명과 함께 이 영원한 생명(zoe)을 받아 원래 의도된 삶을 사는 것이 하나님의 목적임을 보여준다.

도적이 오는 것은 도적질하고 죽이고 멸망시키려는 것뿐이요 내가 온 것은 양으로 생명(zoe)을 얻게 하고 더 풍성히 얻게 하려는 것이라(요 10:10).

하나님이 세상을 이처럼 사랑하사 독생자를 주셨으니 이는 저를 믿는 자마다 멸망치 않고 영생(zoe)을 얻게 하려 하심이니라(요 3:16).

이들 구절에서 zoe는 각각 '생명'과 '영생'이라는 의미로 사용되었다. 우리는 하나님의 생명을 누리도록 창조되었다. 죄가 그것을 빼앗아 갔지만, 예수님은 우리에게 다시 그것을 회복시켜 주신 것이다.

그러므로 우리는 죽음이란 육신이 끝나는 순간에 몸에 일어나는 현상 이상의 것임을 알아야 한다. 그것은 인간이 감각할 수 없는(즉 그것에 대해 죽어 있는) 다른 영역의 세계로부터의 분리이며 그것에 대해 알지 못하고 아무런 반응도 하지 못하는 상태이다. 그러나 육체적으로 죽은 사람은 이 다른 영역에 대한 의식은 있으나 물질세계로부터는 분리되어 그것(물질세계)에 대해서는 알지도 못하고 반응도 할 수 없다.

이러한 맥락에서 우리는 동물의 세계는 인간의 세계에 대해 죽었다고 말할 수 있다. 독자 여러분은 다소 당황스러울 수도 있겠지만, 이러한 죽음의 정의에 따르면 여러분이 키우는 고양이는 엄격한 의미에서 인간세계에 대해 죽어 있다. 그것은 비록 인간세계에 살고 있지만 인간의 본질적인 것들에 대해서는 알지 못하고 반응도 할 수 없다. 물론 그것은 우리가 음식과 물을 주고 집을 지어주는 것에 대해 반응하고 우리의 존재에 대해 안다. 그러나 그것은 베토벤의 교향곡에 대해서는 알지도 못하고 반응도 하지 못하며, 한 줄의 시에도 감명을 받지 못하며 어떤 농담에도 반응하지 않는다. 그것은 자신의 존재 의미에 대해 생각하거나 다른 고양이와 삶에 대해 심각하게 논의하지도 않는다. 그것은 사람들이 키스하는 것을 보지만 그러한 행동에 대한 어떤 판단도 하지 못하며, 사실 키스가 무엇인지도 모른다. 고양이에게는 고양이의 삶만 있을 뿐이며 인간의 삶과 본질적으로 연결되는 것은 아무것도 없다.

이러한 의미에서 인간은 엄청난 불순종으로 말미암아 하나님에 대해서는 죽고 오직 물질세계에 대한 인식만 남게 된 것이다. 그것은 동물세계에 비해서는 훨씬 고차원적이지만 그들이 원래 누리도록 창조된 상태와는 비교할 수도 없이 저급한 수준이다.

영적 죽음이나 육적 죽음에는 무서운 결말이 기다리고 있다. 사람이 죽은 후에는 오직 하나님만이 다시 살리실 수 있다. 그는 육체적으로는 부활을 통해 다시 살리시며, 영적으로는 중생의 기적을 통해 다시 살리신다.

우리는 하나님에 대한 인식의 가장자리에 살며 그의 섭리적인 돌보심을 누리지만 자신을 돌보시는 분이 하나님이라는 사실에 대해서는 거의 알지 못한다. 인간은 하나님의 사랑을 망각하고 그의 다가오심에 대해 아무런 반응도 하지 않는다. 사람은 하나님께서 창조하신 물질세계에 살지만 하나님으로부터 분리되어 그를 알지 못하고 그의 말을 듣지 못하며 따라서 반응할 수도 없다.

인간의 영은 더 이상 분명한 신호음을 찾지 못하거나 주파수를 변경하지 못하는 라디오와 같다. 그러나 중요한 것은 비록 고장 난 라디오지만 자신에게 그러한 라디오가 있다는 사실은 안다. 인간은 비록 잃어버린 바 되었으나 무엇인가 상실한 것이 있다는 사실을 인식하지 못할 정도는 아니라는 것이다. 인간은 하나님에 대한 인식의 경계선상에 살고 있기 때문에 그가 그곳 어딘가에 계시며 그에 대한 도덕적 책임을 다하여야 한다는 막연한 불안감에 사로 잡혀 있다. 영적으로 죽은 인류는 다시는 회상할 수 없는 어렴풋한 기억만 가지고 있으며 한때나마 누렸던 창조시의 영광에 대한 다시는 기억할 수 없는 아련한 꿈을 가지고 있다.

인간에게는 다른 어떤 인간으로도 채울 수 없는 무조건적 사랑에 대한 막연한 동경심이 있다. 그들에게는 죄와 이기주의의 장벽과 사단의 영역을 초월한 무엇인가에 대한 알 수 없는 사모함이 예기치 않게 찾아와 놀랄 때가 있다.

사람은 누구나 그들의 존재보다 높고 고상한 무엇인가를 갈구하게 만드는 공허함을 안고 있다. 우리의 마음 한가운데에는 우주보다 큰 구멍이 뚫려 있지만 우리에게는 그것을 메워줄 자를 찾을 방법이 없다.

인간 편에서 하나님과 접촉할 수 있는 길은 결코 없다. 하나님은 인간의 지적 논리로는 알 수 없으며 오직 하나님 편에서의 영적 계시를 통해서만 알 수 있다. 인간의 지성과 상상력의 범주 안에서 하나님을 더듬어 찾아가는 것은 인간적 이미지를 지닌 하나님을 만들 뿐이다. 그것은 그를 일종의 슈퍼맨으로 전락시킴으로 인간을 더욱 큰 무지와 혼란에 빠뜨리게 한다. 미지의 세계에 대한 이러한 자구적 노력은 불가피하게 어두움과 거짓과 마귀의 영역으로 향하게 된다.

예수님은 탕자 비유(눅 15:11-32)에서 우리에게 '죽음'이란 단어의 성경적 의미에 대해 제시하셨다. 본문에서 탕자의 아버지는 "이 내 아들은 죽었다가 다시 살아났으며"(24절)라고 말한다. 즉 아버지를 멀리 떠나 그의 사랑에서 벗어나서 그것에 대해 깨닫지 못하고 아무런 반응도 할 수 없었던 상태였다는 말이다. 그에게 있어서 다시 '살았다'는 것은 그 사랑을 알아 그것을 느끼고 깨달으며 마음으로 반응한다는 의미이다.

우리의 조상 아담과 하와는 사단이 약속한 것과 같이 '하나님처럼' 되지 못하였으며 오히려 그들에게 거짓말로 궁극적 자유와 독립을 약속한 사단의 종이 되고 말았다. 그리하여 인류의 삶은 마치 다람쥐 쳇바퀴 돌리듯 사단의 거짓말을 구현해 보려는 헛된 삶을 부단히 반복하는 처지가 되고 말았다. 그들은 하나님과 같이 되려는 목적을 결코 달성할 수 없음에도 불구하고 자자손손 이어지는 후손을 통해 그렇게 될 수 있다는 거짓된 신념하에 목적을 달성하려는 시도를 끊이지 않았던 것이다.

육체적, 정신적, 감정적으로는 살았으나 실상은 죽은 인류의 비극적인 행렬은 몸이 와해되고 육체적 존재로 분리되는 육신적 죽음이라는 마지막 관문을 향하여 나아간다. 만물을 다스리도록 창조함을 받은 인류는 자신이 나온 흙 속으로 다시 돌아갈 존재가 되고 말았다. 결과가 이러함에도 불구하고 첫번째 남자와 여자는 그들이 신이 될 수 있다고 믿었던 것이다.

하등 동물과 달리 인간은 육체적 죽음의 불가피성을 알고 있으며 이로 인해 그들의 삶은 덧없는 것이 되고 말았다. 그들이 무엇을 하든, 어떤 일을 성취하거나 열망하든, 그들의 희망과 야망이 무엇이든, 인간은 모든 것이 죽음을 향해 가고 있음을 정확히 알고 있다.

3. 우주적 행동

하나님에 대한 불순종을 택한 아담의 행위는 그가 피조물의 영장이며 인류의 시초라는 점에서 우주적 불순종이라고 할 수 있다. 그의 행위는 모든 피조세계의 죽음을 가져왔으며 자신의 씨로 형성될 인류를 산송장의 상태로 만들어버렸다. 모든 인류는 아담이 범죄할 때 그 안에 있었다. 따라서 그의 죄는 개인적 차원의 행위가 아니며 모든 우주와 인류와 미래 역사를 포함한 우주적 행위였던 것이다.

그리스도 밖의 모든 인간은 '아담 안'(in Aeam)또는 '옛 사람'(the old man)이라고 불린다. 적어도 이런 점에서 우리는 독립된 개체가 아니라 서로

서로 묶여져 있는 것이다.

예를 들어 나의 먼 조상 가운데는 바이킹도 있다. 조상 가운데 한 사람이 해적선을 타고 영국의 동쪽 해안으로 들어왔을 때 나도 그에게 포함되어 있는 것이다. 나는 그에게 잠재되어 있는 생명이었던 것이다. 만일 그가 전쟁하다가 죽었다면 나도 그와 함께 죽은 것이다. 내가 원하든 원하지 않든, 그것은 현실이다.

마찬가지로 만일 아담이 장남이 잉태되기 전에 죽었다면 오늘날 인류는 아무도 존재하지 못할 것이다. 이와 같이 그가 불순종한 순간 모든 인류는 어두움 속으로 들어가게 된 것이다. 변명할 수 없는 것은 우리 역시 의지적으로 그와 동일한 길을 선택하였다는 것이다. 모든 세대는 동일한 거짓말을 믿었으며 행동을 통해 아담의 선택이 옳았음을 증명하였다. 우리 모두는 개인적으로 죄에 대한 책임이 있다.

4. 육신적 삶의 무익함

인간은 창조 목적과는 다른 어떤 존재가 되고 말았다. 그들은 하나님께 순종하며 그의 생명을 나누어 받는 영적 좌소(spirit centers)를 중심으로 살아가는 영적 인격체로 창조되었다. 그들은 이 영적 좌소를 통해 육신적 삶을 영위하고 만물을 다스려야 했다.

그러나 하나님에 대해 죽음으로써 인간은 육체가 모든 삶의 원천과 중심이 되는 육체적 존재가 되고 말았다. 이러한 결과가 불가피할 수밖에 없었던 것은 그들에게 남은 것이라고는 그것이 전부였기 때문이다. 영적인 기능은 사라지고, 그들 사이에는 하나님을 떠나서도 삶의 의미와 행복을 찾을 수 있다는 거짓말만 남게 되었다.

당연한 말이지만, 우리의 신체 기관이나 몸 자체는 선한 것이다. 하나님께서는 몸을 만드시고 보시기에 좋았다고 했으며 예수님도 모든 면에서 우리와 같은 몸을 입으셨다.

에덴에서 하나님에 대해 죽은 아담과 하와는 이제 육체적 영역에서 삶의 의미를 찾아야 했다. 그들은 육체 가운데서 하나님께 반역하는 삶을 지속할 것이다. 육체 자체는 나쁜 것이 아니지만 타락한 인간 속에 들어 온 악은 모든 삶의 원천과 존재의미를 육체에 부여한 것이다.

죄와 사망이 들어오기 전에 두 사람은 영적 영역에 대한 분명한 인식이 있었으며 몸에 대해서는 영을 담고 있는 매개체로서의 기능 외에는 크게 인식하지 않았다. 마치 예수께서 변화산에서 그러셨던 것처럼, 아마도 하나님의 영화로운 생명이 그들의 몸을 통해 빛났으며 그들을 영광의 빛으로 감싸고 있었던 것으로 보인다.

그러나 죄와 사망이 들어옴으로 모든 것이 엉망이 되고 말았다. 범죄한 그들은 갑자기 하나님의 영광이 사라진 자신의 몸을 발견하였으며 지금까지 인식하지 못하였던 당황스러움과 혼란을 느꼈던 것이다.

육체가 존재의 중심이 되었다는 사실에 대한 새로운 인식이 가져온 충격은 그들이 보인 반응을 통해 생생히 드러난다. 죄를 범한 후 그들이 보였던 첫 번째 행위는 전적으로 몸에 관한 것이며, 그들이 그것을 가리기에 급급하였다는 사실은 중요하다. 그들은 죄에 대한 가책보다도 영광이 사라진 벌거벗은 몸에 대한 부끄러움에만 사로잡혀 있었던 것이다.

그 후로 인류는 모든 삶과 존재 의미를 이 육체적 영역에서 찾으려 했다. 모든 사람은 육체적 영역에 속한 두뇌와 지성, 감정, 느낌 및 정열 속에서 의미를 찾으며 살아간다.

그러나 모든 인간에게 존재 의미에 대한 물음은 결코 사라지지 않을 것이다. 우리는 비록 다시 기억할 수 없는 꿈이지만 결코 그것을 잊어버릴 수 없다. 우리는 "나는 왜 존재하는가?", "내가 존재하는 목적은 무엇인가?", "나는 왜 사는가?"라는 의문에 사로잡혀 있다. 중년의 위기는 지난 삶을 돌아볼 때 남은 시간은 촉박한데 환영과 같은 인생의 의미는 아지랑이와 같이 사라지고 있다는 사실에 대한 인식으로부터 온다. 사람은 자신이 전적으로 의존하고 있는 육체적, 물질적 세계로부터 자신의 존재 의미에 대한 온갖 변명과 이유를 찾아왔다.

그리스도 밖의 모든 사람들은 영적 세계에 대한 희미한 인식과 함께 육체를 모든 삶의 중심 좌소에 두고 살아간다. 그러나 사람은 창조주를 알고 그의 사랑 안에서 행하도록 창조되었기 때문에 육체 안에는 어떠한 궁극적인 삶의 의미도 있을 수 없다.

나는 한때 금박을 씌우고 온갖 치장을 한 액자 속에 아름다운 그림을 담아 사무실 벽에 걸어둔 적이 있다. 어느 날 나는 그 그림을 팔기로 결정하였다. 나는 액자에 꼭 맞는 다른 그림을 찾을 때까지 벽에 걸린 빈 액자를 다락방에 치워두어야겠다고 생각하였다. 액자가 아무리 화려하고 아름다웠을지라도 그것만 벽에 걸어두겠다는 생각을 해본 적은 결코 없다. 액자는 그림 때문에 존재하는 것이며 그림이 없다면 아무런 소용도 없는 것이다.

육체는 우리의 영이 하나님의 생명에 동참하여 함께 누리는 그림을 담은 액자에 불과하다. 우리의 존재 의미는 육체라는 액자 속에서 하나님의 사랑 가운데 거하는 것이다. 그림이 없는 액자는 그림이 채워질 때가지 기다리는 것 외에는 아무런 의미도 없다.

성경은 육체적 삶을 '무익하다'고 말한다. 이 단어는 쓸모없음, 막다른 골목, 목적 없음, 아무런 열매가 없음을 뜻한다.

> 너희가 알거니와 너희 조상의 유전한 망령된 행실에서 구속된 것은 은이나 금같이 없어질 것으로 한 것이 아니요(벧전 1:18).

> 그러므로 내가 이것을 말하며 주 안에서 증거하노니 이제부터는 이방인이 그 마음의 허망한 것으로 행함같이 너희는 행하지 말라(엡 4:17).

우리는 하나님을 사랑하는 삶을 통해 의미를 발견하도록 창조되었기 때문에 헛된 의미를 좇는 것은 죄다. 다른 곳에서 의미를 찾으려는 것은 하나님을 노골적으로 무시하는 처사이다.

나는 한 무리의 젊은이가 길거리에서 야구하는 것을 지켜본 적이 있다. 놀랍게도 그들은 야구 방망이 대신 바이올린을 사용하고 있었다. 바이올린 선은 모두 끊어져 너덜거렸다. 그들은 베니어가 벗겨진 바이올린의 목 부분을 붙잡고 방망이처럼 휘둘렀다. 나는 그들이 다른 사람이 버린 폐품을 주워 다른 용도로 사용하는 것임에 틀림없다고 확신하면서도 무엇인가 잘못되었다는 생각을 지울 수 없었다. 나는 바이올린에 대해서는 문외한에 가깝지만 그것은 분명 싸구려 가게에서나 구입할 수 있는 물건이 아니었다. 비록 다 낡아 못쓰게 된 상태였으나 그것은 매우 훌륭한 악기임에 틀림없었다. 그것은 음악회나 공연을 통해 청중에게 감미로운 음악을 들려주겠다는 일념 하에 장인에 의해 정성껏 만들어져 래커를 칠하고 치장을 한 제품이었다. 그러나 지금은 다 떨어져 너덜거리는 줄을 매단 채 야구 방망이로 사용되고 있었던 것이다. 나는 그러한 광경이 그것을 만든 장인에게나 음악에 대한 모독이라고 생각하였다.

우리는 기꺼이 하나님의 사랑의 대상이 되며, 그와 하나 된 삶을 통해 그의 사랑의 음악으로 피조세계를 가득 채우기 위해 창조되었다. 그러나 불순종으로 말미암아 이러한 창조 목적은 사라지고 무익하기 짝이 없는 또 다른 삶의 의미를 끝없이 추구하게 되었다. 우리는 이와 같이 조물주를 모욕하고 자신의 존재를 수치스럽게 만든 것이다.

5. 모든 사람은 죄인이다

인류의 상태를 가장 잘 요약한 헬라어 단어는 신약성경이 죄로 번역하고 있는 '하마르티아' (hamartia)[3]이다. 이 단어는 원래 '과녁을 빗나가다' 라는 뜻을 가지고 있으며, 창조 목적에서 전적으로 벗어난 인간의 모든 행위를 가리킨다. 이것은 여름 캠프에 참가한 어린이가 화살을 과녁에 맞히지 못하여도 반드시 다시 맞히겠다는 희망을 가지는 것과는 다르다. 인류는 의도적으로 과녁을 맞히지 않고 사실상 거짓말과 환상뿐인 다른 목표물을 정조준하고 있는 것이다.

그러나 신약성경에서 이 말은 이러한 원래적 의미와 함께 하나님으로부터의 분리라고 하는 보다 광의의 의미를 가진다. 그것은 인간이 하나님으로부터 독립할 수 있다는 거짓 원리에 기초한 것으로서, 인간의 모든 행위와 행동의 원천이 되었다.

이러므로 한 사람으로 말미암아 죄가 세상에 들어오고 죄로 말미암아 사망이 왔나니 이와 같이 모든 사람이 죄를 지었으므로 사망이 모든 사람에게 이르렀느니라(롬 5:12).

하마르티아는 다스리는 힘으로 묘사된다. 그것은 로마서 6:6에서 죄의 몸으로 언급되며 몸의 지체를 노예화한다.

우리가 알거니와 우리 옛 사람이 예수와 함께 십자가에 못박힌 것은 죄의 몸이 멸하여 다시는 우리가 죄에게 종 노릇하지 아니하려 함이니(롬 6:6).

바울은 로마서 6장에서 죄로부터 구원받은 신자들을 향해 다시 한번 죄는 폭군처럼 몸의 지체를 통해 그들을 다스리는 주인으로 묘사한다. 죄는 비록 의지적 행위에 속한다고 할지라도 그것은 어디까지나 몸이라는 도구를 통해 구체적인 행위로 나타난다는 것이다.

그러므로 너희는 죄로 너희 죽을 몸에 왕 노릇하지 못하게 하여 몸의 사욕을 순종치 말고…죄가 너희를 주관치 못하리니 이는 너희가 법 아래 있지 아니하고 은혜 아래 있음이니라…너희 자신을 종으로 드려 누구에게 순종하든지 그 순종함을 받는 자의 종이 되는 줄을 너희가 알지 못하느냐 혹은 죄의 종으로 사망에 이르고 혹은 순종의 종으로 의에 이르느니라 하나님께 감사하리로다 너희가 본래 죄의 종이더니 너희에게 전하여 준 바 교훈의 본을 마음으로 순종하여(롬 6:12, 14, 16-17).

바울은 종종 죄를 폭군과 같은 주인으로 인격화한다. 그는 로마서 7:8, 11에서 다음과 같이 말하였다.

그러나 죄가 기회를 타서 계명으로 말미암아 내 속에서 각양 탐심을 이루었나니 이는 법이 없으면 죄가 죽은 것임이니라…죄가 기회를 타서 계명으로 말미암아 나를 속이고 그것으로 나를 죽였는지라.

6. 화목과 부활

비록 인류는 죄로 말미암아 죽었으나, 나사로가 예수님의 음성을 듣고 무덤에서 걸어 나왔듯이 여전히 하나님의 말씀을 들을 수는 있다. 우리 가운데 죽어 있는 참된 자아는 우리를 살리시려고 부르시는 하나님의 아들의 복음의 음성을 기다리고 있다.

너희의 허물과 죄로 죽었던 너희를 살리셨도다 그 때에 너희가 그 가운데서 행하여 이 세상 풍속을 좇고 공중의 권세 잡은 자를 따랐으니 곧 지금 불순종의 아들들 가운데서 역사하는 영이라 전에는 우리도 다 그 가운데서 우리 육체의 욕심을 따라 지내며 육체와 마음의 원하는 것을 하여 다른 이들과 같이 본질상 진노의 자녀이었더니 긍휼에 풍성하신 하나님이 우리를 사랑하신 그 큰 사랑을 인하여 허물로 죽은 우리를 그리스도 예수와 함께 살리셨고 너희가 은혜로 구원을 얻은 것이라(엡 2:1-5).

인간은 하나님을 대적하였다. 뿐만 아니라 그들은 언약을 파기한 자들이다. 그들이 범한 최초의 죄는 그들이 영원히 누릴 언약을 파기하는 것이었으며 언약의 파기자로서 그들은 죽음의 형벌 아래 놓이게 된 것이다. 성경은 하나님께서 어떻게 사람들과 화목하셨으며 그들과 다시 언약하셨는지를 보여주는 놀라운 책이다.

이는 하나님께서 그리스도 안에 계시사 세상을 자기와 화목하게 하시며 저희의 죄를 저희에게 돌리지 아니하시고 화목하게 하는 말씀을 우리에게 부탁하셨느니라(고후 5:19).

하나님의 인자하심

내가 처음부터 성경에서 언약을 발견하지 못한 것은 '언약'이라는 단어가 자주 나오지 않았기 때문이었다. 언약의 핵심으로 나를 이끈 것은 다른 단어였다. 그것은 히브리어로 '헤세드'(hesed)[1]이며, 성경에서 언약에 해당하는 단어였다.

이 단어는 여러 성경 역본에서 다양한 의미로 번역되었다. 오래된 역본에서는 '긍휼'(mercy)이라는 말로 번역되었는데 이에 대해서는 잠시 후 설명하겠다. 오늘날 번역은 언약이라고 하는 이 단어의 핵심적 의미에 근접하고자 '확고한 사랑'(steadfast love), '언약적 사랑'(covenant love), '변치 않는 사랑'(unfailing love) 또는 간단히 '신실하심'(loyalty)으로 번역한다.

이 단어는 히브리어 성경(구약)에 약 250번 등장하며, 언약과 관련하여 가장 중요한 단어 가운데 하나로 분류된다. 헤세드는 여러 가지 의미를 가지고 있지만 그 중심에는 언약 당사자 상호간에 지켜야 할 책임(responsibilities)과 언약관계를 통해 누릴 수 있는 권리(rights)가 담겨 있다. 이것은 세속 사회에서도 흔히 일어나는 현상으로, 언약 당사자 상호간에 주어지는 유익과 약속을 이행하기 위해 때때로 불가피한 자기희생적 결단에서 찾아볼 수 있는 개념이다.

헤세드는 원래의 언약에 잠재된 사랑의 이행을 나타내는 단어이다. 헤세드는 언약 당사자의 상호관계에 대한 언급이지만, 한 걸음 더 나아가 그러한 관계가 실제적 효력을 발휘하는 역동성, 즉 행동하는 언약을 나타낸다. 따라서 성경이 하나님의 인자에 대해 언급할 때 그것은 종종 그가 약속한 모든 것에 대해 때가 되면 그 언약을 지키시고 보여주시며 행동하신다는 의미이다. 다시 말하면 '인자'는 길거리로 나아와 날마다 시행하는 언약을 말한다. 그것은 하나님께서 자신이 약속한 모든 말씀을 지키시고 약속한 복을 빠짐없이 주시는 것을 뜻한다.

헤세드의 정확한 의미를 알기 위해서는 이 말에 담긴 세 가지 개념을 알아야 한다. 그것은 능력(strength)과 견고함(steadfastness)과 사랑(love)이다. 이들 개념은 모두 언약적 상황에서 이해될 수 있다. 세 가지 개념 가운데 하나만으로는 결코 온전한 의미를 파악하였다고 할 수 없을 것이다. 만일 능력과 견고함을 배제한 채 사랑만을 강조한다면 낭만적이고 감성적인 요소만 부각되고 그것을 수행하기 위한 활력적 요소가 빠지게 된다. 또한 사랑을 배제한 채 능력과 견고함만 강조한다면 언약의 이행과 관련한 냉엄하고 법적인 측면만 부각되고 그것을 이행하려는 마음이나 열정은 사라지게 될 것이다. 그러나 헤세드라는 말의 중심에는 충실하고 법적인 의무와 함께 따뜻하고 관대한 사랑과 선하심이라는 개념이 들어 있다.

헤세드는 종종 결혼에 비유되며, 여기에는 확실히 엄숙한 맹세와 의무와 책임이 따르는 법적인 측면도 있다. 그러나 이 관계의 중심에는 약속 이행에 대한 의무를 초월하는 헌신적 사랑이 자리한다. 그런 의미에서 오히려 '헌신'이라는 말이 더욱 타당한 개념이 될 수도 있다.

헤세드라는 말은 히브리어에서 이상적인 가족의 사랑을 묘사하는 말로 사용되기도 한다. 이 사랑은 사람들을 관계적 측면에서 하나로 묶는다. 이 말의 의미를 알기 위해서는 사랑에 속한 모든 요소들, 서로 관심을 가지고 돌아보며 사랑을 제공하고 그것을 보호하는 모든 요소들에 대해 알아야 한다. 이 개념 속에는 언약의 상대가 자신이 필요하거나 어려움에 처했을 때 함께할 것이라는 확신이 포함된다.

성경에서 헤세드는 관계의 확고함이라는 측면을 강조하기 위해 종종 성실(faithfulness)이라는 개념과 연결되는 것을 볼 수 있다. 그의 헤세드 뒤에는 언제나 그의 성실함이 있다. 이것은 하나님은 언제나 믿고 의지할 수 있다는 뜻이다. 그는 확실하며 변함이 없으시다. 그것은 하나님의 언약적 맹세로부터 직접 나온 것으로 우리의 신앙의 기초가 된다.

여호와여 주의 인자하심(hesed)이 하늘에 있고 주의 성실하심(faithfulness)이 공중에 사무쳤으며(시 36:5).

지존자여 십현금과 비파와 수금의 정숙한 소리로 여호와께 감사하며 주의 이름을 찬양하며 아침에 주의 인자하심(lovingkindness)을 나타내며 밤마다 주의 성실하심(faithfulness)을 베풂이 좋으니이다(시 92:1-2).

내가 주의 의를 내 심중에 숨기지 아니하고 주의 성실(faithfulness)과 구원을 선포하였으며 내가 주의 인자(lovingkindness)와 진리를 대회 중에서 은휘치 아니하였나이다 여호와여 주의 긍휼을 내게 그치지 마시고 주의 인자(lovingkindness)와 진리(또는 성실[faithfulness])로 나를 항상 보호하소서(시 40:10-11).

1. 하나님은 헤세드이다.

인간은 언약의 맹세를 할 때 인자로 결속된 새로운 유대 관계를 창출하고 그것을 유지하려 한다. 그러나 하나님께서는 인간과 언약하실 때 결코 인자로 대하지 못할 것을 두려워하여 애써 사랑하려고 자신을 속박하지 않으신다. 그는 우리와 언약하심으로 인자를 새로 만들어내는 것이 아니라 우리와의 언약을 통해 우리를 향한 그의 중심이 처음부터 인자하심을 보여주신다.

여호와께서 그의 앞으로 지나시며 반포하시되 여호와로라 여호와로라 자비롭고 은혜롭고 노하기를 더디 하고 인자(hesed)와 진실이 많은 하나님이로라(출 34:6).

거역하며 주께서 저희 가운데 행하신 기사를 생각지 아니하고 목을 굳게 하며 패역하여 스스로 한 두목을 세우고 종 되었던 땅으로 돌아가고자 하였사오나 오직 주는 사유하시는 하나님이시라 은혜로우시며 긍휼히 여기시며 더디 노하시며 인자(hesed)가 풍부하시므로 저희를 버리지 아니하셨나이다 (느 9:17).

여호와는 자비로우시며 은혜로우시며 노하기를 더디 하시며 인자하심(hesed)이 풍부하시도다(시 103:8).

여호와께 기도하여 가로되 여호와여 내가 고국에 있을 때에 이러하겠다고 말씀하지 아니하였나이까 그러므로 내가 빨리 다시스로 도망하였사오니 주께서는 은혜로우시며 자비로우시며 노하기를 더디 하시며 인애(hesed)가 크시사 뜻을 돌이켜 재앙을 내리지 아니하시는 하나님이신 줄을 알았음이니이다(욘 4:2).

그런즉 너는 알라 오직 네 하나님 여호와는 하나님이시요 신실하신 하나님이시라 그를 사랑하고 그 계명을 지키는 자에게는 천대까지 그 언약을 이행하시며 인애(hesed)를 베푸시되(신 7:9).

우리의 존재는 그의 헤세드로부터 비롯된다. 시편 136편은 창조와 만물을 유지하는 법칙이 모두 그의 인자로부터 시작된다고 말한다.

> 지혜로 하늘을 지으신 이에게 감사하라 그 인자하심이 영원함이로다 땅을 물 위에 펴신 이에게 감사하라 그 인자하심이 영원함이로다 큰 빛들을 지으신 이에게 감사하라 그 인자하심이 영원함이로다 해로 낮을 주관케 하신 이에게 감사하라 그 인자하심이 영원함이로다 달과 별들로 밤을 주관케 하신 이에게 감사하라 그 인자하심이 영원함이로다(시 136:5-9).

구약시대 하나님의 백성 이스라엘의 역사에 있어서 그들과 하나님의 모든 관계는 헤세드라는 한 마디 말 속에 드러난다. 그들이 무슨 일을 만나든, 그들이 하나님과 동행하는 삶을 살든 그를 배신하고 죄악의 수렁에 빠지든, 그곳에는 언제나 언약 백성들을 기뻐하며 그들의 회복을 간절히 바라시는 하나님의 인자가 있었다. 이 말의 핵심에는 자기 백성의 구속사적 목적 성취를 향한 그의 변함없는 사랑이 자리한다. 이 말을 이해하면 시편이 언약적 사랑에 대한 기쁨의 반응임을 알 수 있다. 또한 선지서는 자기 백성을 향한 하나님의 언약 문서이며, 역사서는 자기 백성을 죄와 대적과 환란으로부터 구원하시는 그의 인자의 역사임을 알 수 있다.

그는 헤세드 자체이며 언약에 매여 어쩔 수 없이 사랑하는 것이 아니기 때문에 그의 언약적 사랑은 언약보다 크고 위대하다. 사람이 언약을 파기할 때에도 그의 인자는 여전히 그들 위에 머무르며 그들을 결코 버려두지 않으신다는 사실이 이를 잘 설명해 준다.

> 내가 넘치는 진노로 내 얼굴을 네게서 잠시 가리웠으나 영원한 자비 (hesed)로 너를 긍휼히 여기리라 네 구속자 여호와의 말이니라…산들은 떠나며 작은 산들은 옮길지라도 나의 인자(hesed)는 네게서 떠나지 아니

하며 화평케 하는 나의 언약은 옮기지 아니하리라 너를 긍휼히 여기는 여호와의 말이니라(사 54:8, 10).

예레미야는 죄로 말미암아 예루살렘이 함락되고 백성들이 바벨론으로 끌려간 후에도 배도한 백성들을 향한 하나님의 언약적 신실하심을 통해 평안을 찾을 수 있었다.

여호와의 자비와 긍휼이 무궁하시므로 우리가 진멸되지 아니함이니이다 이것이 아침마다 새로우니 주의 성실이 크도소이다(애 3:22-23).

다윗이 밧세바를 범하고 그녀의 남편을 전쟁터에 보내어 죽게 했을 때 그는 모세 율법에 의할 때 그런 자는 돌로 쳐 죽임을 당해야 하며 결코 용서받을 수 없음을 알았다. 그러므로 그는 율법을 넘어서는 하나님의 언약에 호소하였던 것이다.

하나님이여 주의 인자를 좇아 나를 긍휼히(hesed) 여기시며 주의 많은 자비를 좇아 내 죄과를 도말하소서(시 51:1).

구약성경에 나타난 하나님의 언약적 사랑은 한 마디로 그가 약속하신 모든 것을 지키시는 하나님의 영원하신 언약적 사랑이라고 할 수 있다. 그는 이러한 사랑을 통해 날마다 시마다 그의 백성 된 우리를 지키시고 보호하시며 돌보시고 구원하신다. 이와 같이 헤세드는 하나님께서 참으로 우리를 사랑하시고 우리를 간절히 원하시며 우리가 곁길로 갈 때에도 우리를 버려두지 않으심을 보여준다.

2. 기브온 족속에 관한 이야기

아마도 성경에서 가장 놀라운 이야기 가운데 하나는 기브온 족속에 관한 기사일 것이다. 이 이야기는 언약적 사랑, 또는 헤세드의 능력과 견고함을 보여주며 여호수아 9장 및 10장에 나타난다.

여호수아는 이스라엘을 약속의 땅 가나안으로 인도하여 그 땅을 정복하고 그들의 영토로 삼았다. 당시 그곳에 살던 사람들은 거짓 신들을 섬기며 도덕적으로 타락한 생활을 하던 우상숭배자들이었다. 따라서 그들에 대한 하나님의 명령은 간단한 것이었다. 즉 이스라엘 백성들은 가나안 거민과는 결코 조약을 맺거나 언약하지 말라는 것이었다.

하지만 가나안 거민들 가운데 기브온 족속은 이스라엘 지도자들을 속여 그들과 조약을 맺으려 하였다. 그들은 여호수아가 진친 곳에서 불과 몇 시간 거리에 있었으나 멀리서 온 것처럼 보이기 위해 낡은 옷과 신발차림을 하고 마르고 곰팡이 난 떡을 준비하였다. 그들은 몇 주 동안 먼 곳을 걸어온 듯한 모습으로 여호수아의 진을 찾아왔다.

그들은 이스라엘의 장로들에게 자신들은 먼 지방에 사는데 하나님께서 애굽에서 행한 일과 광야 여정을 통해 보이신 이적에 대해 듣고 이렇게 먼 길을 찾아왔다고 했다. 그들은 자신들이 이처럼 하나님의 복을 받은 민족과 조약을 맺고 싶어 종족을 대표하여 찾아온 사신이라고 소개하였다.

어리석게도 이스라엘 장로들은 의심을 하면서도 그들의 말을 확인해 보지 않았으며, 무엇보다 여호와께 묻지 않은 것이 가장 큰 실수였다. 그들은 기브온 사람들이 그들에게 한 말을 곧이곧대로 믿고 그들과 조약을 맺고 여호와의 이름으로 준엄한 언약의 맹세를 하였다.

> 여호수아가 곧 그들과 화친하여 그들을 살리리라는 언약을 맺고 회중 족장들이 그들에게 맹세하였더라(수 9:15).

이스라엘은 하나님과 언약을 맺었기 때문에 기브온 거민은 이스라엘뿐만 아니라 사실상 그들의 하나님과도 조약을 맺게 된 것이다. 이튿날 희색이 가득하여 기쁨을 감출 수 없었던 기브온 사람들은 반가운 소식을 안고 언덕을 넘어 수마일 떨어져 있는 고향으로 향하였다. 그들은 목적을 달성하였다. 그들은 거짓말로 이스라엘 장로들을 속여 그들과 조약을 맺었던 것이다.

그러나 삼일 후 이스라엘은 기브온 거민이 그들의 이웃에 산다는 사실을 알았다. 이제 이스라엘은 어떻게 할 것인가? 이스라엘 지도자들은 자신이 속은 것을 알았으며, 더구나 그들이 하나님의 이름으로 조약을 맺은 상대는 하나님께서 진멸하라고 명하신 백성이라는 사실에 가슴을 쳤다.

그들은 기브온 거민과 마주하였다. 우리는 여기서 헤세드의 변경할 수 없는 속성을 보게 된다. 그들은 이 거짓말쟁이들을 어떻게 다룰 것인가? 그들은 원래 대적이었으나 지금은 거짓 증언에 의해 그들과 언약한 사이이다. 이스라엘 지도자들은 백성들의 원망에도 불구하고 자신들이 한 언약의 맹세를 돌이킬 수 없다는 사실을 알았다. 헤세드의 속성상 그들은 기브온 거민의 목숨을 살려주지 않을 수 없었던 것이다.

> 그러나 회중 족장들이 이스라엘 하나님 여호와로 그들에게 맹세한 고로 이스라엘 자손이 그들을 치지 못한지라 그러므로 회중이 다 족장들을 원망하니 모든 족장이 온 회중에게 이르되 우리가 이스라엘 하나님 여호와로 그들에게 맹세하였은즉 이제 그들을 건드리지 못하리라(수 9:18-19).

그들은 자신을 속인 죄로 기브온 사람들을 이스라엘의 종, 특히 제사장과 레위인의 종으로 삼았으나 그들과 맺은 언약의 맹세는 유효하였다.

기브온이 강대국 이스라엘을 속여 동맹을 맺었다는 소식은 곧 주변 종족들의 귀에 들어갔다. 그들은 기브온이 이스라엘을 속였다는 사실보다 가나안 동족인 자신들을 배반한 것에 대해 분노하였다. 이에 가나안 다섯 종족이 연합하여 기브온을 공격하였다.

기브온 사람들은 언약의 상대인 이스라엘에게 급히 전갈을 보내었다. 이것은 곧 이스라엘의 하나님께 보내는 전갈이었다. 그들은 사실 헤세드에 호소한 것으로서, "도와주십시오, 당신은 우리와 언약을 맺었으니 이제 우리와 약조한 헤세드를 이행하여 와서 도와주십시오"라고 요청한 것이었다.

비록 속여서 맺은 언약이지만, 이 짧은 이야기만큼 하나님의 견고한 언약적 사랑이 잘 나타나는 곳도 없을 것이다. 하나님은 여호수아에게 명하여 가서 그의 언약 상대를 지켜주게 하셨다. 그는 여호수아에게 다섯 종족과의 전쟁에서 승리를 거둘 것이라고 약속하셨다.

> 때에 여호와께서 여호수아에게 이르시되 그들을 두려워 말라 내가 그들을 네 손에 붙였으니 그들의 한 사람도 너를 당할 자 없으리라 하신지라(수 10:8).

뿐만 아니라 그는 성경 가운데 부활 사건 다음으로 위대한 기적을 일으키셨다. 곧 하나님께서 태양을 멈추어 여호수아에게 기브온을 구할 시간을 주셨던 것이다.

> 여호와께서 아모리 사람을 이스라엘 자손에게 붙이시던 날에 여호수아가 여호와께 고하되 이스라엘 목전에서 가로되 태양아 너는 기브온 위에 머무르라 달아 너도 아얄론 골짜기에 그리할지어다 하매 태양이 머물고 달이 그치기를 백성이 그 대적에게 원수를 갚도록 하였느니라 야살의 책에 기록되기를 태양이 중천에 머물러서 거의 종일토록 속히 내려가지 아니하였다 하지 아니하였느냐 여호와께서 사람의 목소리를 들으신 이같은 날은 전에도 없었고 후에도 없었나니 이는 여호와께서 이스라엘을 위하여 싸우셨음이니라(수 10:12-14).

이와 같이 하나님은 어떠한 경우라도 반드시 언약을 지키신다. 비록 속여서 맺은 언약일지라도 이와 같이 헤세드를 발동하셨다면, 그가 영원 전부터 계획하시고 그의 아들을 통해 성취하셨으며 성령을 통해 우리에게 확인하신 언약이야말로 얼마나 더 확실하겠는가?

이것은 히브리서 13:5에 새로운 의미를 부여한다. "그가 친히 말씀하시기를 내가 과연 너희를 버리지 아니하고 과연 너희를 떠나지 아니하리라 하셨느니라." 이것은 참으로 놀라운 말씀이지만 영어로는 원어에 담긴 언약의 이행에 관한 내용을 전달하기 매우 어려운 본문이다. 주석 성경(The Amplified Bible)은 본문의 의미를 다음과 같이 확장하였다.

> 그[하나님 자신]가 친히 말씀하시기를 어떤 일이 있더라도 나는 결코 너희를 버리거나 포기하지 아니할 것이며 너희를 떠나지도 아니할 것이다 나는 결코, 결코, 결코, 너희를 떠나거나 버리지 않을 것이다[그런 일은 절대로 없을 것이다](히 13:5).

이 성경은 그가 우리를 어떠한 상황에서도 떠나지 않을 것이라는 본문의 의미를 영어로 담아내기 위해 부정어(not)를 다섯 번이나 사용하였다. 이것이 언약에 대한 하나님의 인자(lovingkindness)이다.

3. 긍휼로서의 헤세드

그런데도 왜 오래된 영어성경은 이 단어를 mercy(자비, 긍휼)로 번역하는가?

우리는 앞 장에서 하나님이 우리와 맺은 언약은 새 언약을 통해 완성되는 불평등 언약임을 살펴보았다.

세속 역사에서는 이러한 불평등 조약의 사례들이 많이 나타난다. 전쟁에서 이긴 왕은 정복한 나라와 왕에 대해 자신의 관대함을 보여줌과 아울러 새 영토에 대한 통치수단으로서 그들과 조약을 맺는다. 이러한 예는 성경에서도 찾아볼 수 있다. 바벨론 왕 느부갓네살은 피지배국인 유다 왕 시드기야와 조약을 맺는다. 보통은 약자나 약소국이 이러한 조약을 통해 강자나 강대국과의 보호나 후원을 받게 된다.

하나님의 언약에 담긴 불평등적 속성은 우리에게 침묵과 경배를 요구한다. 그것은 결코 관대한 인간 왕이 베푸는 언약과는 다르다. 그들은 비록 세상적 지위에 있어서는 평등하지 않지만 둘 다 인간이라는 점에서는 동일하기 때문이다. 그러나 하나님은 창조주로서 피조물인 인간과 언약을 맺으신다. 이 언약의 두 당사자는 상호 일정한 기여를 하는 평등관계가 아니다. 하나님은 자격도 없고 아무것도 줄 수 없는 인간에게 자신의 모든 것을 내어주신 것이다.

하나님께서 제시하시는 언약의 복음은 협상을 시작하기 위한 것이 아니라 그것을 받을 것인가 말 것인가에 대한 선택을 요구한다. 사랑은 믿을 수 없는 기적을 성취하였으며 모든 인간은 그것을 감사함으로 받든지 그것을 거절함으로써 영원한 반역자가 되는 길을 선택하게 된다.

하나님께서 언약을 주도적으로 시작하셔서 언약에 나타난 모든 약속을 이행하시는 행위는 은혜요 날마다 새로운 긍휼의 행위이다. 이러한 이유로 영어성경 역자들은 헤세드라는 히브리어를 '긍휼'(mercy)로 번역했던 것이다. 이와 같이 하나님의 언약적 사랑은 오직 긍휼(마땅히 받아야 할 것[심판 등]을 받지 않았다는 뜻)과 은혜(받을 자격이 없는 것을 받았다[받을 수 없는 데서 받았다]는 뜻)로만 번역될 수 있다.

하나님은 인간이 마음대로 그를 떠나기로 선택하였을 때 그들을 구할 어떤 의무도 없었다. 우리는 하나님께서 자의로 우리를 구하기로 결정하셨다는 사실을 결코 잊지 말아야 한다. 그에게는 우리를 구원해야 할 어떠한 외적 요인도 없었으며 인간을 통해 무엇인가를 채워야 할 어떤 내적 필요성도 없었다. 그는 스스로 완전하신 분으로서 오직 사랑으로 우리를 구원하기로 결정하셨다. 그의 언약은 영원 전부터 스스로 결정하고 성취한 일방적 언약이었던 것이다. 그가 무한한 대가와 희생을 치르면서 범죄한 인간과 언약을 맺은 유일한 이유는 우리를 향한 무조건적 사랑 때문이다.

이것이 복음이며, 17세기에 회자된 "사람을 기뻐 뛰게 하는 복되고 즐거운 소식"이다. 이것은 하나님이 누구시며 그가 우리를 위해 무슨 일을 하셨는가에 관한 소식이다. 할렐루야란 말의 문자적 의미는 다른 사람들에게 하나님을 크게 칭송하며 외치는 것이다.[2] 우리는 그가 헤세드임을 깨달을 때 왜 그가 이러한 높임을 받기에 합당하신 분인지를 알게 된다.

하나님은 우리에게 주신 바 자신에 관한 계시를 통해 모든 세상 종교와 단절할 것을 요구하셨다. 우리는 절대적 신에 관하여 어느 선까지는 다른 종교와 공감대를 형성한다. 그러나 이러한 신이 절대적이며 전지전능해야 한다는 점에서는 모두 공감하지만 다른 어떤 종교에도 하나님은 사랑이시며 그가 우리를 간절히, 무조건적으로 사랑한다는 개념은 찾아볼 수 없다.

인간의 마음은 이러한 결론에 이를 수 없다. 우리는 단지 그가 히브리 족장들과 선지자들을 통해, 그리고 최종적으로는 그의 아들 예수를 통해 자신을 계시하셨기 때문에 그가 사랑이심을 알 수 있다.

따라서 우리는 긍휼로서의 헤세드를 결코 망각하지 말아야 한다. 우리는 이 언약의 약자에 해당하는 당사자로서 사랑이 무한하신 하나님의 보호하심과 복 주심을 구해야 한다. 따라서 우리는 조건을 제시하거나 언제, 어떻게 우리의 약속을 이행해야 한다고 주장해서도 안 된다. 오늘날 많은 신자들은 이러한 언약의 개념과, 그의 인자하신 행위가 오직 긍휼에서 비롯된다는 사실을 깊이 깨닫고 하나님이 그들의 지시대로 행하기를 요구하는 망령된 행위를 즉시 중단해야 한다.

그러나 아직도 우리 주변에는 오직 "주여 나를 긍휼히 여기소서"라고만 부르짖으며 사는 성도들이 얼마나 많이 있는지 모른다. 이들은 언제, 어떠한 상황 하에서도 우리와 함께 계시는 하나님의 강력한 사랑이라는, 보다 광의적 차원의 헤세드에 대해 인식할 필요가 있다. 우리가 만일 이러한 긍휼이 우리를 향한 거룩하고 무한한 사랑의 농축된 핵으로부터 나온다는 사실을 알지 못한다면 우리의 자화상은 마치 성전 문 앞에서 구걸하며 살다가 예수님의 말씀에 깜짝 놀라는 거지의 모습과도 같을 것이다. 우리는 그의 언약의 긍휼을 구할 때 감사와 찬양으로 가득한 마음을 안고 구해야 한다. 긍휼은 예수 그리스도 안에 있으며, 우리는 거지로서가 아니라 그의 아들로서 예수와 함께 그의 기업을 받을 후사로서 나아가야 한다.

4. 헤세드의 목적

예수님은 궁극적 인자(lovingkindness)이시며 그의 언약의 맹세를 지키시고 행하시며 보이시는 분이시라는 점에서 헤세드는 구속사의 목적이 된다. 동정녀 마리아는 자신의 잉태가 하나님의 헤세드를 기억한 것임을 노래하였다. 그 종 이스라엘을 도우사 긍휼히(hesed) 여기시고 기억하시되 우리 조상에게 말씀하신 것과 같이 아브라함과 및 그 자손에게 영원히 하시리로다(눅 1:54-55).

세례 요한의 아버지인 사가랴도 요한의 출생을 수세기 동안 내려온 언약적 사랑의 약속이 성취되기 시작된 것으로 보았다.

> 우리 조상을 긍휼히(hesed) 여기시며 그 거룩한 언약을 기억하셨으니 곧 우리 조상 아브라함에게 맹세하신 맹세라 우리로 원수의 손에서 건지심을 입고 종신토록 주의 앞에서 성결과 의로 두려움이 없이 섬기게 하리라 하셨도다…이는 우리 하나님의 긍휼(hesed)을 인함이라 이로써 돋는 해가 위로부터 우리에게 임하여 어두움과 죽음의 그늘에 앉은 자에게 비취고 우리 발을 평강의 길로 인도하시리로다 하니라(눅 1:72-75, 78-79).

예수님은 하나님의 헤세드이시다. 그는 하나님의 견고하고 변치 않으시며 강력한 사랑의 화신으로 성육하셨다. 그는 피 흘림을 통해 우리에게 하나님의 모든 약속을 주시고 보증하셨다.

하나님의 약속은 얼마든지 그리스도 안에서 예가 되니 그런즉 그로 말미암아 우리가 아멘 하여 하나님께 영광을 돌리게 되느니라(고후 1:20).

우리가 언약에 대해 계속 연구해 가는 동안 하나님은 여러분을 실망시키지 않으실 것이다. 하나님은 결코 거짓말하지 않으시는 분이시다.

제 5 장

언약의 핵심

앞 장에서 제시한 대로 인간들 사이의 언약은 인자 가운데 상호 화친하기 위해 맺어진다. 피 흘림과 함께 이루어지는 언약의 맹세는 이러한 이상에 힘을 실어주기 위해 시행된다. 그러나 하나님의 언약은 인자를 창출하기 위해서가 아니라 하나님 스스로 '인자가 의미하는 모든 것' 이 되심을 보여주기 위한 것이다.

이러한 언약의 배후에는 그의 마음의 중심이 드러난다. 그것은 무한한 사랑으로, 우리에게는 헤세드라는 말이 가장 이해하기 쉬운 표현이다. 태양이 없다면 햇빛을 받을 수 없듯이, 하나님이 무한하고 무조건적인 사랑의 농축된 핵(core)이 아니시라면 언약도 존재할 수 없다. 이것은 그리스도와 복음을 통해 우리에게 제시된 하나님의 계시의 핵심이다.

그가 누구신가에 대해 이와 같은 계시가 없었더라면 하나님에 대한 생각은 큰 불안감을 야기하였을 것이다. 그리고 그것은 결코 놀라운 일이 아니다. 하나님이 우리를 사랑하지 않으시는 삶을 상상할 수 있겠는가? 만일 절대적 주권으로 세상을 다스리시며 우리의 마음의 생각과 동기를 모두 아시는 절대적 능력의 하나님께서 우리를 싫어하여 멸망시킬 생각을 가지고 계신다면 어떻게 되겠는가? 그러한 하나님은 범죄한 우리를 향해 진노하사 정죄하고 파멸시키는 두렵고 무서운 재판관으로만 각인될 것이다.

필자는 수많은 성도들과 대화를 나누는 가운데 하나님을 이와 유사한 모습으로 기억하고 있다는 사실에 놀라움을 감출 수 없었다. 이러한 개념에 사로잡힌 사람들은 마치 이방인과 같이 불안한 마음으로 하나님을 대하게 되는 것이다. 그들은 항상 그에 대한 불안한 두려움을 가지고 있으며 혹시나 자신의 삶에 상처를 가하거나 해를 입히지 않을까 눈치를 살피며 전전긍긍해한다.

1. 사랑의 복음

나는 그리스도인으로서 사역하면서 처음 몇 년 동안은 이러한 방향으로 기울었다. 나의 초기 설교들은 유황 냄새와 저주에 대한 선언으로 가득하였다. 내가 성도들에게 부르짖은 구원은 근본적으로 성부 하나님의 진노로부터 반안전지대(semi-safety)에 속하는 예수님의 보호막 속으로 피신하는 것이었다.

1965년 어느 봄날 오리건 주의 포틀랜드에서 나의 생애는 전적으로 바뀌었다. 나는 당시 그곳에 있는 교회에 강사로 초청받아 머무르고 있었다. 전날 밤 나는 내가 알고 있는 복음을 제시하며 하나님을 게으르고 나태한 신자들에게 불같이 진노하시는 분으로 소개하며 회중들에게 오직 하나님께 헌신하는 삶을 살도록 촉구하였다.

다음날 아침 목사님은 나를 아침 식사에 초대하였다. 계란과 베이컨을 앞에 두고 그는 나에게 죽어가는 불신자의 임종을 목도한 이야기를 들려주었다. 그는 복음에 관해 상세히 설명하며 그것을 어떻게 그에게 전하였는지를 들려주었다. 그때 나는 이전에 한 번도 경험하지 못하였던 복음을 깨닫게 되었다. 그는 구원의 계획을 세우시고 그것을 이행하시는 하나님의 사랑과, 죽으시고 부활하신 성자 예수님의 사랑, 그리고 우리를 긍휼히 여기는 마음으로 그의 사랑으로 이끄시는 성령님의 인도하심에 대해 이야기하였다.

나는 우리를 그렇게 간절히 사랑하시는 삼위 하나님에 대해 들어본 적도, 생각해 본 적도 없었다. 나에게 그는 언제나 예수님의 죽음으로 진노를 멈추신 분이었으며 우리는 그의 진노를 피해 예수님께로 나아갔던 것이다. 나의 눈에는 눈물이 맺혔으며 결국 나는 조반을 물리고 책상에 머리를 대고 흐느껴 울기 시작하였다. 그리고 호텔로 돌아와 지금까지의 설교문을 전부 없애 버렸다.

나는 처음으로 왜 그리스도인이 전하는 진리를 복음이라고 부르는지 알게 되었다. 그것은 참으로 '기쁜 소식'(Good News)이었던 것이다.

복음을 전할 때 우리는 하나님이 누구시며 그가 우리를 어떻게 생각하시는지에 대해 선포하게 된다. 우리는 세상 곳곳에서 하나님은 우리가 생각하는 그런 분이 아니시라고 외친다. 그는 우리를 사랑하신다! 하나님의 사랑이 버림받아 소망이 없는 자들의 세상에 임하였다는 사실이야말로 인류에게 선포된 가장 위대한 소식이 아닐 수 없다.

> 사랑하는 자들아 우리가 서로 사랑하자 사랑은 하나님께 속한 것이니 사랑하는 자마다 하나님께로 나서 하나님을 알고 사랑하지 아니하는 자는 하나님을 알지 못하나니 이는 하나님은 사랑이심이라 하나님의 사랑이 우리에게 이렇게 나타난 바 되었으니 하나님이 자기의 독생자를 세상에 보내심은 저로 말미암아 우리를 살리려 하심이니라 사랑은 여기 있으니 우리가 하나님을 사랑한 것이 아니요 오직 하나님이 우리를 사랑하사 우리 죄를 위하여 화목제로 그 아들을 보내셨음이니라(요일 4:7-10).

"하나님은 사랑이심이라." 성부 하나님께서는 우리를 향한 무조건적이고 무한하신 사랑으로 자신의 아들 주 예수를 보내시어 우리에게 자신이 누구인지를 알리시고 새 언약을 맺게 하셨다. 성령 하나님은 우리를 사랑하사 그의 언약에 응답하도록 부르시고 그의 사랑의 줄로 우리를 묶으신다. 이것은 세상에서 가장 위대한 소식이며 그것을 받아들이는 자들에게는 평안과 기쁨을 가져다준다.

본문이 우리에게 하나님과 그의 사랑에 대해 무엇이라고 말하는지 유의해 보라. "…사랑은 하나님께 속한 것이니." 이것은 그가 사랑의 원천이시며, 다른 곳으로부터 사랑을 얻는 것이 아니라 사랑이 흘러나오는 자연발생적인 샘이 되심을 보여준다.

"하나님은 사랑이시라." 사랑은 나타날 수도 있고 그렇지 않을 수도 있는 어떤 것과 같이 그에게 덤으로 부가되어 가지고 있는 것이 아니다. 즉 그것을 바꾸거나 더하거나 감하지 못한다는 것이다. 그는 사랑이시며, 그것은 그의 본질적 속성이 존재하는 방식이다.

나는 한 잔의 물을 가지고 있다거나 한 통의 물을 가지고 있다고 말할 수 있지만 그것은 '나는 물이다' 라고 말하는 것과는 전혀 다른 범주에 속한다. 물을 가지고 있다는 것은 그것의 증가나 감소에 따라 소유에 변화가 있을 수 있지만 내가 물이라는 말은 그것이 곧 자신이기 때문에 결코 변할 수 없는 것이다. 그는 사랑으로 정의되며 사랑은 그가 존재하는 방식이다.

2. 아가페냐 에로스냐

히브리 원어로 사랑은 하나님을 이해하는 데 있어서 매우 중요한 단어이다. 헬라어 신약성경에서 이 단어는 '아가페'(*agape*)[1]로 번역된다. 이것은 사랑이라는 뜻을 가지고 있지만 매우 일반적인 단어로서 분명한 정의가 되지 못한다. 이 단어는 1세기 헬라 문학에서는 거의 발견할 수 없을 만큼 잘 사용되지 않았다.

예수님 시대 및 신약성경 시대에 사랑이란 뜻으로 주로 사용된 단어는 '에로스'(*eros*)였다. 이것은 오늘날 사랑이라는 영어 단어(love)와 거의 정확히 일치한다. 이것은 사랑스럽고 아름다운 것에 대한 사랑을 의미하며, 가장 고

상하고 가장 좋은 것을 소유하다는 의미로까지 발전되기도 하는 단어이다. 따라서 추한 것이나 내키지 않는 것은 이러한 사랑의 대상이 될 수 없다. 에로스적 사랑은 추하다고 생각하거나 기준에 미달하는 것에 대해서는 역겨워한다.

에로스의 원천은 사랑하는 대상의 아름다움에 있다. 그것을 눈 뜨게 하고 불러일으키는 것은 연인의 아름다움이다. 그러나 이러한 미적 기초는 매우 불안하다. 따라서 이와 같이 약한 기반 위에 세워진 사랑은 연인의 아름다움이 사라지면 함께 사라지기 쉽다. 이것은 또한 더 아름다운 대상이 나타날 경우 현재의 사랑에 싫증을 내고 그곳으로 마음을 돌리게 된다.

인간의 사랑은 원칙적으로 사랑을 받는 대상이 자신의 아름다움으로 상대의 사랑을 창조하거나 획득한다는 원리에 따라 작동된다. 따라서 사랑을 지속하기 위해서는 그러한 아름다움을 계속 유지해야만 한다.

에로스는 자신의 필요나 쾌락을 채우려 한다. 그것은 상대를 정복하고 배타적인 독점권을 행사하려는 특징이 있기 때문에 사랑의 대상을 마치 자신이 사용하는 물건이나 소유물처럼 여긴다.

21세기에 들어오면서 서구 사회는 사랑을 에로스적 관점에서 보려는 경향이 나타나고 있다. 우리가 날마다 접하는 광고나 영화, TV 및 소설과 같은 일상적 문화 속에는 이러한 사랑의 정의가 범람한다.

오늘날 감정에 도취된 십대는 자신이 사랑에 빠졌다고 외친다. 그것은 적어도 지금 현재로서는 세상에서 가장 고상하고 아름답고 좋아하는 사람을 만났으며 상대를 반드시 자신의 것으로 소유하고 싶다는 선언이다.

중요한 것은 에로스라는 말이 신약성경에 나타나지 않는다는 것이다. 복음을 선포하고 정의함에 있어서 확실히 성령께서는 인간의 사랑을 뜻하는 에로스의 사용을 금하는 대신 본질적으로 새로운 사랑의 개념인 아가페를 사용하고 있으며 신약성경에서도 이러한 의미로 사용되었다.

아가페는 상대의 아름다움에 의해 약해지거나 새롭게 생성되는 것이 아니라 하나님의 마음으로부터 자발적으로 일어나는 사랑이다. 이러한 사랑은 결코 획득할 수 있는 것이 아니며 그것을 받을 만한 자격을 갖출 수 있는 것도 아니다. 왜냐하면 그것은 하나님의 마음으로부터 모든 사람을 향해 나오는 것이기 때문이다. 그것은 영적으로 추한 자나 하나님과는 맞지 않는 자들에게도 미친다. 그것은 심지어 그를 해치려는 대적들에게까지 미친다. 그가 우리를 사랑하게 만드는 것은 우리의 영적 아름다움이 아니다. 우리를 향한 그의 사랑스런 관심은 결코 우리의 선행이나 의로운 행적 때문이 아니다. 우리에 대한 그의 사랑은 그의 존재 자체로부터 나오는 것으로서 우리에게 사랑할 만한 무엇이 있어서가 아니다. 그는 그의 사랑의 원천이시며 그것의 이유이자 에너지이다. 그는 자신의 속성상 우리를 사랑할 수밖에 없는 분이시다.

사실 하나님이 사랑이시라고 믿는 수백만 명의 신자들은 그의 사랑을 한 차원 높은 인간적 사랑으로 이해한다. 그러나 그것은 또 하나의 에로스적 사랑에 지나지 않는다. 그들은 하나님이 그들을 인간이 인간을 사랑하듯 사랑하신다고 생각한다. 이것은 하나님과의 관계를 매우 불안정한 기초 위에 놓는 결과를 초래한다. 만일 하나님이 우리가 그를 기쁘시게 하는 정도만큼 우리를 사랑하신다면 우리를 향한 그의 사랑은 영원히 흔들리게 될 것이다. 우리가 우리의 행위로 그의 사랑을 얻었다고 믿는다면 우리는 자부심을 가질 것이며 스스로 그의 사랑을 얻은 것에 대해 자축할 것이다.

우리는 하나님과의 관계를 우리의 행위에 기초하여 세워진 것으로 본다. 이것은 우리가 만일 무엇을 어떻게 하면 하나님께서 그것을 받으시고 복을 주신다는 것이다. 우리가 거룩하게 살면(또는 그렇게 살려고 노력하면), 한 시간 동안 기도하고 성경을 읽으면, 그를 위해 열심히 봉사하면 그가 우리를 사랑한다는 것이다. 또한 만일 우리가 이러한 삶을 살지 못하거나 죄에 빠지면 우리에 대한 사랑은 사라지고 우리에게 싫증을 내시며 자신의 사랑을 받을 자격을 갖춘 다른 사람에게로 관심을 돌려버리신다는 것이다.

복음은 우리와 하나님과의 관계는 'if(만일)~ then(그러면)~' 의 관계가 아니라 'because(때문에)~ therefore(그러므로)~' 의 관계라고 선언한다. 복음은 그가 우리를 사랑하시기 때문에(because), 그러므로(therefore) 그는 우리의 구원의 원천이시며 복의 근원이시며 우리의 신앙과 소망의 반석이시라고 선포한다. 이러한 이해는 우리가 그리스도에게로 나아오거나 그리스도인의 삶에서 벗어나는 모든 걸음의 단초가 된다.

이러한 내용은 세리와 바리새인의 비유에 자세히 나타난다.

> 또 자기를 의롭다고 믿고 다른 사람을 멸시하는 자들에게 이 비유로 말씀하시되 두 사람이 기도하러 성전에 올라가니 하나는 바리새인이요 하나는 세리라 바리새인은 서서 따로 기도하여 가로되 하나님이여 나는 다른 사람들 곧 토색, 불의, 간음을 하는 자들과 같지 아니하고 이 세리와도 같지 아니함을 감사하나이다 나는 이레에 두 번씩 금식하고 또 소득의 십일조를 드리나이다 하고 세리는 멀리 서서 감히 눈을 들어 하늘을 우러러 보지도 못하고 다만 가슴을 치며 가로되 하나님이여 불쌍히 여기옵소서 나는 죄인이로소이다 하였느니라(눅 18:9-13).

종교적인 바리새인은 하나님을 에로스적 사랑을 소유하신 분으로 보았다. 따라서 그의 인정과 복을 받기 위해서는 영적 아름다움을 갖추어야 한디고 믿었다. 여기에는 특정한 종교적 의무가 수행되어야만 하나님께서 호의적으로 반응하신다는 사고가 담겨 있다. 바리새인은 하나님의 사랑을 인간적 사랑인 에로스의 관점에서 보았다. 그는 완전하지 못한 사람을 사랑하시며 그러한 사람을 원하시는 하나님을 상상할 수 없었다. 그는 자신을 다른 사람, 특히 종교적 의무를 다하지 못하는 사람과 비교하며 자신은 다른 바리새인과 함께 하나님이 받으시기에 충분한 지위를 얻었다고 믿었다.

세리는 하나님께서 주신 계시를 받아들여 비록 동족을 착취하는 세리로 낙인찍힌 역적이었음에도 불구하고 사랑을 받았다. 그는 하나님은 사랑과 긍휼이시기 때문에 그에게 구하여 응답을 받을 수 있다고 믿는 신앙의 열쇠를 가지고 있었다. 그는 하나님께 기도할 때 '불쌍히'(mercy)라는 단어를 사용하였는데 이것은 헤세드라는 언약적 용어에 해당한다. 앞에서 살펴본 대로 이것은 인자(lovingkindness)라는 뜻으로도 해석할 수 있다. 그는 사랑이신 하나님과 맺은 언약에 호소하였던 것이다.

에로스의 세계에서 복음은 하나의 충격이다. 복음은 사람이 하나님의 사랑을 입는 것은 자신의 신분이나 업적 때문이 아니라 오직 그분 자신 때문이라고 선언한다.

이 책을 읽는 여러분 역시 살아 숨 쉬고 있다는 자체가 그의 사랑을 받았다는 사실임을 알아야 한다. 잠시 멈추어 이 사실을 가슴에 새기기 바란다. 여러분은 지금 이 순간 하나님의 진실하고 무조건적인 사랑의 대상이다. 그는 온전히 당신을 사랑한다. 당신은 마치 세상에 단 하나뿐인 존재인 것처럼 그의 사랑을 고스란히 받고 있다. 그리고 그는 여러분의 행위와 관계없이 여러분의 존재 자체를 사랑한다. 이러한 실재를 받아들이고 그 안에서 살 때 여러분의 행위는 그의 무한하신 사랑에 반응하여 그를 경배하는 삶으로 변화될 것이다. 요한은 우리가 사랑함은 그가 먼저 우리를 사랑하셨음이라(요일 4:19)고 하였다.

하나님의 마음에 관한 이러한 계시는 그리스도인의 삶 전체의 토대가 되는 진리와 언약의 기초가 된다. 하나님의 사랑은 그의 사랑의 궁극적 표현으로서 언약을 추진하는 힘이다. 그것은 광야와 같은 세상에서 길을 잃었을 때 우리의 좌표를 가리키는 북극점이다. 우리가 진행하는 세부적인 행로는 모두 이 북극성을 좌표로 하여 전개된다. 우리를 향한 그의 사랑이 우리 때문이 아니라 오직 그분 자신에 기인한다는 사실을 아는 것은 무익하고 의미 없는 삶과 종교적 절망감으로부터 탈출하는 시발점이 된다.

3. 영원한 사랑

그의 사랑은 영원하다.

나 여호와가 옛적에 이스라엘에게 나타나 이르기를 내가 무궁한 사랑으로 너를 사랑하는 고로 인자함으로 너를 인도하였다 하였노라(렘 31:3).

이것은 그가 시공을 초월한 영원 전부터 우리를 향한 사랑을 자발적으로 쏟아 부었다는 뜻이다. 그는 우리가 나기 전부터, 따라서 선악 간에 어떠한 행위나 공로와 관계없이 우리를 사랑하셨다. 이러한 사랑에 대해 언급할 때 우리가 마땅한 표현을 찾지 못하는 것은 그것이 우리의 행위가 아니라 그의 마음으로부터 나온 것이기 때문이다. 이와 같이 영원한 사랑은 무조건적인 사랑이다.

"내가 저희의 패역을 고치고 즐거이 저희를 사랑하리니 나의 진노가 저에게서 떠났음이니라"(호 14:4). 그는 우리가 그를 떠나 반역할지라도 우리를 즐거이 사랑하신다. 그의 사랑은 우리가 행한 것에 기인하지 않는 일방적인 사랑이다. 그의 사랑은 우리 자신의 거룩함이라는 열정(heat)으로 끌어당길 수 있는 열 추적(heat-guided) 미사일이 아니다. 그의 사랑은 그의 존재 자체로부터 저절로 흘러나오며 그는 이러한 사랑의 동인이다. 모든 주도권은 그에게 있으며, 그가 우리를 찾으신다.

영원한 사랑은 우리가 나기 전에 시작된 사랑이다. 우리 가운데 누구도 우연히 태어나 사는 사람은 없다. 모든 사람은 하나님의 마음에 있을 때부터 그의 사랑의 대상이다. 우리는 모두 그의 사랑으로 말미암아 존재하게 되었다.

여호와여 주께서 나를 감찰하시고 아셨나이다…주께서 내 장부를 지으시며 나의 모태에서 나를 조직하셨나이다 내가 주께 감사하옴은 나를 지으심이 신묘막측하심이라 주의 행사가 기이함을 내 영혼이 잘 아나이다 내가 은밀한 데서 지음을 받고 땅의 깊은 곳에서 기이하게 지음을 받은 때에 나의 형체가 주의 앞에 숨기우지 못하였나이다 내 형질이 이루기 전에 주의 눈이 보셨으며 나를 위하여 정한 날이 하나도 되기 전에 주의 책에 다 기록이 되었나이다(시 139:1, 13-16).

시인은 자신이 태어나기도 전에 그가 아셨다는 사실에 놀라고 있다. 1절의 '알다'는 히브리어로 '야다' (yada)[20]이다. 이것은 관찰을 통해 자세히 안다는 뜻이다. 이 단어는 연인들 간의 친밀한 사귐이나 부부간의 가장 가까운 연합을 표현하는 용어로 사용되었다.

시인은 하나님께서 모태에서부터 자신을 지으시고 조성하셨다고 고백한다. 그는 하나님의 사랑의 구현으로서 자신의 형질이 갖추어져 감을 기뻐하였다. 주석 성경(The Amplified Bible)은 "내가 은밀한 데서 지음을 받고 땅의 깊은 곳에서 기이하게 지음을 받은 때"라는 본문의 의미를 다음과 같이 확장하였다.

> 내가 (어두움과 신비의 세계인) 땅의 깊은 곳으로부터 은밀하고 복잡하며 기이하게(마치 형형색색의 수를 놓듯) 지음을 받은 때에(시 139:15).

하나님은 우리 모두를 기뻐 맞이하며 세상으로 인도하셨다. 우리가 비록 그의 음성을 인식하지 못할지라도 그의 사랑은 우리를 그에게로 인도하신다. 그는 우리의 마음속에 존재의 공허함에 관한 의문을 주신다. 그는 우리가 이 땅에서 찾을 수 없는 사랑을 사모하게 하신다. 그는 우리 속에 행복에 대한 추구가 덧없음을 깨닫게 하시고 영원한 기쁨을 추구하게 하신다. 그는 우리를 감동시켜 자신을 간절히 찾도록 하신다.

여러분은 모태에서부터 하나님의 사랑을 입고 태어났다. 여러분은 그의 사랑의 품에 안겨 태어났다. 당신은 지금 현재 그의 사랑을 받고 있으며 여러분의 존재 자체가 그것을 말해 준다.

4. 무한한 사랑

그의 사랑과 관련하여 우리는 그는 모든 존재에 있어서 무한하시다는 사실을 염두에 두어야 한다. 이것은 그에게 어떤 한계나 제한도 없다는 의미이다. 우리 인간은 모든 면에서 한계가 있으며, 따라서 자신을 희생하는 전적인 사랑은 오직 한 사람에게만 가능하다. 그러나 하나님은 모든 사람에게 동일하게 온전한 사랑을 주실 수 있다. 우리 모두는 마치 자신이 유일한 피조물인 것처럼 그의 사랑의 대상이 된다.

누가복음 15장에서 예수님은 길 잃은 양에 대해 말씀하시면서 많은 양 가운데 하나가 길을 잃었음에도 불구하고 오직 잃은 양에 모든 초점을 맞춘다. 쓰레기 더미에 들어가 버린 드라크마 하나는 여자가 찾아 헤매는 유일한 대상이 된다. 본 장의 마지막 비유는 두 아들을 둔 아버지에 관한 이야기이지만 그는 두 아들 모두 별도의 개인으로 다룬다. 그는 먼 나라에서 삶을 허비하고 돌아온 아들을 만나러 달려가 사랑으로 감싸 안는다. 이어서 예수님은 돌아온 아들을 환영하는 잔치를 뒤로한 채 스스로 의롭게 여기는 또 한명의 아들에게 초점을 맞추어 그를 친절히 맞이하며 잔치로 끌어들인다.

그는 잃어버린 양이 목자가 소유한 유일한 양인 것처럼 묘사한다. 드라크마 역시 여인이 전심으로 찾는 유일한 대상인 것처럼 다룬다. 또한 두 아들 모두 자신이 아버지의 사랑을 받는 유일한 아들인 것처럼 묘사한다.

바울은 예수 그리스도 안에서, 그리고 그의 죽으심과 부활을 통해 하나님의 사랑을 볼 수 있었다. 그는 이러한 사실을 자신에게 직접 적용하여 나를 사랑하사 나를 위하여 자기 몸을 버리신(갈 2:20) 분으로 묘사하였다.

인간 사회에서는 이러한 사랑을 찾아보기 어렵다. 가장 가까운 사랑은 갓 태어난 아기에 대한 어머니의 사랑이다. 엄마가 아기에게 사랑을 쏟아 붓고 필요한 것을 공급하며 그를 먹이고 보호하는 것은 아기가 엄마의 관심과 사랑을 받을 만한 무엇인가를 해서가 아니라 단지 존재하기 때문이다. 아기는 과분한 사랑을 받을 만한 행동을 하지 않는다. 따라서 이러한 어머니의 사랑과 관련하여 아기가 사랑받을 자격이 있느냐를 따지는 자체가 불손한 일이다. 굳이 자격에 대해 이야기하자면 아기는 이기적이고 끊임없이 보채며 냄새가 날 뿐이다. 엄마는 다른 자식이 있어도 아기에게 모든 관심과 사랑을 쏟아 붓는다. 존재하는 것 외에는 어떠한 기여도 할 수 없음에도 불구하고 아기에게 이러한 사랑을 기꺼이 쏟아 부을 수 있는 것은 단지 어머니라는 이유 때문이다.

여러분은 하나님의 사랑의 품속에 있는 아기와 같은 존재이며 여러분이 그의 전적인 관심과 사랑을 독차지할 수 있는 것은 그가 하나님이시기 때문임을 깨달아야 한다.

하나님의 사랑은 그의 아들 예수 그리스도를 세상에 보내심으로 최종적으로 계시되었다. 그리스도 안에서 하나님은 인성을 입으시고 참 인간이 되셔서 죄 많은 세상에서 무익한 존재로 있는 우리 가운데 거하셨다. 그는 끝내 우리를 위해 십자가에 달려 돌아가셨으며 사망을 이기고 부활하심으로 우리에 대한 사랑을 드러내셨다. 이로 말미암아 그의 사랑은 궁극적인 목적을 성취하고 하나님과 인간 사이에 언약을 맺으셨다.

신자는 하나님의 사랑을 알고 믿으며 그와 연합한 자이다. 하나님은 신자의 거할 곳이 되시며 신자는 하나님의 거처가 된다.

> 하나님이 우리를 사랑하시는 사랑을 우리가 알고 믿었노니 하나님은 사랑이시라 사랑 안에 거하는 자는 하나님 안에 거하고 하나님도 그 안에 거하시느니라(요일 4:16).

5. 무조건적인 사랑에 대한 발견

우리에 대한 하나님의 사랑을 알고 믿는 것을 하나의 흥미 있는 종교적 호기심으로 생각해서는 안 된다. 우리를 향한 하나님의 사랑에 대한 지식은 최근 어느 젊은 부인이 나에게 들려준 이야기처럼 우리 삶 가운데 중요한 변화로 나타나야 한다. 그녀의 이름은 팸(Pam)이다. 하나님의 사랑을 알고 믿기 전에 그리스도인으로서 그녀의 신앙 상태에 대해 평가하기는 어렵다. 그녀는 열 살 때 여름 캠프에 참가하여 그리스도에 대한 헌신을 결심하였다. 그녀는 모든 친구들 앞에서 자의로 나뭇가지를 불 속에 던지는 행위로 그리스도에 대한 헌신을 다짐했다고 생각한 것에 대해 한 번도 의심해 본 적이 없었다. 당시 상담자는 그녀가 예수님을 영접했다고 하자 함께 기도해 주었다. 그녀는 특별한 감정을 느끼지는 못하였으나 하나님이 자신을 받아주셨다고 생각하였으며 그것으로 만족하였다.

그녀가 캠프에서 돌아와 부모님에게 이야기하자 그들은 매우 기뻐하였으며 목사님은 그녀가 가장 위대한 결심을 하였다고 칭찬하였다. 그것이 전부였다. 십대 시절의 그녀는 동일한 마음으로 예수님을 따르기로 결심한 친구들과 함께 학생회 활동을 하였다. 그들은 미국 중서부에 있는 고향 마을에서 그들만의 일종의 하위문화(subculture)를 형성하였다. 그들은 술, 담배, 마약이나 마리화나에 손대지 않았으며, 매주 오전과 오후 두 차례 예배를 드리고 수요일이면 빠짐없이 학생부 모임에 참석하였다.

십대와 이십대 시절의 그녀는 신실한 그리스도인이 되기 위해 날마다 성경을 읽고 기도하며 이웃에게 예수를 전하여 교회로 인도하는 삶을 살았다. 그리스도인으로서의 그녀의 삶은 그리스도에 대한 헌신을 재 다짐할 때마다 다시 힘차게 시작되었다. 그러나 가끔씩 다른 도시에 머무르게 되는 경우 그녀는 자신이 진정 그리스도인인가에 대해 의구심을 갖기도 했다. 그녀의 신앙은 자신의 가족 전통이나 조그마한 고향 마을과 얼마나 강하게 결부되어 있는 것일까? 때로는 자신의 교회 집회 때 하나님을 잘 알고 있는 것처럼 보였던 부흥 강사들처럼 하나님을 알고 싶은 마음이 일어나기도 했다. 그럴 때면 자신은 십대 때 알던 하나님에서 한 발짝도 더 나가지 못하였다는 생각이 들었다. 만일 기독교가 이러한 신앙에서 한 걸음 더 나갈 수 있는 무엇인가가 있다면 그녀는 그렇게 하고 싶었다.

그녀는 이십대 초반에 결혼했는데 그녀의 남편인 제프(Jeff) 역시 그녀와 유사한 신앙의 소유자였다. 그들은 매주 교회에 출석하는 모범적인 가정으로서 평생 그렇게 살아갈 뻔했으나 어느 주말에 그들의 삶은 송두리째 바뀌고 말았다. 한 친구가 팸을 찾아와 당시 필자가 인도하던 오클라호마 집회로 초청하였던 것이다. 다음은 그녀의 고백이다.

"나는 도로시(Torothy)가 비용을 지불해 주었기 때문에 그녀에게 상처를 주지 않으려 따라나섰습니다. 나는 그곳이 우리의 믿음이 얼마나 부족한지 각성시켜 다시 한번 하나님께 헌신하게 하는 평범한 부흥집회일 것이라고 생각하였습니다. 당시 한동안 영적으로 무기력한 상태에 있었던 나는 하나님에 대한 재 헌신의 필요성을 절감하던 때인지라 주말집회가 결코 시간 낭비가 되지 않을 것이라고 생각하였습니다. 나는 항상 언젠가는 하나님을 참으로 아는 헌신의 시간이 올 것이라고 믿었습니다. 누가 압니까? 지금이 그런 시간이 아닌지.

그 집회는 나의 전 생애를 바꾸어 놓았습니다. 첫 시간에 나는 하나님이 나를 무조건 사랑하신다는 말씀을 들었습니다. 하나님이 나를 사랑하는 것은 내가 잘해서가 아니라 그가 사랑이시기 때문이었습니다. 나는 평생 교회에서 살았지만 이것은 결코 이전에 듣지 못한 말씀이었습니다. 지금까지 나는 이런 말씀을 얼마나 간절히 듣고 싶어 했는지 모릅니다. 그때 나는 마치 사막 한가운데서 목이 말라 갈급한 여인이 누군가로부터 시원한 냉수를 받아 마신 듯했습니다.

지금까지 나는 목사님의 말씀의 진의와 상관없이, 언제나 일정한 수준의 행동을 하고 일정한 헌신의 결심을 해야만 하나님이 나를 사랑하신다고 들었습니다. 사실, 나는 하나님이 영적 열심이 없는 우리의 퇴보적 신앙에 실망하여 항상 징계의 채찍을 들고 계시는 분으로만 생각하였습니다. 우리의 행위와 관계없이 우리를 사랑하신다는 것은 전혀 새로운 말씀이었던 것입니다.

나는 그 금요일 밤에 잠을 이룰 수 없었습니다. 그 생각만 하면 가슴이 뛰고 춤을 추고 싶을 정도였습니다. 나는 지금까지 나와 함께하신 성령께서 결국 나에게 온전히 역사하셨다는 사실을 알았습니다. 나는 침상에 누워 밖에서 들리는 귀뚜라미 울음소리를 들으며 나의 삶을 뒤돌아보았습니다. 지금까지 왜 교회에 갔으며 왜 성경을 읽고 기도하였는가? 다른 또래의 아이들이 다 하는 것을 피하려 했던 이유는 무엇인가? 왜 나는 이웃에게 전도하려 하였는가? 나의 진정한 동기는 나에 대한 하나님의 진노를 무마하기 위한 것이 아니었던가? 그럼에도 불구하고 그리스도인으로서 나의 모든 삶은 그의 사랑을 얻기에는 부족했던 것입니다.

이제 새로운 깨달음은 나의 모든 것을 변화시켰습니다. 하나님이 나를 사랑하시는 것이 나의 선행 때문이 아니라 그분 자신이 사랑이시기 때문이라면, 이미 사랑을 받고 있는 자로서 그의 사랑을 얻기 위해 애쓸 필요가 없었던 것입니다. 나는 침상에 누워 지금까지 몰랐던 생수를 마신 것처럼 안도와 기쁨의 눈물을 흘렸습니다. 나는 '예수님 감사합니다' 라는 말을 몇 번이고 반복하였으며 그러는 가운데 전혀 새로운 무엇인가를 느꼈습니다. 그것은 이전에 입 밖에 내거나 느끼지 못하였던 것이었습니다. 나는 '예수님 사랑합니다' 라고 말하고 있었던 것입니다. 나는 한 번도 그렇게 고백해 본 적이 없습니다.

나는 나의 삶이 결코 이전으로 돌아가지 않을 것을 알았습니다. 그것은 매번 되풀이되는 재 헌신의 다짐이 아니라 삶에 대한 이해의 근본적인 변화였던 것입니다. 그것은 내가 더 나은 그리스도인이 되기 위해 노력하는 그 무엇이 아니라 나를 향한 그의 사랑에 대한 나의 반응이었습니다. 그날 밤부터 그의 사랑을 얻고 그를 기쁘게 하려는(다시 말해 그를 행복하게 하려는)나의 삶은 끝났습니다. 그러한 과거는 죽었으며 그날 밤 오클라호마에 묻어버렸습니다. 한 주 내내 나는 조용히 하나님을 찬양하고 기뻐하였으며 나의 눈은 기쁨의 눈물로 가득하였습니다. 나는 스스로 '나는 사랑을 받았다. 그는 사랑이시기 때문에 나는 이보다 더 한 사랑을 받을 수 없다'는 말을 수없이 되뇌었습니다.

　그가 나를 이처럼 사랑하는데 나는 왜 평생 그의 사랑을 확인하기 위해 살았다는 말인가? 그 짧은 몇 시간 동안 나의 마음은 성경을 읽고 싶다는 열망이, 그리하여 전에 알지 못했던 이 하나님을 더욱 알아야겠다는 간절함이 불타올랐습니다. 나는 그와 기도하며 대화를 나누고 싶었습니다. 나는 더 이상 그를 두려워하지 않았습니다. 나는 이웃에게 전할 세상에서 가장 위대한 소식을 가지게 되었으며, 그 첫 번째 기회를 기다릴 수 없었습니다.

　집으로 돌아와 남편 제프에게 자초지종을 설명하자 그는 내가 제정신이 아닌 것으로 생각하였습니다. 그 후 남편은 자신을 향한 하나님의 사랑을 깨닫게 되었으나 그것은 오랜 시간이 흐른 후였으며 그동안 많은 어려움도 있었습니다. 나는 많은 교회 친구들이 내가 안 것을 듣고 싶어 하지 않는다는 사실에 놀랐습니다. 그들은 하나님의 은총을 얻으려는 고된 노력을 고집하였으며 그 과정에서 나는 몇 명의 친구를 잃고 말았습니다. 그것은 결코 쉽지 않았습니다. 나는 십년 전부터 그 일을 반복하였으나 원하는 것을 이룰 수 없었으나 그 모든 과정을 통해 나를 향한 그의 사랑이라는 북극점을 발견할 수 있었던 것입니다."

팸(Pam)과 같이 자신을 향한 하나님의 무조건적 사랑에 대한 아무런 개념 없이 살아가는 신자들이 얼마나 많은지 모른다. 우리가 하나님을 떠나 잃은 자가 되었다는 것은 부분적으로 그의 사랑으로부터 벗어난 세상에 살고 있다는 것이다. 우리는 죄로 가득한 세상에 살고 있다. 우리의 사랑은 이기적이고 타락하였으며, 우리의 삶은 왜곡되었고, 원래의 창조 목적에 부응하지 못하고 있다. 우리는 어려서부터 수치심을 경험했으며 자신은 사랑받을 자격이 없는 자라는 말을 수없이 들어왔다. 우리는 사랑받을 수 있는 자격을 갖추기 위해 애쓰는 가련한 노력들에 대해 경멸하도록 배워 왔다. 교회와의 관계는 종종 하나님에 대한 이해와 관련하여 수치심을 드러내주었다. 하나님은 우리를 부끄럽게 하시는 분으로 다가왔으며, 우리를 사랑하기 전에 먼저 우리가 감당키 어려운 기준을 지키도록 요구하시는 분이었던 것이다.

좀더 솔직해 보자. 이 책을 읽는 신자들 가운데 많은 사람들은 그러한 사랑은 다른 사람에게나 해당된다고 생각할 것이다. 그들은 하나님은 결코 자신과 같은 사람은 사랑하지 않으실 것이라고 생각한다. 하나님의 무조건적 사랑과 관련하여 그들은 자신에 대해 혐오하고 수치심을 가지며 스스로에 대해 그의 무한하신 사랑의 법칙의 예외자로 생각한다.

필자는 하나님의 무조건적 사랑에 관해 신자들과 대화하는 가운데 "나는 하나님이 나 같은 사람을 사랑하신다는 말을 믿지 못하겠습니다"라는 말을 가장 많이 들었다. 자신을 경멸하며 하나님이 자기처럼 죄 많고 자격 없는 자를 사랑하신다는 것은 불가능하다고 냉소적으로 말하는 사람도 많았다. 그들 가운데는 '겸손'을 가장하여 눈을 내리뜬 채 자신은 하나님의 사랑을 받을 자격이 없다고 말하는 위선자도 있다. 그들은 내가 그들이 지극한 겸손이라고 믿고 있는 것이 사실은 최고의 교만이라고 말하면 충격을 받는다.

하나님의 사랑의 전체성에 대한 이와 같은 불신의 말들을 진지하게 받아들이는 것은 복음의 가장 기본적인 교리 일부를 부인하는 셋이나. 이런 말들은 모두 복음에 대한 전적인 오해에서 비롯된 것이다. 그들은 복음을 통해 하나님이 자신을 사랑하신다는 사실을 발견하지 못하였으며 자신이 그에게 합당하지 않다고 생각하기 때문에 그러한 사실을 발견하기 어렵다.

나는 그들이 과연 복음을 통해 그러한 사랑을 발견했는지를 스스로 판단하는 데 도움을 주기 위해 다음과 같은 몇 가지 진지한 질문을 던지고자 한다.

- 만일 하나님이 무한하시고 무조건적인 사랑이시라면 그가 우리를 사랑하지 않는다거나 사랑할 수 없다고 말하는 것은 그를 모독하는 것이 아닌가? 스스로 예외라고 생각하는 것은 그의 사랑이 무한하다는 것과 무조건적이라는 사실을 모두 부인하는 것이다.
- 새 언약에 담긴 복음이 어떤 유익을 주었는가?

- 하나님은 우리가 무엇인가 좋은 일을 했기 때문에 우리를 사랑하신다고 생각하는가?
- 하나님의 사랑은 우리가 보다 나은 삶을 살고 하나님의 사랑을 받기에 충분히 선하다고 판단될 때 찾아오는 뿌듯한 느낌인가?
- 우리는 하나님의 사랑을 받을 준비가 되지 않았으며 준비가 되면 사랑하도록 허락하겠다는 식으로 그를 조절하려는 것은 아닌가?

"나는 사랑받을 자격이 없다"라는 것은 종교적 육신(religious flesh)의 느낌이다. 그런 생각은 "하나님이 참으로…하시더냐?"고 유혹했던 자로부터 나오는 거짓말에 해당하며 반드시 사라져야 한다. 이는 여러분이 자격이 없다는 것을 부인하는 것이 아니라 그러한 생각을 믿고 자신을 그의 사랑에서 배제하는 것은 잘못 왜곡된 허상이며 그리스도를 통해 계시된 하나님으로 착각하는 것임을 말하는 것이다.

하나님의 무조건적 사랑에 대해 처음 듣는 순간 우리에게 찾아오는 반응은 기쁨이어야 한다. 그것은 지금까지 들은 것 중 가장 놀라운 말이기 때문이다. 그러나 그 말은 즉시 하나의 충격으로 다가온다. 그가 어떻게 우리를 사랑하신다는 말인가? 우리가 하나님의 사랑을 진정으로 알고자 한다면 자신의 도덕적, 종교적 육신의 모든 판단을 배제한 채 그것을 진지하게 받아들이고 복종해야만 한다. 그의 사랑에 복종한다는 것은 우리가 자신을 경멸하는 거짓 육신의 느낌에 맞서 형제를 참소하는 자의 비웃음을 반대한다는 뜻이다.

우리의 느낌이 거짓으로 우리를 현혹시키고 자기 혐오감이 그것을 믿게 할지라도 우리는 입을 열어 우리를 향한 그의 사랑을 부르짖어야 한다. 믿음은 느낌이 아니다. 그것은 우리의 감정에 맞서 선택하는 것이며 때로는 자신의 모든 감정을 물리치면서 예수 그리스도를 통해 나타난 하나님의 계시를 믿는 것이다.

한 가지 분명한 사실은 우리가 아무리 하나님은 우리를 사랑하지 않는다고 부르짖을지라도 그의 사랑을 멈출 수 없다는 것이다. 그의 사랑은 강력하며 끝까지 우리를 추적하신다. 그는 우리가 태어나기도 전에, 우리와 어떤 상의도 하지 않고, 우리를 사랑하셨다. 그것에 대해 그와 다투기에는 너무 늦었다. 예수께서 말씀하신 대로 하나님은 실패한 자들을 위해 기꺼이 연회를 베푸시고 그들을 반기시며 자신의 소유된 자라고 선언하신다.

여러분은 그의 사랑을 위해 애쓰는 자들이 아니다. 여러분은 지금 이 순간 사랑을 받고 있는 자들이다. 우리는 먼저 자신이 하나님의 극진한 사랑을 받고 있다는 사실로부터 새 언약에 대한 우리의 여정을 시작할 것이다. 언약에 관한 설명할 수 있는 유일한 한 가지는 우리를 향한 그의 사랑이다. 우리는 감사함으로 그의 사랑을 받아야 하며, 그 사랑에 복종하고 그 안에서 평안을 누려야 한다.

The Lost Secret of the
New Covenant

제 6 장

인간의 대표

하나님에게는 사랑이라는 중요 현안이 있다. 그는 모든 사람에게 찾아오사 화목하시고 자신의 친구로 삼으시며 우리를 원래 창조하신 목적대로 살게 하신다. 그는 죄로 죽은 인간을 전적으로 변화시키는 일을 어떻게 이루어 가시는가?

그는 자신의 목적을 성취하심에 있어 결코 인간의 도움을 필요로 하지 않으신다. 그는 새 언약을 맺으셨다. 그것은 일방적 언약으로, 오직 그분 자신으로부터 나오며 우리에게 기꺼이 선물로 주신다. 이 언약은 하나님의 맹세 위에 세워지며, 그는 자기보다 큰 이가 없음으로 스스로에게 맹세하신다.

그러나 언약은 두 당사자 간에, 각각의 대표를 통해 맺어진다. 언약의 한쪽 당사자인 인간이 범죄 타락하여 하나님의 빛보다 어두움을 더 사랑할 경우 양자는 어떻게 언약을 체결할 것인가? 이 땅에는 인간을 대표할 만한 인물이 없다. 욥은 자신을 대신하여 하나님께 중보해 줄 자가 누가 있느냐고 부르짖었다.

하나님은 나처럼 사람이 아니신즉 내가 그에게 대답함도 불가하고 대질하여 재판할 수도 없고 양척 사이에 손을 얹을 판결자(mediator)도 없구나(욥 9:32-33).

따라서 인간은 언약 체결을 위해 하나님 앞에서 모든 인간을 대신할 대표자가 필요하다. 우리에게는 첫 번째 아담이 파괴해 버린 의를 이루고 원래 하나님과 누려야 할 교제를 회복시켜 인류의 새로운 기원을 열어갈 두 번째 아담이 필요한 것이다. 그는 우리를 대신하여 하나님 앞에서 첫 번째 아담이 거절했던 순종을 맹세하고 창조 목적에 합당한 삶을 살겠다고 다짐할 수 있는 대표자이어야 한다.

1. 신적 대표

복음은 하나님이 이 대표자를 통해 아무도 상상할 수 없었던 엄청난 것을 제공하셨다는 선포이다. 이러한 계획은 창세 전에 영원한 사랑과 무한하신 지혜를 통해 세워진 것이다. 성부 하나님은 우리를 향한 크신 사랑으로 자신의 아들을 보내시기로 했으며 그는 스스로 하나님이심을 버리고 인성을 취하여 육신이 되셨던 것이다. 아들은 우리를 사랑하는 마음으로 기꺼이 세상에 오셔서 참 인간으로 우리 가운데 거하셨으며 우리의 고통과 연약함을 체휼하시고 결국에는 우리를 위해 우리 대신 자신을 내어주시고 죽으셨다. 그는 사망을 이기고 부활하심으로 우리의 모든 죄를 용서하시고 하나님과 세상을 화목하게 하셨으며 새 언약을 주셨다. 성령께서는 그를 믿는 자들의 삶 속에 이 언약을 실제로 적용시키신다.

우리의 대표자이신 그는 새 언약의 중보자이시다. 중보자(Mediator)라는 말의 원어적 의미는 두 당사자 사이에 화평을 가져오기 위해 '중간으로 지나가는 자' 이다.[1] 그는 하나님의 본질과 속성을 소유하기 때문에 인간에게는 하나님을 대표하며, 죄를 제외한 인간의 모든 본성을 취하시어 우리의 필요를 모두 알기 때문에 하나님께는 인간을 대표한다. 이것은 욥이 언급한 것과 동일한 단어이다. 하나님과 사람 사이에 손을 얹을 자에 대한 욥의 부르짖음은 예수 그리스도를 통해 성취되었던 것이다.

> 하나님은 한 분이시요 또 하나님과 사람 사이에 중보도 한 분이시니 곧 사람이신 그리스도 예수라(딤전 2:5).

> 나의 자녀들아 내가 이것을 너희에게 씀은 너희로 죄를 범치 않게 하려 함이라 만일 누가 죄를 범하면 아버지 앞에서 우리에게 대언자가 있으니 곧 의로우신 예수 그리스도시라(요일 2:1)

이 단어 군에 속하는 또 하나의 단어는 중재자(intercessor)이다. 이 단어는 둘 사이에 지나가다, 양자를 화목케 하다, 중재하다는 의미가 있다.[2] 그는 우리의 중재자이시며 지금도 살아 계셔서 우리를 위해 중재하시거나 우리의 대표자가 되신다.

> 그러나 이제 그가 더 아름다운 직분을 얻으셨으니 이는 더 좋은 약속으로 세우신 더 좋은 언약의 중보시라(히 8:6).

> 이를 인하여 그는 새 언약의 중보니 이는 첫 언약 때에 범한 죄를 속하려고 죽으사 부르심을 입은 자로 하여금 영원한 기업의 약속을 얻게 하려 하심이니라(히 9:15).

> 새 언약의 중보이신 예수와 및 아벨의 피보다 더 낫게 말하는 뿌린 피니라(히 12:24).

하나님의 아들 예수는 자신이 곧 언약이다. 하나님의 대표이자 인간의 대표자가 이 한 분 예수 그리스도 안에서 만난 것이다.

우리가 가장 먼저 알아야 할 가장 기본적인 사실은 새 언약은 우리 각자와 개인적으로 맺은 것이 아니라는 것이다. 그것은 성부 하나님과 성자 하나님 사이에 맺은 언약이다. 성부께서는 언약의 신적 영역에 대해 보장하며 성자께서는 우리를 위해 인성을 입으시고 인간의 영역에 대해 보장하신다. 인간에게 있어서 언약의 효력은 각자 개인적으로 주 예수를 믿고 그와 연합함으로써 발효된다. 새 언약은 우리의 손을 벗어났으며 그것에 대한 파기는 우리 능력 밖의 일이다. 따라서 새 언약은 삼위 하나님이 보장하시는 무조건적이고 파기할 수 없는 언약이다.

예수 그리스도는 새 언약에서 사람을 대표하신다. 하나님의 아들로서 그는 하나님과 영원하고 무한한 사랑의 관계에 있는 동시에 죄 없으신 인간으로서 그와 언약을 맺을 자격을 갖추셨다. 그는 오직 우리를 위해 우리를 대신하여 언약을 맺으신다. 그는 성부의 사랑과 기쁨의 영원한 대상이시기 때문에 굳이 하나님과 언약해야 할 필요성이 없다. 사실 그는 어떤 언약의 약속이나 축복도 필요치 않다. 다만 우리를 향한 한없는 사랑 때문에 우리에게 오셨으며 결코 우리를 버리지 않으신다. 우리는 그를 떠나 살 수 없다. 그는 언약을 성취하셨으며, 자신을 위해서가 아니라 우리를 위해 모든 언약적 축복을 확보하셨다. 성령께서 우리를 그와 연합시키실 때 그에 대한 모든 언약의 약속은 우리의 것이 된다.

선지자 이사야는 일련의 예언을 통해 예수님을 하나님의 종으로 지칭하였다. 그 가운데는 그를 언약으로 정의한 예언도 있다.

> 여호와께서 또 가라사대 은혜의 때에 내가 네게 응답하였고 구원의 날에 내가 너를 도왔도다 내가 장차 너를 보호하여 너로 백성의 언약을 삼으며 나라를 일으켜 그들로 그 황무하였던 땅을 기업으로 상속케 하리라 (사 49:8-13).

예수님은 하나님이자 사람이시다. 그는 언약이시며, 신성과 인성을 모두 갖추신 분이다. 그는 인간에게 하나님을 대표하며 하나님의 최종적 계시가 되신다. 구약시대 선지자들은 하나님의 자기 계시의 메시지를 전하였으나 그는 성육하신 메시지이시다.

본래 하나님을 본 사람이 없으되 아버지 품속에 있는 독생하신 하나님이 나타내셨느니라(요 1:18).

본문의 '나타내셨느니라' (explained)는 문자적으로 '주석하다' 또는 '해석하다' 라는 뜻이다.[3] 즉 예수님은 하나님을 인간에게 설명해 주시는 하나님이시다.

그러므로 함께 하늘의 부르심을 입은 거룩한 형제들아 우리의 믿는 도리의 사도시며 대제사장이신 예수를 깊이 생각하라(히 3:1).

그는 하나님으로부터 인간에게로 오신 사도이시며, 인간을 하나님에게로 인도하는 제사장이시다. 그는 궁극적 의미에서 인간이다. 우리는 그를 단순히 이스라엘에 살던 한 개인으로 생각해서는 안 된다. 그는 개인이지만 언약의 중보자로서 인류를 대표하는 분이시다. 빌라도는 군중들이 예수를 때리고 조롱하며 면류관과 자색 옷을 입혀 희롱하며 데려 왔을 때 "보라 이 사람이로다"(Behold the Man)라고 하였다. 그는 라틴어로 말했으며 정확한 문장은 "Ecce Homo"[4]이다. 라틴어에는 정관사가 빠져 있으며, 따라서 문자적으로는 "보라 사람이로다"(Behold Man)가 된다. 그의 앞에 마치 짐승과 같은 취급을 당하고 서 있는 자는 한 사람의 개인이 아니라 인류를 대표하는 자였기 때문에 빌라도는 자신이 깨닫는 것 이상의 말을 했던 것이다. 예수님은 단순한 한 인간이 아니라 성부께 무조건적 순종의 다짐하는 인간의 대표인 동시에 언약의 모든 조건과 약속을 성취하신 하나님이시다.

아담도 개인이지만 모든 인류를 포함하고 있었던 것처럼 예수님도 새 사람으로서 자신 안에 새로운 피조물을 담고 있었던 것이다. 그는 우리를 대신하여 언약 안에서 우리를 하나님께로 인도하신다. 그는 죄로 말미암아 죽은 우리의 역사 속으로 들어오셨으며, 부활하심으로 말미암아 우리를 성부께 연합시켜 그의 역사 속으로 인도하셨다.

2. 대표자의 자격

그가 언약에서 우리의 대표가 되기 위해서는 아담의 후손인 모든 인류를 대신할 만큼 월등한 자격과 조건을 갖추어야 한다. 아무리 완전한 사람일지라도 모두를 대표할 수 없는 것은 그의 온전함이 한 사람만의 것이기 때문이다. 오직 하나님의 희생만이 타락한 인류 전체를 대표할 수 있다. 우리는 오직 예수 그리스도 안에서 하나님과 사람 모두에게 무한한 가치와 자격을 갖춘 자를 만나게 된다. 그는 성부의 무한한 사랑을 받는 성자 하나님이시기 때문이다. 하나님이자 사람이신 그분만이 아담에게서 난 모든 인류를 대신하여 대표자가 될 수 있다. 그는 우리 모두를 그의 역사 속으로 데려가시며 우리를 대신하여 살고 죽고 부활하심으로 자신의 역사를 우리의 것이 되게 하셨다.

그러나 언약의 당사자로 우리를 대표할 자는 우리의 동일한 육신을 입은 인간이어야 한다. 만일 그가 우리와 전혀 다른 새로운 피조물의 대표자로 온다면 그로 말미암아 시작될 새로운 집단은 우리와 무관할 것이다. 그는 철저히 우리와 동일한 인간이어야 한다. 그래야만 인류의 대표자로 우리를 위해 아담의 전철을 밟지 않고 하나님께는 순종을 다짐하고 사단에게는 거부의 의사를 밝힐 수 있을 것이다.

그러나 하나님은 인간이 아니시다. 그는 창조주이며 우리는 피조물이다. 그는 우리와 달리 영이시다. 그는 육신의 연약이나 죽음을 경험할 수 없다. 그러므로 하나님이 인간의 대표가 되기 위해서는 인성을 취하여 우리와 같은 육신이 되어야만 인간의 한계나 필요를 경험하실 수 있을 것이다. 그는 우리의 육신과 감정이 경험하는 유혹을 경험하셔야 한다.

그는 우리의 죄와 질고와 슬픔을 짊어지고 우리를 위해 고난 받으시고 돌아가시기 위해 육신이 필요했다. 그는 인간을 위해 울어줄 눈물 도관이 필요했다. 그는 우리를 대신하여 십자가에 못박히게 내어줄 손과 발이 필요했다. 그는 우리를 대신하여 채찍을 맞을 등짝이 필요했다. 무엇보다도, 그에게는 우리의 죄를 위해 쏟아 부어야 할 피, 곧 성육하신 하나님의 피가 필요하였다. 그는 세상 죄를 지고 갈 속죄양으로 오셨던 것이다.

히브리서 10:5-7에서는 시편 40:6-8에 담긴 예수님의 음성을 인용한다.

> 그러므로 세상에 임하실 때에 가라사대 하나님이 제사와 예물을 원치 아니하시고 오직 나를 위하여 한 몸을 예비하셨도다 전체로 번제함과 속죄제는 기뻐하지 아니하시나니 이에 내가 말하기를 하나님이여 보시옵소서 두루마리 책에 나를 가리켜 기록한 것과 같이 하나님의 뜻을 행하러 왔나이다 하시니라.

하나님은 동정녀 마리아의 몸을 통해 우리와 같은 인성을 입으시고 육신이 되셨다. 그의 몸은 성령으로 동정녀의 몸을 빌리심으로 하나님을 위해 예비되었던 것이다.

인간의 대표자가 되기 위해서는 아담으로부터 전가된 죄의 바이러스로부터 전적으로 벗어나야 하며 직접 유혹을 경험하고 그것을 물리쳐야만 한다. 죄가 있는 자는 우리와 동일한 범주에 속하기 때문에 결코 인간을 대신할 대표자가 될 수 없다.

그는 우리를 위해 우리와 동일한 삶을 모두 경험하셨다. 그는 하나님으로서 동정녀에게 잉태되시고 유아기와 소년시절을 거쳐 직업을 가진 성인이 되셨다. 그는 인간으로 성장하는 모든 과정을 온전히 경험하셨다. 그는 어린이가 겪는 유혹을 경험하였으며 십대만이 겪는 유혹과 성인으로의 유혹을 모두 경험하였으나 결코 죄를 범하지 않았다. 그는 우리의 대표자로서 성부 하나님께 순종하는 자가 되었다.

그는 육신을 입으셨기에 정말 굶주리면 먹기 위해 도적질도 불사하는 우리의 사정을 잘 아신다. 그는 목이 타들어갈 만큼 갈할 때에는 한 방울의 물을 위해 살인도 서슴지 않는 인간의 연약함을 아신다. 그는 한 발짝도 더 떼어놓을 수 없는 육신의 피곤이 어떤 것인지 아신다. 그는 한평생 그림자같이 육신을 따라다니는 죽음의 공포와 두려움을 아신다. 그는 사랑하는 친구를 잃고 참을 수 없는 슬픔에 잠겨 흐느끼는 감정이 어떤 것인지 아신다. 그는 조롱을 당하는 것이 어떤 기분인지를 아신다. 그는 뺨을 맞는 것이 얼마나 모욕적인지 아신다. 그는 고통으로 비명을 지를 수밖에 없는 아픔이 어떤 것인지 아신다. 그는 옷을 벗기고 모욕과 비웃음을 당하는 것이 얼마나 수치스런 것인지를 아신다. 무엇보다도 그는 이런 일을 당하는 자의 마음에 찾아오는 의심과 혼란, 그리고 친구들과 하나님으로부터 버림받았다는 좌절감을 아신다. 그는 이 모든 일을 경험하시기 위해 육신을 입으셨던 것이다.

우리의 대표자가 되기 위해 하나님은 이 모든 것을 알고 인간의 고통을 겪으시며 유혹을 경험하셔야 했지만 죄와는 전혀 상관없는 온전한 삶을 사셨던 것이다.

3. 시험과 질고와 슬픔

예수님은 삼십 세가 되자 성령의 이끌림을 받아 광야로 가서 사단과 마주하게 된다. 첫 번째 아담은 모든 것이 부족함이 없었던 풍성하고 화려한 동산에서 사단을 만났다. 그러나 마지막 아담이신 예수님은 40일간 굶주리며 아무것도 없는 광야에서 사단을 만났다.

그는 자신에게 제시된 유혹의 단계마다 성부께 순종하며 사단을 거부하는 선택을 하였다. 그는 인간을 대표하여 처음으로 사단에게 '아니요'라고 대답하였던 것이다. 예수 그리스도 안에 있는 자들은 모두 성부께 동일한 순종을 다짐하였다.

그는 광야에서 사십 일 동안 금식하신 후 매우 주리셨다(마 4:2). 그는 십자가 위에서 심한 갈증을 느끼시고 물을 원하셨다(요 19:28). 그는 한낮에 지치고 피곤하여 야곱의 우물가에 앉아 한 그릇의 물을 원하셨으며, 생명을 위협하는 엄청난 풍랑 속에 너무 곤하여 고기 잡는 배의 갑판에 기대어 주무셨다.

그는 우리의 죄를 대신 짊어지셨을 뿐만 아니라 십자가를 지시기 전에 죄의 결과로 인류에게 찾아온 온갖 아픔과 고통과 슬픔을 몸소 당하셨다. 이사야 53:4은 "그는 실로 우리의 질고를 지고 우리의 슬픔을 당하였거늘"이라고 하였다. '질고'와 '슬픔'은 다른 사람으로 인해 야기된 정신적, 감정적, 육신적 고통을 수반한다. 그것은 죄 많은 세상에서 살며 자신의 죄뿐 아니라 다른 사람의 죄로 말미암아 당하는 상처와 고통이다.

그는 가장 친한 친구로부터 배신당하는 아픔을 겪으셨다. 제자들은 그를 버리고 달아났으며 가장 친한 친구마저 자신을 모른다고 부인하는 배신을 당하셨다. 그가 우리의 대표자로서 우리를 위해 그런 일을 당하신 것은 동일한 상황에 놓인 우리의 짐을 지시고 우리의 힘이 되시기 위함이 있다. 그는 육체적으로 심한 고통과 희롱을 당하였으며, 온갖 잔인하고 모욕적인 말을 들으셨다. 십자가에 처형할 때에는 죄인의 옷을 벗긴 채로 매단다. 로마 병정들은 모든 사람 앞에 벗은 몸으로 달려 있는 그를 큰 소리로 비웃고 조롱하며 온갖 희롱을 다하였다. 하나님의 아들 예수님은 이러한 성적 수치심이 얼마나 두렵고 잔인한 것인지를 아신다. 그는 죄로 말미암아 야기된 인간의 모든 고통을 몸소 당하셨던 것이다.

성부께 대한 마지막 순종은 고난당해 죽으시기 전날 밤 겟세마네 동산에서였다. 그 밤에 예수님은 자신이 범하지 않는 죄로 인해 인간이 만든 가장 처참한 형벌인 십자가 형틀에 죄인으로 못박혀야 하는 엄청난 사실과 마주하였다.

성부 하나님은 그에게 강요하지 않았다. 인성을 소유한 자로서 그는 자유롭게 성부의 뜻을 행하시고 기꺼이 우리 모두를 대신하는 길을 택하셨다. 이와 같은 순종은 결코 쉬운 것이 아니다. 그의 옷은 흐르는 피로 범벅이 되어 붉게 물들었으며, 선택의 고통은 그만큼 큰 것이었다. 그러나 그는 끝까지 하나님께 순종하였다.

> 가라사대 아버지여 만일 아버지의 뜻이어든 이 잔을 내게서 옮기시옵소서 그러나 내 원대로 마옵시고 아버지의 원대로 되기를 원하나이다 하시니(눅 22:42).

그는 성부의 뜻을 자발적으로 순종하셨기 때문에 자신을 잡으러 온 자들에게 몸을 맡기실 수 있었던 것이다.

4. 생명을 주심

예수께서 죄로부터 자유하다는 것은 인간이 짊어진 사망의 형벌과는 전혀 무관함을 의미한다. 만일 그가 우리와 같이 언젠가는 죽을 처지였다면 십자가에서의 죽음은 단순히 그 시기를 앞당긴 것뿐이며 죄를 위한 제물이 될 수는 없을 것이다. 그러므로 우리의 대표자는 죄 없는 불멸의 생명을 가지신 분으로서 자발적으로 목숨을 내어놓아야 한다.

> 아버지께서 나를 아시고 내가 아버지를 아는 것 같으니 나는 양을 위하여 목숨을 버리노라 아버지께서 나를 사랑하시는 것은 내가 다시 목숨을 얻기 위하여 목숨을 버림이라 이를 내게서 빼앗는 자가 있는 것이 아니라 내가 스스로 버리노라 나는 버릴 권세도 있고 다시 얻을 권세도 있으니 이 계명은 내 아버지에게서 받았노라 하시니라(요 10:15-18).

종교 지도자들은 그를 십자가에 못박아야 한다고 소리 높였다. 그들은 암

살자를 고용하여 갈릴리 먼 곳에서 소문도 없이 죽일 수도 있었을 것이다. 그는 왜 폭동의 위험이 있음에도 불구하고 예루살렘에서 공개적으로 십자가에 달리셨는가? 법에 의하면 사형은 돌을 던지거나 교수형에 처하도록 되어 있으나 경우에 따라서는 죄수가 죽은 후에 해가 지기까지 십자가에 달아 놓기도 하였다. 이는 하나님의 진노를 받았음을 알리기 위함이었다.

> 사람이 만일 죽을죄를 범하므로 네가 그를 죽여 나무 위에 달거든 그 시체를 나무 위에 밤새도록 두지 말고 당일에 장사하여 네 하나님 여호와께서 네게 기업으로 주시는 땅을 더럽히지 말라 나무에 달린 자는 하나님께 저주를 받았음이니라(신 21:22-23).

유대 지도자들은 예수께서 하나님의 진노를 받아 처형되었음을 공개적으로 알리고 자신이 메시아임을 보이려는 예수의 모든 주장들이 거짓이었음을 드러내려 했던 것이다. 그들은 그렇게 함으로써 불법한 자에게 임할 저주가 우리로부터 그에게 전가되며 그가 삶을 통한 모든 하나님의 복이 우리에게 임한다는 사실은 생각지도 못하였다.

> 무릇 율법 행위에 속한 자들은 저주 아래 있나니 기록된 바 누구든지 율법 책에 기록된 대로 온갖 일을 항상 행하지 아니하는 자는 저주 아래 있는 자라 하였음이라…그리스도께서 우리를 위하여 저주를 받은 바 되사 율법의 저주에서 우리를 속량하셨으니 기록된 바 나무에 달린 자마다 저주 아래 있는 자라 하였음이라 이는 그리스도 예수 안에서 아브라함의 복이 이방인에게 미치게 하고 또 우리로 하여금 믿음으로 말미암아 성령의 약속을 받게 하려 함이니라(갈 3:10, 13-14).

그는 하나님을 거역한 모든 인류의 죄를 담당하시고 그것의 결과로 오는 사망을 받아들이셨다.

세상의 모든 죄는 십자가 위에서 그와 만났다. 그는 우리를 위하여 죄로 삼으신 바(being made sin) 되셨다(고후 5:21). 모든 사람의 죄는 처음부터 끝까지 그 안에서 만난다. 인류의 모든 죄는 그의 책임이 되었으며 죄로 인해 인간이 겪어야 할 모든 고통은 그에게 전가되었으며 그는 우리가 당할 고통을 대신 겪으셨다.

친히 나무에 달려 그 몸으로 우리 죄를 담당하셨으니 이는 우리로 죄에 대하여 죽고 의에 대하여 살게 하심이라 저가 채찍에 맞음으로 너희는 나음을 얻었나니(벧전 2:24).

우리는 스스로의 선택에 의해 죄인이 되었다. 그는 죄를 끔찍이 싫어하셨지만 자신의 뜻을 거스르며 죄로 삼으신 바 되셨다. 그것이 하나님의 뜻이었기에 기꺼이 순종하셨던 것이다. 그것은 예수께서 겟세마네 동산에서 언급했던 잔이었다. 이사야 선지자는 십자가에 달리신 예수께서 자신에게 일어난 모든 일들을 순종하심으로 받아들였다고 말한다.

그는 실로 우리의 질고를 지고 우리의 슬픔을 당하였거늘 우리는 생각하기를 그는 징벌을 받아서 하나님에게 맞으며 고난을 당한다 하였노라 그가 찔림은 우리의 허물을 인함이요 그가 상함은 우리의 죄악을 인함이라 그가 징계를 받음으로 우리가 평화를 누리고 그가 채찍에 맞음으로 우리가 나음을 입었도다 우리는 다 양 같아서 그릇 행하며 각기 제 길로 갔거늘 여호와께서는 우리 무리의 죄악을 그에게 담당시키셨도다 그가 곤욕을 당하여 괴로울 때에도 그 입을 열지 아니하였음이여 마치 도수장으로 끌려가는 어린양과 털 깎는 자 앞에 잠잠한 양같이 그 입을 열지 아니하였도다 그가 곤욕과 심문을 당하고 끌려갔으니 그 세대 중에 누가 생각하기를 그가 산 자의 땅에서 끊어짐은 마땅히 형벌 받을 내 백성의 허물을 인함이라 하였으리요(사 53:4-8).

그는 이사야 59:2에서 말하는 모든 것을 경험하셨던 것이다.

오직 너희 죄악이 너희와 너희 하나님 사이를 내었고 너희 죄가 그 얼굴을 가리워서 너희를 듣지 않으시게 함이니.

그는 우리의 죄를 대신 지고 마치 죄인과 같은 취급을 당하시며 "나의 하나님 나의 하나님 어찌하여 나를 버리셨나이까"라고 부르짖었다.
우리는 이 말의 의미를 결코 알 수 없다. 우리는 죄를 범하면서도 그것의 실체에 대해 잘 알지 못하며 그것이 주는 수치심조차 희석되었다. 죄를 알지도 못하고 어떠한 죄의식도 없는 의로우신 하나님의 아들이 모든 인류의 죄로 삼으신 바 되어 그것에 대한 책임을 홀로 지고 죄의식과 그로 인한 수치심을 경험한다는 것은 말로 표현하기 힘든 참으로 소름끼치는 전율이었던 것이다.
그는 인성을 취하여 우리와 같은 사람이 되신 하나님이시다. 그가 우리와 같은 삶을 살며 우리와 동일한 유혹을 받은 것은 모두 언약을 위한 것이었다. 그 처참한 어두움의 시간에 그는 우리의 죄와 함께하고 있었던 것이다.

하나님이 죄를 알지도 못하신 자로 우리를 대신하여 죄를 삼으신 것은 우리로 하여금 저의 안에서 하나님의 의가 되게 하려 하심이니라(고후 5:21).

우리는 모두 그 시간에 그곳에 있었다. 우리는 모두 율법의 정죄와 사망 선고를 받은 자신의 죄를 안고 그곳에 있었다. 우리는 하나님의 사랑을 거부한 채 부질없는 육신적 삶의 의미만 추구하는 모든 불순종의 행위를 가지고 왔으며, 그는 우리 대신 그 모든 것을 담당하셨다. 우리는 다른 사람을 무시하고 자신을 그들보다 높은 자리에 세우려는 교만을 가지고 왔으며, 그는 그것을 자신의 것인 양 받아들였다. 우리는 이기주의적인 행동, 이웃에 대한 모함과 거짓말, 정욕 그리고 하나님의 형상으로 창조된 인간을 비인격적 존재로 다루었던 모든 음란과 외설을 들고 왔다. 우리는 아무런 가책도 없이 다른 사람에게 상처를 주었던 온갖 추하고 더러운 비방의 말을 그에게로 가지고 왔다. 우리는 이웃(설사 그가 나에게 상처를 주었다 할지라도)의 파멸을 기뻐하는 독하고 악하며 증오가 가득한 부패한 마음을 가지고 왔다. 우리는 이 모든 것을 그에게로 가지고 왔으며, 그는 마치 그것이 자신의 것인 양 고스란히 품에 안으셨다. 포악하고 악한 성격, 이웃을 이용하려는 마음 그리고 강간이나 살인과 같은 엄청난 죄에 이르기까지 하나님을 대적하고 이웃을 해하려는 온갖 죄의 오물로 혼탁한 마음이 그곳에서 그를 만났다. 바울에 의하면 우리는 그를 "나를 사랑하사 나를 위하여 자기 몸을 버리신 하나님의 아들"(갈 2:20)이라고 부를 수 있다.

그에게 닥친 이러한 전율은 거룩하신 그가 우리가 결코 알지 못하였던 죄의 실체를 맛보았다는 사실을 기억할 때 더욱 가중된다. 우리는 죄를 범하면서도 그것의 영향이나 결과에 대해서는 직접 맛보기 전에는 알지 못한다. 그는 십자가에서 처음으로 죄의 더러움과 오염을 알았으며 우리가 결코 맛보지 못한 고통과 아픔을 감수하셨던 것이다.

5. 다 이루었다

예수께서 돌아가시기 전에 "다 이루었다"(요 19:30)고 하신 것은 패배한 자의 마지막 고백이 아니다. 마태복음 27:50과 마가복음 15:37, 누가복음 23:46에는 이 말 대신 하나같이 크게 소리 지르셨다고만 언급되어 있다. 이것은 당시 예수께서 십자가의 고통으로 폐 기능이 정지되어 가고 있었음을 감안하면 기적이 아닐 수 없다.

신약시대에 "다 이루었다"(It is finished)는 표현은 적어도 두 가지 의미로 사용되었다. 로마의 장군은 전쟁할 때 적진을 살필 수 있도록 가장 높은 곳에 위치하였다. 따라서 일선에서 전투 중인 군인들은 모르고 있을지라도 높은 곳에서 내려다보고 있는 장군은 전쟁이 승리한 것을 알 수 있었다. 장군은 적이 퇴각하는 것을 보는 순간 예수님의 말씀처럼 "it is finished"(이겼다)고 외쳤으며 이 말을 들은 군사들은 전쟁의 승리를 알았던 것이다.

그러나 이 구절은 고대 그리스에서 회계 장부 하단에 '지불 완료'(paid in full)라는 뜻으로 사용되었다. 우리를 대표하여 영적 죽음으로부터 벗어나신 예수님은 영적 전투의 승리와 우리의 죄 값이 완전히 지불되었음을 선포하셨던 것이다.

그는 십자가에서 우리를 대신하여 말할 수 없는 고통을 겪으시며 죄의 깊은 어두움으로부터 "나의 하나님, 나의 하나님 어찌하여 나를 버리셨나이까"라고 부르짖었으나 그로 인해 모든 죄 값을 지불하고 다 이루심으로 성부 하나님께 "아버지여 내 영혼을 아버지 손에 부탁하나이다"라고 하신 후 운명하셨던 것이다(마 23:46).

십자가형은 인간이 고안한 가장 잔인한 형벌이었다. 그것은 극심한 고통을 수반하며, 못에 걸려 있는 죄수는 폐의 압박으로 서서히 질식되어 죽는다. 때로는 먹이를 찾는 새들이 수시로 날아와 생과 사의 기로에 있는 죄수의 눈을 쪼았다. 이런 고통은 오랜 시간 지속되었으며 때로는 며칠씩 길리기도 하였다.

우리는 예수께서 십자가의 고통 때문에 죽지 않았다는 사실을 알아야 한다. 십자가에서 처형되는 장면을 무수히 보면서 죽기까지 얼마만큼 시간이 걸리는지 알고 있던 로마 백부장은 오후 세 시에 예수께서 운명하신 것을 알고는 깜짝 놀랐다. 빌라도는 그의 보고를 믿을 수 없었다.

> 예수를 향하여 섰던 백부장이 그렇게 운명하심을 보고 가로되 이 사람은 진실로 하나님의 아들이었도다 하더라 빌라도는 예수께서 벌써 죽었을까 하고 이상히 여겨 백부장을 불러 죽은 지 오래냐 묻고(막 15:44).

예수님은 다른 누구의 손에 의해 죽은 것이 아니다. 그는 죽음을 의도적으로 선택하셨으며 우리의 죽음을 대신하여 기꺼이 죄의 희생이 되셨다. 다음 구절은 그의 죽음에 관한 묘사이다.

…머리를 숙이시고 영혼이 돌아가시니라(요 19:30).

"영혼이 돌아가시니라"(gave up His spirit)라는 구절에서 'gave up' 곧 '포기하다' 라는 단어는 무엇을 버리거나 넘긴다는 뜻으로 단순히 죽음의 순간을 묘사하는 말이 아니다. 그는 유대인이나 로마군병의 손에 죽은 것이 아니다. 십자가는 그를 죽이지 않았다. 그는 살 수 있었으나 죽음을 선택하여 자신의 영혼을 버리신 것이다.

바울은 예수 그리스도의 죽음에 관해 묘사할 때 이 구절을 즐겨 사용하였다.

…나를 사랑하사 나를 위하여 자기 몸을 버리신…(갈 2:20).

…너희도 사랑 가운데서 행하라 그는 우리를 위하여 자신을 버리사 향기로운 제물과 생축으로 하나님께 드리셨느니라(엡 5:2).

…그리스도께서 교회를 사랑하시고 위하여 자신을 주심같이…(엡 5:25).

그는 이와 같이 의도적으로 우리의 죽음에 함께하셨다. 아담과 하와는 에덴에서 선악과를 먹을 경우 죽을 것이라는 경고를 받았다. "네가 먹는 날에는 정녕 죽으리라"(창 2:17). 그러나 그들은 그것을 먹었으며 그때 "너는 흙이니 흙으로 돌아갈 것이니라"는 말씀을 들었다. 결코 죽지 않는 하나님의 형상을 입은 인간이 이제는 한 평생 죽음의 공포를 안고 살아가게 된 것이다.

실질적인 자연사로 죽는 자는 아무도 없다. 죽음은 불멸의 존재로 창조된 인간의 삶에서 가장 부자연스러운 마침이다. 우리는 영육이 분리되어 인간의 죽음을 맛보신 하나님의 고통을 상상할 수 없다.

오직 우리가 천사들보다 잠깐 동안 못하게 하심을 입은 자 곧 죽음의 고난 받으심을 인하여…이를 행하심은 하나님의 은혜로 말미암아 모든 사람을 위하여 죽음을 맛보려 하심이라 자녀들은 혈육에 함께 속하였으매 그도 또한 한 모양으로 혈육에 함께 속하심은 사망으로 말미암아 사망의 세력을 잡은 자 곧 마귀를 없이 하시며 또 죽기를 무서워하므로 일생에 매여 종 노릇하는 모든 자들을 놓아주려 하심이니(히 2:9, 14-15).

그는 자신의 생명을 버리실 뿐만 아니라 그것을 다시 찾아 죽음에서 벗어나 우리를 새 언약으로 인도하실 능력도 있다. 이와 같이 그는 제 삼일에 사망에서 부활하셨다. 그것은 그의 죽음을 비극이 아닌 승리로 이끌었다.

인간의 대표자로서 예수님의 부활은 사망의 시대는 가고 이제 죽음을 벗어나 하나님의 영원한 생명을 누릴 수 있는 새로운 창조의 시대가 왔음을 알려준다. 무덤에서 굴러낸 돌은 끝이 없는 영원한 시대의 시작을 선포한다.

에녹과 엘리야는 죽음을 피해 갔으며, 부활을 경험한 많은 사람들은 다시 죽었다. 그러나 예수님은 기꺼이 죽음에 뛰어들어 그것을 이기고 부활하신 후 다시 죽지 않고 영원히 살아 계신다. 그의 부활로 사망의 지배는 끝나고 모든 사람은 주 안에서 죽음을 벗어났다.

따라서 예수 밖에 있는 모든 아담의 후손은 여전히 '옛 사람' 인 것이다. 그를 믿고 새 언약에 따라 새 창조에 속하게 된 자는 모두 새 사람이 되어 영원한 생명과 장차 올 시대의 능력과 하나님의 생명에 동참하게 될 것이다. 이들에게는 이미 세상의 끝이 도래하였으며 그의 부활과 함께 새 창조가 시작된 것이다.

신약성경은 신자의 죽음을 "예수 안에서 잔다"고 말한다. 그들에게 죽음의 고통이란 사랑하는 자들과 잠시 헤어지는 아픔을 의미할 뿐이다. 신자들에게 죽음은 예수님과 함께 '계속해서 사는 것' 이다. 사망은 우리를 쏘는 침을 잃고 말았다. 그것은 우리를 예수께로 인도하는 역할만 할 뿐이며 마지막 날 그가 다시 오실 때 영원히 사라지게 될 것이다.

예수께서 가라사대 나는 부활이요 생명이니 나를 믿는 자는 죽어도 살
겠고 무릇 살아서 나를 믿는 자는 영원히 죽지 아니하리니 이것을 네가
믿느냐(요 11:25-26).

이는 내게 사는 것이 그리스도니 죽는 것도 유익함이니라…떠나서 그
리스도와 함께 있을 욕망을 가진 이것이 더욱 좋으나(빌 1:21, 23).

새 창조에 속한 자는 두 세상 사이에서 살고 있다. 죽음의 고통이 여전한 옛 시대를 사는 우리에게 장차 올 새 시대가 이미 시작되었다. 말하자면 두 시대가 함께 공존하고 있는 것이다. 우리는 장차 올 시대의 영원한 생명에 동참한 자들이지만 여전히 시공세계 속에 지나가고 있는 옛 시대에 속해 있다. 우리는 새 창조를 완성하실 주 예수의 재림을 간절히 고대한다. 하나님의 자녀들이 드러날 그 때에 우리는 모두 이 땅의 고통과 슬픔으로부터 벗어나게 될 것이다.

보라 아버지께서 어떠한 사랑을 우리에게 주사 하나님의 자녀라 일컬
음을 얻게 하셨는고 우리가 그러하도다 그러므로 세상이 우리를 알지 못
함은 그를 알지 못함이니라 사랑하는 자들아 우리가 지금은 하나님의 자
녀라 장래에 어떻게 될 것은 아직 나타나지 아니하였으나 그가 나타내심
이 되면 우리가 그와 같을 줄을 아는 것은 그의 계신 그대로 볼 것을 인
함이니(요일 3:1-2).

이는 너희가 죽었고 너희 생명이 그리스도와 함께 하나님 안에 감추었
음이니라 우리 생명이신 그리스도께서 나타나실 그 때에 너희도 그와 함
께 영광 중에 나타나리라(골 3:3-4).

우리는 이렇게 생각하여야 한다. 우리는 우리의 대표자 되신 예수님의 부

활을 통해 옛 창조를 벗어나 새로운 피조물이 되었다. 아담을 통한 사망의 옛 창조에 속한 모든 것은 끝나고 이제 우리는 장차 올 새 시대의 능력 가운데 살고 있다. 우리는 영원한 하늘의 생명, 하나님의 생명의 능력으로 사는 자들이다.

인간의 대표자로서 예수님은 하늘로 승천하셔서 우리를 위해 성부로부터 성령을 받으셨다. 그는 우리 모두를 위해 성령을 풍성히 받으셨다.

> 하나님이 오른손으로 예수를 높이시매 그가 약속하신 성령을 아버지께 받아서 너희 보고 듣는 이것을 부어 주셨느니라(행 2:33).

이천 년 전 예루살렘 영문 밖 골고다에서 흘리신 주 예수의 피로 세우신 새 언약은 이제 우리의 삶 가운데 이루어졌으며 성령을 통해 온전히 성취되었다. 성령께서는 그가 이루신 모든 것을 우리에게 적용하신다. 새 언약은 성령의 언약이다. 따라서 오늘날 우리와 실제적이고 역동적으로 함께하시는 성령을 떠나서는 새 언약은 성경 속에 나오는 한낱 허황된 꿈에 불과하다.

The Lost Secret of the
New Covenant

제 7 장

므비보셋 이야기

새 언약에 관한 내용은 구약성경 여러 곳에 암시되어 있다. 이러한 기록들은 이스라엘의 삶 속에 실제로 일어난 역사적 사건임을 알아야 한다. 그들은 예수께서 하실 일을 미리 보여주고 기리키는 안내판의 역할을 한다. 그들은 새 언약에 관한 예수님의 사역이나 그가 하신 일에 대해 상세하게 제시하지는 않지만 이천 년 전에 예수님이 행하신 일이 어떻게 오늘날 우리의 삶에 적용되는지 깨닫도록 도와준다.

우리는 사무엘상하를 통해 이러한 이야기 가운데 한 가지를 발견할 수 있다. 그것은 사울 왕의 아들 요나단과 베들레헴 농부 출신으로 당시 사울의 군대 장관이었던 다윗이 맺은 언약에 관한 이야기이다.

사울은 왕으로 부르심을 받았으나 하나님을 불순종하는 길을 택한 비극적 인물이었다. 그는 결국 무당의 조언을 구할 만큼 불신앙적인 인물이 되고 말았다. 그의 집안은 열조의 길을 따라 점차 몰락하고 있었다.

그러나 그의 후계자인 요나단은 전혀 달랐다. 그는 사울의 가문에 속하였으나 아버지와 달리 하나님에 대한 확고한 신앙과 그의 뜻을 이루려는 소원을 가지고 있었다. 다윗이 궁에 들어왔을 때 요나단은 자신과 같은 신앙을 가진 그를 가까이하였다. 그들의 우정은 언약을 맺을 만큼 깊어졌다.

요나단은 다윗을 자기 생명같이 사랑하여 더불어 언약을 맺었으며 요나단이 자기의 입었던 겉옷을 벗어 다윗에게 주었고 그 군복과 칼과 활과 띠도 그리하였더라(삼상 18:3-4).

이 본문은 언약 체결의 기본적 단계에 해당하는 것으로 언약을 맺는 자는 상대방에게 선물을 주게 된다. 그들은 모두 십대의 어린 소년에 불과하였지만 그들이 맺은 엄숙한 언약은 자손 대대로 효력을 가질 것이다. 두 사람은 각각 아직 태어나지 않은 후손을 포함하여 자신의 가문을 대표하여 언약을 맺었다. 이어지는 그들의 후손 역시 동일한 맹세와 서원에 따라 책임을 지고 언약의 내용을 실천해야 한다.

얼마 후 그들은 더욱 구체적인 내용과 함께 자신의 언약을 재확인한다.

그런즉 원컨대 네 종에게 인자히 행하라 네가 네 종으로 여호와 앞에서 너와 맹약케 하였음이니라 그러나 내게 죄악이 있거든 네가 친히 나를 죽이라 나를 네 부친에게로 데려갈 것이 무엇이뇨…너는 나의 사는 날 동안에 여호와의 인자를 내게 베풀어서 나로 죽지 않게 할 뿐 아니라 여호와께서 너 다윗의 대적들을 지면에서 다 끊어버리신 때에도 너는 네 인자를 내 집에서 영영히 끊어 버리지 말라 하고 이에 요나단이 다윗의 집과 언약하기를 여호와께서는 다윗의 대적들을 치실지어다 하니라 요나단이 다윗을 사랑하므로 그로 다시 맹세케 하였으니 이는 자기 생명을 사랑함같이 그를 사랑함이었더라…요나단이 다윗에게 이르되 평안히 가라 우리 두 사람이 여호와의 이름으로 맹세하여 이르기를 여호와께서 영원히 나와 너 사이에 계시고 내 자손과 네 자손 사이에 계시리라 하였느니라 다윗은 일어나 떠나고 요나단은 성으로 들어오니라(삼상 20:8,

14-17, 42).

두 소년이 사용한 '인자히'(kindly), '인자'(kindkness)는 모두 언약의 인자를 뜻하는 헤세드(hesed)에 해당하는 말이다. 이러한 단어들은 그들이 맺은 언약이 후손들의 삶 속에서 어떻게 시행될 것인지를 보여준다. 본문을 자세히 읽어보면 알 수 있듯이 모든 언약의 내용은 사실 두 소년의 후손들을 위한 것이다. 다윗과 요나단 사이의 진실한 사랑은 굳이 언약으로 확인할 필요까지 없었다. 그러나 나중에 후손들이 자랐을 때에도 사랑을 유지하기 위해서는 언약이 필요하였다. 우리는 요나단의 말을 통해 그와 다윗은 장차 태어날 자손들을 대표하며 그들이 맺은 언약의 약속과 축복은 후손들에게까지 확장된다고 하는 사실을 알 수 있다.

사울은 다윗의 인기가 겁이 났으며 그가 왕위를 차지할지도 모른다는 생각으로 두려워하였다. 그의 두려움은 증오로 바뀌었으며 이러한 증오는 그로 하여금 다윗을 죽이려는 마음에 사로잡히게 하였다. 그는 여러 번 다윗을 죽이려 하였으며 나중에는 오직 그를 죽이는 일에만 몰두하였다.

그러나 이러한 사울의 살해 음모는 요나단으로 하여금 하나님이 다윗을 사울 대신 왕으로 삼으셨다는 사실을 깨닫게 하였을 뿐이었다. 요나단은 사울이 죽으면 법적으로 그의 뒤를 이어 나라를 다스릴 후계자였다. 그가 만일 자신의 왕위를 지키려 하였다면 아버지의 편을 들어 다윗을 쫓아내려 하였을 것이다. 그러나 요나단은 다윗과 언약을 맺음으로 자신의 일생을 좌우하는 중대한 결단을 내렸으며, 다음과 같은 마지막 언약의 고백을 통해 후계자의 권리를 포기하고 다윗에게 충성을 맹세하였던 것이다.

곧 요나단이 그에게 이르기를 두려워 말라 내 부친 사울의 손이 네게 미치지 못할 것이요 너는 이스라엘 왕이 되고 나는 네 다음이 될 것을 내 부친 사울도 안다 하니라 두 사람이 여호와 앞에서 언약하고 다윗은 수풀에 거하고 요나단은 자기 집으로 돌아가니라(삼상 23:17-18).

이것이 언약의 핵심이다. 요나단은 후계자의 자격으로서가 아니라 아직 태어나지 않은 후손을 대표하여 그들을 위해 자신의 왕위를 내어놓고 다윗을 왕으로 선언하였던 것이다. 언약의 시행을 위해서는 온 집안이 가문의 대표자가 내린 결정을 순종하고 받아들여야 한다. 그는 가문을 대표하여 다윗을 이스라엘의 왕으로 선언하였으며 온 집안은 그를 통해 다윗에 대한 충성을 맹세하였던 것이다.

시간이 흘러 성인이 된 두 소년은 결혼을 하였으며 요나단은 자식을 낳았다. 이스라엘의 옛 대적인 블레셋은 다시 이스라엘을 침략하였으며, 사울 왕은 요나단과 함께 군사를 이끌고 전장으로 나갔다. 이날 전투에서 크게 패배한 사울 왕과 후계자 요나단은 전사하고 말았다.

주전 1000년경 중동 지역에는 정치적 격변이 끊이지 않았다. 새로 정권을 잡은 자가 맨 처음 한 일은 왕족을 불러들여 모든 후손들을 죽이는 일이었다. 그렇게 하여 백성들의 인정을 받는 지도자로 말미암아 발생할지도 모를 잠재적인 위협 요소들을 근절하였던 것이다.

따라서 왕과 왕자가 죽고 이스라엘이 전쟁에서 패하였다는 소식이 전해지자 온 왕궁은 공포에 휩싸였으며 사람들은 블레셋 군인들의 손에 죽지 않으려고 기를 쓰고 달아났다. 왕족을 돌보던 유모들은 급히 왕궁의 아이들을 데리고 달아나 숨겼다. 그때 한 유모가 요나단의 아들 므비보셋을 품에 안고 급히 왕궁을 빠져나가던 중 넘어져 아이를 떨어뜨리고 말았다. 므비보셋은 이때 입은 상처로 다리를 절게 되었다. 비밀리에 요단을 건너 광야로 옮겨진 그는 로드발이라는 작은 광야 도시에서 양육되었다.

사울이 죽고 한동안 정국의 혼란이 이어진 후 다윗이 온 이스라엘의 왕이 되었다. 오랜 시간이 지났으나 다윗은 요나단과의 언약을 결코 잊지 않았다. 나라를 세우고 왕이 된 자신의 맹세를 지키고 언약에 따라 인자(kindness)를 보이기 위해 요나단의 아들을 찾기 시작하였다.

다윗이 가로되 사울의 집에 오히려 남은 사람이 있느냐 내가 요나단을 인하여 그 사람에게 은총을 베풀리라 하니라(삼하 9:1).

요나단의 가족에 대해 그에게 말해 줄 사람을 찾는 것은 결코 쉬운 일이 아니었다. 누구도 다윗이 그들을 선히 대할 것이라고 생각하지 않았기 때문이다. 사울의 가문에 속한 자는 모두 다윗이 사울의 자리를 불법적으로 빼앗아 왕권을 차지하였다고 생각하였다. 당시와 같이 야만적인 시대에 다윗이 취할 것으로 기대되는 행동은 그들이 다윗을 죽여 왕권을 되찾기 전에 다윗이 사울의 집에 속한 모든 자들을 몰살하는 것이었다. 만일 다윗이 그들을 찾는다면 이는 틀림없이 그들을 죽이기 위한 것이리라. 그들은 언약의 사랑이 잠재적인 왕권 경쟁자들에게까지 미칠 것이라고는 전혀 생각하지 못하였다.

사무엘하 9장에 보면 결국 다윗은 절름발이 므비보셋이 있는 곳을 찾아내어 로드발로 사람들을 보내어 그를 왕궁으로 데려오게 한다. 목발에 의지하고 있는 어린 므비보셋이 다윗의 군사들이 들이닥쳤을 때 어떤 생각을 하였을지 생각해 보라. 그는 비록 다윗을 본 적이 없고 그와 부친 사이에 어떤 언약이 있었는지도 모른 채 그를 증오하였다. 그는 사울가의 사람들을 통해 다윗은 그와 그의 부친 요나단 및 할아비지 사울에게 속한 모든 것을 빼앗아간 원수라고 들었다. 그는 아마도 예루살렘에 있는 다윗이 그를 찾는 이유는 틀림없이 자기를 죽이기 위한 것이라고 믿었을 것이다.

왕에게 불려간 그는 목발을 집어던진 채 땅바닥에 머리를 조아리고 사형선고만 기다렸다. 그러나 그에게 내려진 명령은 전혀 뜻밖의 내용이었다.

다윗이 가로되 무서워 말라 내가 반드시 네 아비 요나단을 인하여 네게 은총을 베풀리라 내가 네 조부 사울의 밭을 다 네게 도로 주겠고 또 너는 항상 내 상에서 먹을지니라(삼하 9:7).

이러한 대우는 다윗에 대한 그의 충성도가 아니라 그가 세상에 태어나기도 전에 후손을 대표한 부친과 다윗 사이에 맺은 언약에 근거한 것이었다. 다윗은 마치 요나단을 만나기라도 한 것처럼 기뻐하였다. 므비보셋은 그의 부친의 맹세와 서약에 따라 대우를 받았다. 비록 요나단이 죽기 오래 전에 맺어진 언약이었지만 그 날의 맹세는 여전히 살아 있었던 것이다. 다윗이 개인적으로 맺은 언약과 약속에 대해서는 그와 므비보셋 사이에 더 이상의 언약은 필요하지 않았다. 다윗은 오직 요나단과 맺었던 원래의 언약에 따라 그를 받아들이면 되었던 것이다.

그러나 이제 언약의 선물과 관련하여 그에게는 한 가지 해결해야 할 문제가 남아 있었다. 언약을 받아들이기 위해 므비보셋은 요나단이 다윗에게 맹세하였던 충성을 서약해야 할 필요가 있었던 것이다. 그것은 사울 집안의 모든 사람들을 떠나 다윗에 대해 품고 있는 증오를 버리는 결단을 요구하였다. 언약에 동참하기 위해서는 자신의 모든 삶-목표, 희망, 야망 및 지금까지 함께했던 모든 친구들-에 대해 죽고 다윗 가문의 왕자로 다시 태어나야 했던 것이다.

다윗 앞에 부복한 그는 아버지가 그랬던 것처럼 다윗에 대한 충성을 맹세하고 자신의 삶을 영원히 바꿀 언약을 받아들였다. 그리고 그는 다윗의 집으로 인도되어 왕자의 대우를 받았으며 날마다 다윗과 함께 언약의 만찬을 즐겼다.

> 므비보셋은 왕자 중 하나처럼 왕의 상에서 먹으니라…므비보셋이 항상 왕의 상에서 먹으므로 예루살렘에 거하니라 그는 두 발이 다 절뚝이더라(삼하 9:11, 13).

아담의 후손인 인류는 사울의 집안과 유사한 특징을 가지고 있다. 우리는 모두 하나님께 불순종하여 어두움의 권세에 사로 잡혀 살았다. 이러한 아담의 가문에 사람이지만 우리와 전혀 다른 한 분이 들어오신 것이다.

그리스도에 관한 이야기는 요나단의 이야기와 유사하다. 그리스도는 아담의 가문이 증오하는 자, 곧 참 하나님이시며 온 인류의 왕이신 그분과 사랑으로 결속되어 있다. 요나단처럼 예수님도 우리를 대신한 대표자로서 우리를 위해 성부와 언약을 맺으셨다. 이 언약은 오직 우리를 위한 것이었다.

언약의 대표자로서 그는 성부께 사랑과 순종을 선언하고 그에 합당한 삶을 살았으며 십자가에 달려 죽으심으로 그것을 온전히 성취하셨다. 이러한 그의 순종은 겟세마네 동산에서 하신 기도에 잘 요약되어 있다. "가라사대 아버지여 만일 아버지의 뜻이어든 이 잔을 내게서 옮기시옵소서 그러나 내 원대로 마옵시고 아버지의 원대로 되기를 원하나이다 하시니"(눅 22:42).

우리는 이 언약이 이루어진 지 이천 년 후에 태어났다. 우리는 아담의 가문에서 태어났으며 언약에 대한 무시와 거짓된 삶으로 절름발이가 되었다. 우리는 하나님에 대한 왜곡된 이미지를 가지고 그의 사랑이나 우리를 향하신 사랑의 계획에 대해 모른 채 어두움 가운데 살았다. 우리는 하나님을 떠나 그를 알지 못한 채 광야와 같은 로드발에 숨어 지냈다.

그러나 그는 우리를 끝까지 찾아내어 성령을 통해 복음을 듣게 하신다. 우리는 하나님의 진노의 음성을 기대했으나 그의 사랑과 용서의 음성을 듣고 놀라움을 감추지 못한다. 우리의 반역과 불순종이라는 범죄 전과는 우리의 대표자이신 주 예수께서 우리가 나기도 전에 맺은 언약에 따라 용서를 받고 도말되었다. 주 예수로 말미암은 모든 풍성함은 우리의 것이 되었으며 우리는 하나님의 후사가 되어 예수님과 함께 상속을 받게 되었다.

하나님은 우리를 개별적으로 다루지 않으신다. 우리는 하나님과 개인적으로 언약을 맺을 필요가 없다. 언약은 이미 체결되었으며 그것의 조건과 약속들은 이천 년 전에 그리스도 안에서 성취되었다. 그는 이 모든 것을 우리를 대신하여, 그리고 우리를 위해 이루신 것이다. 우리는 언약이 맺어질 때 그리스도 안에 있었으므로 복음은 우리를 개인적으로 언약에 초대한다.

우리에게 남은 것은 이와 같은 사랑의 언약에 대한 긍정적 반응의 결심이다. 그것은 언약의 대표이신 예수님의 순종을 받아들이고 그의 죽으심과 합하여 하나님을 떠나 불순종한 모든 것에 대해 죽고 그를 주로 고백하며 그 안에서 성부께 복종하는 것이다. 그것은 사실상 자신이 속한 가문을 바꾸는 것으로, 죽음을 통과하여 다시 사는 것이나 다름이 없다. 우리는 옛 사람 아담의 가문에 대해 죽고 새 사람의 왕족이 되었다. 이러한 반응은 우리가 한때 속해 있던 죄와 어두움의 가문의 진노를 유발하게 된다. 이제 그들은 예수님께 한 것처럼 우리를 대한다.

이 일은 성령의 강력한 역사하심을 통해 일어난다. 언약이 세워지고 이천 년이 지난 오늘날 우리는 언약의 머리이신 예수님과 연합하여 그의 역사의 한 부분이 되어 그의 생명에 동참하게 되었다. 우리는 왕자들과 함께 왕의 식탁에 앉아 성부 하나님의 총애를 받으며 언약의 만찬을 즐긴다.

하나님의 보혈

우리는 성경시대의 언약이 생사를 결정하는 중대한 문제로 다루어졌음을 살펴보았다. 이것은 언약 짐승의 죽음, 두 당사자의 맹세, 그리고 피를 흘리기까지 언약을 지키겠다는 의지의 표시로 자신의 팔에 피를 흘린 행위 등, 세 의의 전 과정을 통해 강조되었다.

하나님 편에서는 새 언약을 위해 성육하신 예수께서 대표자로서 피를 흘리셔야 했으며 죽음에서 부활하사 보혈의 권능으로 새 언약의 복을 주셨다.

> 양의 큰 목자이신 우리 주 예수를 영원한 언약의 피로 죽은 자 가운데서 이끌어 내신 평강의 하나님이(히 13:20).

그러나 이러한 피 흘림의 죽음이 필요한 이유는 무엇인가? 왜 수많은 짐승들이 피를 흘리며 죽어야 했는가? 하나님의 사랑이 결국 예수 그리스도의 피흘림에 초점을 맞추고 있는 이유는 무엇인가?

성경 전체에는 피 흘림에 관한 내용으로 가득하다. 구약성경에는 성막과 성전에서 날마다 제물로 드려지는 수많은 짐승들의 피가 강수와 같이 흐른다. 신약성경에는 구약의 모든 제물을 대표하여 흘리신 예수님의 보혈에 대한 찬양이 영광송의 결정적인 내용으로 제시된다.

> 새 노래를 노래하여 가로되 책을 가지시고 그 인봉을 떼기에 합당하시도다 일찍 죽임을 당하사 각 족속과 방언과 백성과 나라 가운데서 사람들을 피로 사서 하나님께 드리시고 저희로 우리 하나님 앞에서 나라와 제사장을 삼으셨으니 저희가 땅에서 왕 노릇하리로다 하더라(계 5:9-10).

피 흘림에 관한 내용은 성경에만 나오는 것이 아니다. 우리는 세계 도처에 산재한 다양한 형식의 종교에서 제물의 피 흘림에 대해 목격할 수 있다. 고대 문헌에는 보편적으로 신에게 바치는 제물로서 동물이나 인간의 피 흘림에 관한 내용이 기록되어 있다. 이러한 보편적 사고는 어디에서 나오는 것인가? 사람들은 이러한 현상이 모든 민족, 모든 역사 속에 발견되기 때문에 아마도 인류의 시초부터 시작되어 인간의 번식과 함께 온 지구상에 퍼진 것으로 믿고 있다.

세속 인류학자들은 이러한 현상이 초자연적인 것에 대한 두려움에서 기인한다고 설명한다. 즉 하나님의 진노를 누그러뜨리기 위해 피 흘림이 필요하다는 것이다. 그러나 성경이 제시하는 것은 전혀 다르다.

레위기 17:11-14은 피 흘림이라는 행위 뒤에 숨어 있는 의미를 이해할 수 있는 핵심적인 구절이다. 피에는 생명이 담겨 있다. "육체의 생명은 피에 있음이라"(11절)고 했다. 창조주이시며 모든 생명의 근원이신 하나님은 모든 생명과 그것을 담고 있는 피의 주인이시다. 그러므로 성경 전체에서 사람이든 동물이든 피는 신성한 것으로 여겨졌던 것이다. 그것은 먹을 수 없으며, 동물을 죽일 때에도 피는 조심스럽게 묻었던 것이다.

> 그러므로 내가 이스라엘 자손에게 말하기를 너희 중에 아무도 피를 먹

지 말며 너희 중에 우거하는 타국인이라도 피를 먹지 말라 하였나니 무릇 이스라엘 자손이나 그들 중에 우거하는 타국인이 먹을 만한 짐승이나 새를 사냥하여 잡거든 그 피를 흘리고 흙으로 덮을지니라(레 17:11-13).

인간의 죄에 대한 하나님의 첫 번째 반응은 동물을 제물로 요구하신 것이었다. 마땅히 죽어야 할 죄인을 대신하여 동물을 잡아 그것의 생명을 담고 있는 신성한 피를 쏟았던 것이다. 문자적으로 동물이 죄인을 대신하였던 것이다. 하나님을 전적으로 떠나 있는 모든 사람의 죄는 제물로 바친 동물에게 전가되었으며 죄인을 대신하여 그것을 죽여 피를 흘렸다. 이와 같이 대속물의 생명은 피 흘림을 통해 하나님께 바친 바 되었다.

이러한 대속의 원리는 모세의 율법에 상세히 제시되기 전까지는 인류에게 구체적으로 계시되지 않았다.

> 육체의 생명은 피에 있음이라 내가 이 피를 너희에게 주어 단에 뿌려 너희의 생명을 위하여 속하게 하였나니 생명이 피에 있으므로 피가 죄를 속하느니라(레 17:11).

이것은 인류의 시조가 죄를 범한 후 수천 년이 지난 후에 주어진 말씀이지만 하나님은 처음부터 이러한 원리를 적용하셨다.

그러나 어떻게 동물의 피가 죄를 속하는 효과를 가지는가? 사실 인간의 죄를 속하는 데 동물의 피는 아무런 영향도 주지 않는다. 그렇다면 예수께서 오시기 전 수세기 동안 동물의 피 흘림을 통한 효력에 대해서는 어떤 식으로 접근해야 하는가?

제물에 대해 보다 자세히 이해하기 위해서는 삼위 하나님의 비밀한 목적으로 다시 돌아가야 한다. 우리는 앞서 시공세계가 창조되기 전 삼위 하나님께서 자신의 생명에 영원히 동참할 인류를 창조하시기로 언약하셨다는 사실에 대해 살펴보았다. 물론 하나님은 이 계획이 결정될 때 인간이 죄를 범하여 피조세계를 혼란시킬 것이라는 사실을 알고 계셨다. 그럼에도 불구하고 성부 하나님은 죄로 가득한 세상에 성자 예수님을 인간으로 보내시어 그들의 죄를 대신 지고 생명의 피를 흘리시겠다고 생각하셨다. 하나님의 마음속에는 시공세계가 창조되기 전 이미 성자를 제물로 주시기로 결정되었던 것이다.

> 오직 흠 없고 점 없는 어린양 같은 그리스도의 보배로운 피로 한 것이니라 그는 창세 전부터 미리 알리신 바 된 자나 이 말세에 너희를 위하여 나타내신 바 되었으니(벧전 1:19-20).

> 죽임을 당한 어린양의 생명책에 창세 이후로 녹명되지 못하고 이 땅에 사는 자들은 다 짐승에게 경배하리라(계 13:8).

성자 하나님을 제물로 주시겠다는 창세 전의 계획은 제물로 바친 동물의 피를 통해 예시되었다. 하나님께서 아들을 주시겠다고 결정한 마음과 결부되지 않는 한, 동물 제사는 그야말로 아무런 의미도 없다. 동물의 피는 결코 죄를 속할 수 없으며, 단순한 종교적 의식으로 드리는 제물은 하나님께 무례를 범하는 행위일 뿐이다.

> 여호와께서 말씀하시되 너희의 무수한 제물이 내게 무엇이 유익하뇨 나는 수양의 번제와 살진 짐승의 기름에 배불렀고 나는 수송아지나 어린 양이나 수염소의 피를 기뻐하지 아니하노라(사 1:11).

동물의 피를 쏟는 행위 자체는 결코 사람을 하나님께로 나아가게 할 수 없다. 동물 제사는 시공세계에서 이미 창세 전에 하나님의 마음속에 성취된 제물의 예시로서 역사 속에 성취되기를 바라면서 드리는 경우에만 의미를 가진다. 예수님의 보혈이 구약시대 예배자에게 효력을 가지는 것은 동물 제사를 통해 창세 전에 하나님의 마음속에서 이미 도살당하신 그를 예시한다는 사실 때문이다. 그러므로 모든 동물 제사는 하나님께서 인간의 대속물이 되시려는 비밀하신 결정이 시공 역사 속에 성취되기를 바라는 마음에서 준비된다.

성경은 하나님께서 범죄한 인간에게 진정한 피의 제물을 주신 이야기를 기록한 유일한 책이다. 인류는 불순종으로 말미암아 존귀한 자리에서 내려와 사단의 거짓말을 추종하며 삶으로서 사망의 선고를 받았다. 그러나 사랑의 하나님은 그들을 찾아오셔서 예수님의 십자가와 부활을 통해 완전히 성취될 구원의 선물보따리를 풀기 시작하셨던 것이다. 하나님이 구원에 관해 첫 번째 하신 약속은 사단, 곧 뱀의 머리를 밟을 씨 또는 후손이 날 것이라는 선언이었다(창 3:15).

이와 함께 본문에는 다소 이상한 하나님의 행위가 기록되어 있다. 그는 범죄한 그들이 자신의 부끄러움을 가리기 위해 무화과 잎으로 만든 옷 대신 동물 가죽으로 만든 옷을 지어 입히셨던 것이다.

> 여호와 하나님이 아담과 그 아내를 위하여 가죽옷을 지어 입히시니라 (창 3:21).

그들이 동물 가죽옷을 입었다는 것은 동물이 살해되었다는 것을 말해 준다. 주석가에 따라서는 이러한 하나님의 행위가 보다 튼튼한 옷을 입히시려는 관대함을 보여준다고 해석하기도 하지만, 본문의 상황은 분명히 보다 중요한 의미를 제시한다. 이것의 단순한 옷의 문제라면 그들이 입고 있던 무화과 잎으로 만든 옷이 왜 잘못된 것인가? 하나님은 모피 코트를 더 좋아하시는가? 확실히 본문에는 그 이상의 의미가 담겨 있다.

이러한 하나님의 행위를 이해하는 열쇠는 가죽옷이 그들이 불순종으로 인한 수치심을 가리기 위해 무화과 잎을 엮어 만든 옷을 대신하였다는 사실에 있다. 무화과 잎은 그들이 범한 죄와 직결되며 그들은 그 잎으로 자신의 죄를 숨기려 했던 것이다. 여호와께서는 그들에게 다른 가릴 것을 주심으로 무화가 잎이 그들의 상황을 덮기에 적절하지 않다는 것을 보여주셨다. 죄는 그들을 사망으로 몰고 갔지만 그들에게 시급한 문제는 죄의식과 수치심이었다. 그러나 사망의 문제를 다루기 위해서는 보다 강력한 처방책이 필요했던 것이다.

무화과 잎은 서로에 대한 수치심을 일시적으로 가려주었다. 그것은 서로에 대해 그럴듯하게 보이게 만들었다. 그러나 무화과 잎은 죄의식이나 그것의 근본 원인을 덮어주지는 않았으며 그럴 수도 없었다. 그들은 영적으로 죽은 상태에 있었으며 다른 누군가의 도움이 필요했던 것이다. 하나님은 그들에게 장차 여인의 후손으로 오실 이가 이루실 사역에 대해 생생한 교훈을 통해 미리 보여주신 것이다.

생명 외에 하나님이 그들에게 주신 첫 번째 선물은 동물을 죽여 피를 흘리고 그들에게 가죽옷을 주심으로 그들의 벌거벗은 몸을 가리게 하신 일이었다. 이것은 두 사람의 삶에 잊을 수 없는 공포의 순간이 되었음은 물론이다. 그들은 이전에 피 흘림은 물론 어떠한 죽음도 본 적이 없으며, 이것이 창조주께서 그들의 죄책과 수치를 가리기 위해 행하시는 일임을 알고 잊을 수 없는 장면으로 깊이 새겼을 것이다.

그들은 하나님께서 무화과 잎으로 치마를 엮어 가리려는 인간의 창의적인 생각을 적절치 못한 방법으로 단정하시고 거절하신 사실을 결코 잊을 수 없을 것이다. 그는 죄의 결과를 가리기 위해 피 흘림을 요구하였으며 범죄한 그들을 위해 제사장의 역할을 하며 인류 가운데 첫 번째 제물을 자신에게 바쳤던 것이다.

인류는 하나님께 나아갈 때 사망 선고를 받은 자로서 하나님께서 마련해 주신 대속 제물을 가지고 나아가야 한다는 사실을 결코 잊지 못할 것이다. 나라 전체가 깊은 영적 어두움에 빠져 참 하나님을 온갖 우상으로 대치하였을 때에도 그들은 인류의 뇌리에 각인된 기억, 즉 영적 세계와 관련하여 피 흘림이 필요하다는 사실을 희미하게나마 알고 있었던 것이다. 이러한 의미는 마귀로 말미암아 왜곡되고 남용되어 왔으며, 때로는 인간 제물이라는 가장 저급한 형식으로 나타나기도 했으나, 피 흘림이야말로 언제나 존재해 왔으며 오늘날에도 여전히 유효하다.

이것은 창세기 4:2-7에서 발견되는 가인과 아벨에 관한 이야기를 설명해 준다. 이 이야기는 아담과 하와가 에덴에서 추방당한 지 몇 년이 지난 후에 일어난 사건이다. 그들이 낳은 처음 두 아들은 농부가 되었다. 가인은 농사를 지었고 아벨은 양을 쳤다. 이것은 당시에는 각자가 자신의 제물을 가지고 하나님을 예배하던 특별한 시기가 있었음을 보여준다. 여기서 "세월이 지난 후에"라는 구절은 문자적으로 "마지막 때"라는 의미로 많은 시간이 지난 구체적인 어느 한 시점을 가리킨다. 또한 그들이 자신의 제물을 "여호와께" 드렸다는 것은 구체적인 장소, 아마도 하나님이 거하시는 에덴동산 입구를 암시하는 것으로 보인다.

창세기 4:4은 아벨도 양의 첫 새끼와 그 기름으로 드렸으며 하나님은 그의 제물을 열납하셨다고 말한다. 왜 하나님은 그의 제물을 열납하셨는가? 이에 대해 히브리서 11:4은 그의 믿음 때문이라고 말한다.

> 믿음으로 아벨은 가인보다 더 나은 제사를 하나님께 드림으로 의로운 자라 하시는 증거를 얻었으니 하나님이 그 예물에 대하여 증거하심이라 저가 죽었으나 그 믿음으로써 오히려 말하느니라.

성경의 믿음은 결코 행동으로부터 시작하지 않는다. 그것은 하나님의 말씀에 대한 믿음의 응답이다. 아벨은 무엇에 대해 믿음으로 응답하였는가? 그는 아버지 아담으로부터 들은 내용, 즉 하나님께서 에덴동산에서 그들을 위해 주신 첫 번째 제물에 관한 이야기에 대해 믿음으로 응답하였던 것이다. 그는 양의 피를 가지고 왔는데 이것은 하나님께서 죽이신 짐승이 양이라는 사실을 암시한다. 아벨이 우연히 바른 제물을 드렸다거나 하나님이 변덕을 부리신 것으로 생각하는 것은 억지주장일 뿐이다. 본문에는 모든 당사자가 알고 있는 무엇인가가 작용했던 것이다.

반면에 가인은 하나님의 단순한 말씀과 선물을 거절하고 새로운 방법을 모색하였다.

세월이 지난 후에 가인은 땅의 소산으로 제물을 삼아 여호와께 드렸고 (창 4:3).

가인은 하나님께서 죄를 가리고 받아주시기 위해 지정하신 방식을 의도적으로 거부하고 이미 하나님께서 거부하신 방식을 사용하였다. 아담과 하와는 땅의 소산인 무화과나무 잎으로 죄책과 수치를 가리려 하였으나 하나님은 그러한 방식을 부적절한 것으로 보고 거절한 바 있다.

아벨은 하나님께서 지정하신 방법대로 자신의 죄를 위해 대신 피를 흘려줄 양을 가지고 왔다. 그러나 가인은 스스로 수고의 땀을 흘리며 직접 재배한 농산물을 가지고 왔다. 그는 자신이 할 수 있는 최선의 것을 가지고 온 것이다.

가인은 자신의 식량을 주신 창조주께 감사하기 위해 추수한 것을 가지고 왔다. 그는 창조주이자 모든 것을 주신 이에게 감사를 표하는 것보다 더욱 중요한 문제가 있다는 사실을 의도적으로 무시한 것으로 보인다. 죄 문제는 반드시 처리되어야 하며, 그것은 인간의 노력으로 할 수 있는 최상의 것으로도 가릴 수 없다. 다른 모든 인류와 마찬가지로 가인은 사망 선고를 받았으며 유일한 탈출구는 다른 힘의 도움을 받아 자기 대신 죽고 피를 흘리는 길밖에 없다.

가인을 측은히 여길 필요는 없다. 그는 하나님께서 무엇을 요구하시는지 알고 있었기 때문이다. "네가 선을 행하면 어찌 낯을 들지 못하겠느냐 선을 행치 아니하면 죄가 문에 엎드리느니라"(창 4:7). 하나님은 가인에게 그가 열납되기 위해 무엇을 해야 할지 알고 있었음을 상기시킨다. 그가 알면서도 행치 않았다면 이는 마치 죄가 무서운 짐승과 같이 그를 잡아가기 위해 기다리고 있는 것과 같은 것이다.

신약성경은 그의 제물에 대해 다음과 같이 강력하게 진술한다.

가인같이 하지 말라 저는 악한 자에게 속하여 그 아우를 죽였으니 어찐 연고로 죽였느뇨 자기의 행위는 악하고 그 아우의 행위는 의로움이니라(요일 3:12).

본문이 말하는 행위(works)는 그가 제물로 가져온 소산물을 말하며, 그것은 곧 그의 악한 행위를 드러내는 것이었다. 가인은 결코 억울한 대우를 받지 않았으며 하나님의 구원의 선물을 거절하고 자신이 더 낫다고 생각하는 방식으로 바꾸었다는 점에서 더욱 죄에 빠진 첫 번째 사람이었다. 죄를 범하는 것보다 더 큰 악은 하나님께서 제시하신 구원의 방법을 거절하는 것이다.

그의 죄악은 이마에 땀을 흘리고 손으로 수고한 것으로 하나님을 기쁘시게 할 수 있다고 생각하여 다른 구원의 방법을 찾는 인간적 종교의 죄였던 것이다. 이러한 노력은 하나님께서 계시를 통해 유일한 구원의 길로 제시하신 하나님의 어린양, 예수의 보혈을 거절하는 것이다.

인류 역사의 초기에 발생한 이 사건은 장차 올 제물의 의미를 온전히 이해할 수 있는 바탕이 된다. 모세 율법은 이 첫 번째 제물을 제사 양식으로 한 단계 더 발전시켜 장차 오실 이에 대한 보다 분명한 그림을 제시한다. 성막과 성전에서는 백성의 죄를 위해 날마다 제물의 피를 흘렸다. 모든 제물은 하나님께서 최종적이고 온전한 제물을 통해 죄 문제를 처리하실 날을 고대하면서 바쳐졌다.

죄를 없이하고 모든 사람을 죽음의 권세에서 구하여 낸 마지막 제물을 향한 이러한 소망과 긴장은 속죄일(Day of Atonement)이라고 하는 한 엄숙한 날에 초점을 맞추었다.

옛 언약을 구성하고 있는 제물이나 제의 형식의 핵심에는 대제사장이 있었다. 그는 이스라엘 백성을 대신하는 언약의 대표자요 중보자였다. 모든 제의 복장을 갖춘 그는 가슴과 어깨에 각 지파의 이름을 새긴 각종 보석을 치장함으로 이스라엘의 모든 지파를 상징적으로 짊어진 자였다. 그것은 모든 이스라엘 백성들에게 대제사장으로서 자신의 어깨와 가슴에 모든 백성을 짊어지고 있음을 생생히 보여주는 선언이었다. 대제사장이 가는 곳에는 이스라엘도 함께하였다.

이 모든 것의 초점은 속죄일에 맞추어졌다. 이 날에는 지난 한 해 동안 날마다 드렸던 모든 제물이 하나의 제물로 모아졌다. 대제사장은 백성들을 위해 염소 한 마리를 성별하였다.

이것은 언젠가 모든 제물을 종식할 한 제물이 이를 것임을 미리 보여준다. 세상 죄를 담당하신 그는 죄 문제를 영원히 끝내심으로 모든 제물에 담긴 소망을 성취하실 것이다.

그 날에 대제사장은 요란스럽게 치장한 상징적인 의복을 벗어버리고 제사장의 흰 세마포를 입고 백성들에게로 나아왔다. 그는 흠 없는 염소 두 마리를 취하여 그 중 죽임을 당할 한 마리를 선정하게 된다. 대제사장은 백성들의 대표자로서 백성들을 대신하여 서서 염소의 머리 위에 손을 얹고 백성의 죄를 고백하였는데 이러한 행위는 백성들의 죄를 그들 대신 서 있는 동물에게로 옮기는 상징적인 역할을 한다.

만일 여러분이 속죄일의 현장에 있었더라면 여러분은 죄를 고백하는 소리를 들으면서 자신의 죄가 대속제물에게로 옮겨갔다고 생각하였을 것이다. 그것은 결코 공허한 의식이 아니라 여러분의 죄를 벗어버리는 하나님의 선물인 것이다. 여러분은 염소의 경정맥이 칼에 의해 잘려나가고 대야에 피를 쏟는 장면을 보게 될 것이다. 제물이 된 염소는 백성의 대속물로 죽어 피를 흘렸던 것이다.

대제사장은 이 피를 오직 이 날에 대제사장만이 들어갈 수 있는 거룩한 구역인 지성소로 가져갔다. 휘장으로 구분된 이곳은 하나님의 영광이 가시적으로 나타나는 곳으로서, 하나님이 거하시는 처소를 상징하였다.

이러한 모습은 하나님이 처음에 피조물과 함께 거하시던 에덴으로 우리를 인도한다. 아담과 하와가 죄로 말미암아 에덴으로부터 추방된 후 그곳은 그룹들과 화염검으로 봉쇄되어 버렸다. 지성소를 둘러싸고 있는 휘장에는 그룹 모양의 수를 놓았는데 이것은 에덴을 지키는 그룹들을 연상시킨다. 이 영광스러운 임재의 장소에는 아무나 들어갈 수 없었는데 이것은 하나님께서 그들을 사랑하지 않아서가 아니라 죄로 말미암아 화를 당하는 것을 막기 위함이었다.

성소 안에 있는 지성소에는 언약궤가 있었는데 금으로 테두리를 한 이 상자 위에는 속죄소라 불리는 정금으로 만든 뚜껑이 덮여 있었으며 그 양쪽 끝에는 금으로 만든 그룹이 있었다. 두 그룹 사이, 속죄소 위에는 언약의 하나님의 임재를 나타내는 영광의 빛이 흘러나왔다.

대제사장은 염소의 피를 가지고 들어가 속죄소 위에 뿌렸다. 금으로 된 널빤지 뚜껑은 매년마다 뿌린 피로 이미 얼룩진 상태이다. 이 피는 하나님 앞에서 다시 한번 백성들의 죄를 덮는다는 표시였다. 속죄소에 얼룩진 피는 언젠가 죄를 덮을 뿐만 아니라 그것을 영구히 제거할 마지막 제물의 피가 뿌려질 것이라는 약속이었다. 이 금 널빤지에 뿌려진 피는 하나의 약속이자 예수께서 흘리신 피의 보상에 대한 차용증서이다.

속죄일의 희생은 일 년 내 드리는 다른 제물과 달리 또 하나의 과정이 있었다. 그것은 제물로 선택되지 않은 산 염소에 관한 것으로, 대제사장은 다시 한번 자신의 손을 얹고 백성들의 죄를 고백하였다. 그런 후 산 염소는 광야로 떠나보내졌으며 다시 돌아오지 못하였다.

모든 백성들이 지켜보는 가운데 두 번째 염소를 떠나보내는 행위는 휘장 뒤 보이지 않는 곳에서 피가 뿌려질 때 죄가 어떻게 처리되었는지에 대해 생생한 이미지로 보여준다. 그들의 죄는 덮였을 뿐만 아니라 하나님의 눈앞에서 사라졌다. 따라서 그들은 기뻐하며 자기 집으로 돌아갈 수 있었던 것이다.

그러나 속죄일의 제의가 그들의 죄를 덮었다는 확신을 주었다는 극적인 설명과 달리 실제로는 이러한 제의를 통해 죄 문제가 온전히 처리되지 않고 오히려 다시 죄를 기억나게 할 뿐이었다.

동물이 죄인을 대신하도록 한 것은 하나님께서 죄를 덮어주시기 위한 방편이었지만 이 제도는 많은 약점을 가지고 있었다. 우선 동물의 생명을 담고 있는 피는 하나님의 형상으로 지으심을 받은 인간의 생명을 담고 있는 피를 결코 대체할 수 없다.

동물 희생은 상대를 사랑하여 자신을 내어주는 자발적인 대속물이 아니다. 그들은 타의에 의해 선정이 되어 어쩔 수 없이 희생이 된 것이다. 또한 그들은 하나님에 대한 순종으로 제단으로 향한 것도 아니다. 그들은 죽음에 대한 결정도 스스로 할 수 없는 비이성적 피조물이기 때문에 하나님께나 사람에게 자신을 내어줄 수도 없다.

따라서 그러한 것들이 하나님의 형상대로 지으심을 받아 하나님의 명령을 의지적으로 불순종한 인간을 대신할 수는 없는 것이다. 동물의 피는 죄를 처리하거나 제거하지 못하며 다만 그들이 예표하고 있는 제물이 와서 죄를 완전히 제거할 때까지 그것을 가리기만 할 뿐이다. 계속되는 제물은 장차 전적으로 하나님께 순종하여 무한한 사랑으로 자신을 드려 인류를 위해 참으로 고귀한 피를 흘리실 날이 올 것이라는 약속이다. 이것이 바로 모든 동물 제사가 지향하는 목적이다. 그의 피 흘리심은 모든 제물의 마침이 될 것이다. 이러한 희생은 죄를 완전히 처리하고 죄인들을 사망에서 건지실 것이기 때문에 더 이상의 제물은 필요 없게 될 것이다. 계속되는 동물 희생을 위해 끊임없이 애쓰기보다 화목을 누리고 즐거워하게 될 것이다.

이러한 이유로 속죄일의 제물은 계속되었다. 이 일은 그것이 지향하는 분이 오셔서 그 일을 성취하시기까지 계속되어야 했다. 지성소에는 의자가 없다. 대제사장은 피를 뿌린 후 결코 앉을 수 없었다. 그 이유는 죄가 완전히 제거되지 않고 가려지기만 했으며 장차 제거될 것이라는 약속만 했을 뿐이기 때문이다. 이처럼 속죄일은 끝나도 대제사장의 사역이 여전히 끝나지 않았다. 그는 백성들과 함께 집으로 돌아가 다음 해에 또 피를 들고 들어와 마지막 제물을 고대하며 뿌렸다.

> 율법은 장차 오는 좋은 일의 그림자요 참 형상이 아니므로 해마다 늘 드리는 바 같은 제사로는 나아오는 자들을 언제든지 온전케 할 수 없느니라 그렇지 아니하면 섬기는 자들이 단번에 정결케 되어 다시 죄를 깨닫는 일이 없으리니 어찌 드리는 일을 그치지 아니하였으리요 그러나 이 제사들은 해마다 죄를 생각하게 하는 것이 있나니 이는 황소와 염소의 피가 능히 죄를 없이 하지 못함이라…제사장마다 매일 서서 섬기며 자주 같은 제사를 드리되 이 제사는 언제든지 죄를 없게 하지 못하거니와(히

10:1-4, 11).

새 언약이 성취할 내용에 대한 선지자의 선언을 처음으로 들은 자들의 마음이 얼마나 두렵고 충격적이었을지 상상해 보라.

나 여호와가 말하노라 그러나 그날 후에 내가 이스라엘 집에 세울 언약은 이러하니…내가 그들의 죄악을 사하고 다시는 그 죄를 기억지 아니 하리라 여호와의 말이니라(렘 31:33-34).

맑은 물로 너희에게 뿌려서 너희로 정결케 하되 곧 너희 모든 더러운 것에서와 모든 우상을 섬김에서 너희를 정결케 할 것이며 또 새 영을 너희 속에 두고 새 마음을 너희에게 주되 너희 육신에서 굳은 마음을 제하고 부드러운 마음을 줄 것이며 또 내 신을 너희 속에 두어 너희로 내 율례를 행하게 하리니 너희가 내 규례를 지켜 행할지라(겔 36:25-27).

다니엘은 다음과 같은 날이 이르게 되리라고 말했다.

네 백성과 네 거룩한 성을 위하여 칠십 이레로 기한을 정하였나니 허물이 마치며 죄가 끝나며 죄악이 영속되며 영원한 의가 드러나며 이상과 예언이 응하며 또 지극히 거룩한 자가 기름부음을 받으리라…기름부음을 받은 자가 끊어져 없어질 것이며…그가 장차 많은 사람으로 더불어 한 이레 동안의 언약을 굳게 정하겠고 그가 그 이레의 절반에 제사와 예물을 금지할 것이며 또 잔포하여 미운 물건이 날개를 의지하여 설 것이며 또 이미 정한 종말까지 진노가 황폐케 하는 자에게 쏟아지리라 하였느니라(단 9:24, 26, 27).

성자 하나님은 스스로 우리와 같은 인성을 취하실 것이다. 그는 우리와 동일한 삶을 살며 우리를 대신하여 고난 받으시고 죽으심으로 하나님의 피를 흘리실 것이며, 그 후로는 두 번 다시 죄가 기억되지 않을 것이다. 이러한 피는 창조주가 피조물을 능가하듯이 인간의 피를 능가해야 한다.

하나님이자 사람이신 예수님은 새 언약의 대제사장으로 성자로서의 모든 영광을 버리시고 우리 가운데 오셔서 나사렛에서 목수로 사셨다. 그는 대제사장이자 제물이셨다. 그는 제사장으로서 십자가에 달려 에덴에서의 첫 번째 피 흘림 이후 모든 제물이 가리키던 마지막 제물로 자신을 드렸다.

아담과 하와가 에덴에서 하나님의 자리에 올라서려고 한 것은 사실상 하나님의 죽음을 원한 것이었으나 결국 자신들이 죽음을 맞게 되었다. 그러나 하나님은 그들의 반역에 대해 무한한 사랑으로 응답하셨다. 그는 자신을 피조물의 손에 맡긴 채 죽으셨다. 그 결과 우리는 다시 살아나고 용서를 받아 그와 화목하게 된 것이다.

피는 예수께서 겟세마네동산에서 기도하실 때부터 흐르기 시작했다. 그는 피부 조직을 통해 많은 피를 흘리셨다. 군병들이 그를 체포하러 왔을 때 그의 옷은 이미 붉게 물들었다. 신체에 심한 고통을 받거나 채찍질을 당하거나 머리에 가시 면류관을 씌울 때에는 온 몸이 피로 젖었다. 그것은 마침내 십자가에 양손과 발이 못박힌 채 군병들의 창에 옆구리를 찔려 물과 피를 쏟으시기까지 계속되었다.

인성을 취하신 성자 하나님은 우리를 대신하여 성부 하나님과 언약을 맺으셨다. "생명이 피에 있으므로 피가 죄를 속하느니라"(레 17:11)고 하였다. 그가 흘리신 피는 하나님이자 사람이신 예수 그리스도의 혈관을 통해 흘리시는 하나님의 피였다. 그것은 우리와 동일한 인체를 통해 흘리시는 피이자 언약의 조건을 반드시 이행하시겠다는 하나님의 맹세의 피이다. 우리는 그가 "다 이루었다"고 부르짖는 음성이 패배하여 탈진한 자의 한숨이 아니라 자신의 사역을 다 완성하고 성취하신 자의 승리의 외침임을 안다. 창세 전에 하나님의 마음속에 시작된 사랑의 계획이 예루살렘 밖 언덕위에서 피범벅이 된 상처투성이의 파괴된 몸을 통해 성취된 것이다.

하나님이 흘리신 언약의 피는 우리와 함께 그를 사망에서 건져내셨다.

> 양의 큰 목자이신 우리 주 예수를 영원한 언약의 피로 죽은 자 가운데서 이끌어 내신 평강의 하나님이(히 13:20).

그는 죽음에서 부활하심으로 자신을 사망으로 몰아간 죄를 영원히 제거하시고 사망의 고통을 끝내셨다. 그는 이제 언약의 조건들이 우리 안에서 성취될 것임을 선언하신 것이다.

모든 언약은 피로써 확정되고 비준이 되며, 주 예수의 피로 인침을 받은 새 언약도 예외가 아니다. 옛날 복음성가 가운데 '보혈의 능력'에 관한 내용을 노래한 가사가 있었다. 굳이 그 가사를 바꾸어야 한다는 것은 아니지만 사실 맞는 말은 아니다. 새 언약의 능력은 성령으로부터 나오며 피에는 새 언약의 완전한 효력을 선언하는 권세가 있다. 하나님의 영원하신 피가 하늘에 뿌려졌다는 것은 우리를 죄에서 해방하고 새 언약의 모든 축복으로 인도하는 권세가 부여되었다는 의미이다.

자세한 내용은 나중에 다시 다루겠지만, 예수님은 첫 번째 언약 식사에서 이 문제에 관해 언급하셨다.

> 이것은 죄 사함을 얻게 하려고 많은 사람을 위하여 흘리는 바 나의 피 곧 (새) 언약의 피니라(마 26:28).

주석 성경(The Amplified Bible)은 "(새) 언약의 피"(My blood of the new covenant)라는 구절의 의미를 "약속을 비준하는(ratify) 새 언약의 피"라고 확장하였다.

누가복음에 기록된 동일한 본문에 대해서도 주석 성경은 다음과 같이 번역하였다.

저녁 먹은 후에 잔도 이와 같이 하여 가라사대 이 잔은 내 피로 [비준하여] 세우는 새 언약이니 곧 너희를 위하여 흘리는(붓는) 것이라(눅 22:20).

'비준하다' (ratify)라는 말에는 어떤 것을 확실하게 만든다는 의미가 있다. 그것은 공식적인 승인과 함께 법적인 효력과 권위를 부여한다.[1] 예수께서 흘리신 피는 하늘과 땅과 지옥에서 통용되는 실체로서 삼위 하나님의 공식적인 승인과 함께 법적 권한을 새 언약에 부여한다.

그는 땅에 있는 성전의 지성소가 상징하는 하늘의 참 지성소로 자신의 피를 가져가셨다. 하늘에 있는 하나님의 피는 죄가 제거되고 다시는 기억되지 않을 것이며 하나님과의 화목이 이루어지고 새 언약이 도래하였음을 선포한다.

그가 보좌에 앉으신 것은 최종적이고 영원한 속죄로 말미암아 다시는 제사가 없을 것이라는 선언이다. 그는 인간이 필요로 하는 마지막 제물로 드려졌던 것이다. 언약은 체결되었으며 하나님과 사람은 기쁨으로 연합하며 함께 앉을 수 있게 되었다.

히브리서는 예수님으로 말미암아 모든 제물이 끝났음을 분명히 선언한다.

그리스도께서는 참 것의 그림자인 손으로 만든 성소에 들어가지 아니하시고 오직 참 하늘에 들어가사 이제 우리를 위하여 하나님 앞에 나타나시고 대제사장이 해마다 다른 것의 피로써 성소에 들어가는 것같이 자주 자기를 드리려 아니하실지니 그리하면 그가 세상을 창조할 때부터 자주 고난을 받았어야 할 것이로되 이제 자기를 단번에 제사로 드려 죄를 없게 하시려고 세상 끝에 나타나셨느니라(히 9:24-26).

오직 그리스도는 죄를 위하여 한 영원한 제사를 드리시고 하나님 우편에 앉으사 그 후에 자기 원수들로 자기 발등상이 되게 하실 때까지 기다리시나니 저가 한 제물로 거룩하게 된 자들을 영원히 온전케 하셨느니라 또한 성령이 우리에게 증거하시되 주께서 가라사대 그날 후로는 저희와 세울 언약이 이것이라 하시고 내 법을 저희 마음에 두고 저희 생각에 기록하리라 하신 후에 또 저희 죄와 저희 불법을 내가 다시 기억지 아니하리라 하셨으니 이것을 사하셨은즉 다시 죄를 위하여 제사 드릴 것이 없느니라…그러므로 형제들아 우리가 예수의 피를 힘입어 성소에 들어갈 담력을 얻었나니 그 길은 우리를 위하여 휘장 가운데로 열어 놓으신 새롭고 산 길이요 휘장은 곧 저의 육체니라(히 10:12-20).

The Lost Secret of the
New Covenant

하나님의 맹세

우리는 성경시대의 언약은 두 당사자 간의 맹세로 확정된다는 사실에 대해 알고 있다. 그들이 하나님을 증인으로 세우고 하는 맹세는 언약의 보증이 된다. 하나님이 우리와 맺으시는 새 언약에서는 하나님이 자신을 가리켜 맹세하신다. 그는 언약의 체결 및 준수와 관련하여 우리와 하나님 양편 모두의 보증이 되신다. 하나님이 체결하시고 보증하시는 언약이야말로 가장 확실하다고 할 수 있다. 인간의 언약은 그것의 이행이 우리의 맹세에 달려 있기 때문에 언제든 깨어질 수 있다. 그러나 하나님이 맹세하신 것은 하나님 자신만큼 확실하고 변할 수 없는 것이다.

하나님이 아브라함에게 약속하실 때에 가리켜 맹세할 자가 자기보다 더 큰 이가 없으므로 자기를 가리켜 맹세하여 가라사대 내가 반드시 너를 복주고 복 주며 너를 번성케 하고 번성케 하리라 하셨더니(히 6:13-14).

새 언약과 관련하여 선지자를 통해 선포되는 모든 말씀은 약속한 것을 행

133

하라는 하나님의 준엄하고 일방적인 위임을 받아 제시된다. 언약을 체결하고 그것을 역사 속에 이루어가는 것은 오직 하나님께 달려 있다. 구원에 관한 모든 이니셔티브는 처음부터 하나님으로부터 나왔다. 인간은 그에게 구원을 요청한 적이 없으며 구원되기를 바란 적도 없다. 에덴동산에서 범죄하여 타락한 아담과 하와는 어떤 회개의 모습도 보이지 않았다. 그들은 뻔뻔하게도 하나님께서 그들 스스로 평화롭게 죄 문제를 수습하도록 내버려 둔 채 떠나시기를 바라며 숨어버렸다. 하나님이 그들을 부르신 때에도 그들은 자신이 범한 죄를 자백할 생각은 하지 않고 그의 질문을 적당히 얼버무리며 죄의 결과로 찾아온 수치심에 대해서만 말하려 하였다.

인간에 대한 성령의 판단은 한 마디로 참담한 것이다.

> 그 정죄는 이것이니 곧 빛이 세상에 왔으되 사람들이 자기 행위가 악하므로 빛보다 어두움을 더 사랑한 것이니라(요 3:19).

1. 모든 것은 하나님께 달려 있다.

만일 인간이 구원을 받는다면, 그래서 우리를 그의 자녀로 삼으시고 벗으로 교제하시려는 그의 영원하신 목적이 성취되어야 한다면, 하나님은 결코 인간의 도움이 없이 그렇게 해야만 하실 것이다. 실제로 하나님은 스스로 그렇게 하시겠다고 말씀하셨다.

우리의 시조가 범죄한 직후 하나님은 에덴에서 아담 안에 있는 모든 인류와 언약을 맺었다. 이 언약을 통해 그는 아담 안에 있는 인류를 구원하시기 위해 무엇을 할 것인지를 선포하셨다. 그는 사단의 속박으로부터 우리를 구원하시기 위한 첫 번째 약속을 하셨다.

> 내가 너로 여자와 원수가 되게 하고 너의 후손도 여자의 후손과 원수

가 되게 하리니 여자의 후손은 네 머리를 상하게 할 것이요 너는 그의 발꿈치를 상하게 할 것이니라 하시고(창 3:15).

이 약속은 언약의 이행과 관련하여 인간 편에서의 역할에 대해서는 일절 언급하지 않는다는 사실에 유의해야 한다. 본문은 오직 "내가 하겠다"는 하나님의 의지 표현만 있을 뿐이다. 그는 자신이 선포한 구원 언약의 보증이 되셨다. 그는 인간과 뱀 사이에 특별한 증오심을 두고 장차 뱀의 머리를 짓밟아 멸하실 한 후손의 오심으로 절정에 달하게 할 것이라고 말씀하셨다. 여기에 '만일'은 없다. 말하자면 이 놀라운 구원을 역사 속에 성취하기 위해 인간 편에서 이행해야 할 조건은 없으며 오직 하나님의 맹세에 근거한 무조건적 선언만 있을 뿐이다.

인류 역사가 진행되면서 사람들은 점점 더 하나님으로부터 벗어났다. 그는 아브라함의 씨를 통해 인간에게 복을 주시겠다는 의도를 말씀하셨다. 그는 다시 한번 자신을 두고 맹세하셨다.

내가 네게 큰 복을 주고 네 씨로 크게 성하여 하늘의 별과 같고 바닷가의 모래와 같게 하리니 네 씨가 그 대적의 문을 얻으리라 또 네 씨로 말미암아 천하 만민이 복을 얻으리니 이는 네가 나의 말을 준행하였음이니라 하셨다 하니라(창 22:17-18).

구약성경의 약속과 예언이 전개되면서 새 언약에 포함될 구체적인 구원의 계획이 알려졌다. 이러한 내용은 일련의 "내가…하리라"는 하나님 자신의 일방적인 선언으로 되어 있다.

나 여호와가 말하노라 그러나 그날 후에 내가 이스라엘 집에 세울 언약은 이러하니 곧 내가 나의 법을 그들의 속에 두며 그 마음에 기록하여 나는 그들의 하나님이 되고 그들은 내 백성이 될 것이라 그들이 다시는 각기 이웃과 형제를 가리켜 이르기를 너는 여호와를 알라 하지 아니하리니 이는 작은 자로부터 큰 자까지 다 나를 앎이니라 내가 그들의 죄악을 사하고 다시는 그 죄를 기억지 아니하리라 여호와의 말이니라(렘 31:33-34).

맑은 물로 너희에게 뿌려서 너희로 정결케 하되 곧 너희 모든 더러운 것에서와 모든 우상을 섬김에서 너희를 정결케 할 것이며 또 새 영을 너희 속에 두고 새 마음을 너희에게 주되 너희 육신에서 굳은 마음을 제하고 부드러운 마음을 줄 것이며 또 내 신을 너희 속에 두어 너희로 내 율례를 행하게 하리니 너희가 내 규례를 지켜 행할지라(겔 36:25-27).

다니엘의 예언에서는 시간을 정하여 특정 기한 내에 자신의 사역을 성취하겠다고 선언하셨다.

네 백성과 네 거룩한 성을 위하여 칠십 이레로 기한을 정하였나니 허물이 마치며 죄가 끝나며 죄악이 영속되며 영원한 의가 드러나며 이상과 예언이 응하며 또 지극히 거룩한 자가 기름부음을 받으리라(단 9:24).

하나님이 언약의 성취를 위해 자기를 가리켜 맹세하셨다는 사실은 참으로 놀라운 일이 아닐 수 없다. 그것은 만일 그가 언약의 조건을 이행하지 않을 경우 그의 존재와 함께 모든 피조세계는 무로 돌아갈 것이기 때문이다. 그는 거짓말할 수 없는 분이시기 때문에 그의 말씀만으로도 충분하지만 자신의 목적이 절대적이고 확실하다는 사실을 보여주시기 위해 언약의 맹세까지 하신 것이다. 우리는 그의 맹세를 통해 그가 자기를 부르는 모든 자에게 언약의 약속을 온전히 지키실 것이라는 사실을 확실히 믿을 수 있다.

사람들은 자기보다 더 큰 자를 가리켜 맹세하나니 맹세는 저희 모든 다투는 일에 최후 확정이니라 하나님은 약속을 기업으로 받는 자들에게 그 뜻이 변치 아니함을 충분히 나타내시려고 그 일에 맹세로 보증하셨나니 이는 하나님이 거짓말을 하실 수 없는 이 두 가지 변치 못할 사실을 인하여 앞에 있는 소망을 얻으려고 피하여 가는 우리로 큰 안위를 받게 하려 하심이라(히 6:16-18).

하나님의 맹세로 말미암아 확실한 이행의 보장을 받은 이 약속들은 죄와 영적 어두움에 빠진 모든 사람들의 부르짖음에 응답하신다. 이러한 약속들은 하나님께서 그들에게 다음과 같은 일을 하실 것이라는 보증이 된다.

- 그들의 죄책과 수치심을 제거하고 죄와 사망의 권세에서 자유롭게 하신다.
- 그들에게 하나님과 이웃을 사랑할 동기와 소원과 능력을 주신다.
- 그들을 하나님께 속한 자로 삼아 하나님의 언약 가족으로 인도하신다.
- 그들을 사단과 모든 어두움의 권세에서 자유하게 하신다.
- 그들에게 하나님이 그들과 함께하시며 그들과 그들이 하는 모든 일을 축복하신다는 사실을 알게 하신다.
- 그들을 자신과 연합하게 하시며 그들 가운데 성령을 주신다.

2. 하나님의 신실하심

성경에 나타난 하나님의 사람들의 신앙적 기초로서 언약과 관련하여 나의 관심을 끈 또 하나의 단어는 신실하심(faithfulness)이다. 그의 신실하심은 언약에 대한 맹세를 이행한다. 그는 우리와 달리 스스로 언약을 지키겠다는 맹세를 할 필요가 없다. 언약은 그의 속성이나 하나님 되심에 어떤 변화도 주지 않으며, 다만 우리에게 그의 영원하신 속성을 계시하는 수단일 뿐이다.

'신실하심'에 해당하는 히브리어 단어의 어근은 아만(aman)[1]으로, '확실하다, 지속하다, 신뢰하다, 믿다' 라는 뜻이 있다. 이 어근으로부터 세 가지 단어가 파생되었다. 첫 번째 단어는 아멘(amen)으로, 영어의 '아멘' 이나 '그렇게 되다' 로 번역된다. 두 번째 단어는 에메트(emet)로 '진리' 나 '사실' 로 번역된다. 세 번째 단어인 에무나(emunah)[20]에는 '신실함' 이라는 의미가 있다. 이 세 가지를 모두 합하면 절대적으로 신뢰할 수 있고 언제나 의지할 수 있는 확실하고 변함이 없으신 하나님이라고 표현할 수 있다.

우리는 미쁨이 없을지라도 주는 일향 미쁘시니 자기를 부인하실 수 없으시리라(딤후 2:13).

나 여호와는 변역지 아니하나니…(말 3:6).

그는 영원히 하나님이시며 그의 속성은 언제나 변함이 없으시다. 또한 그는 결코 스스로 모순되지 않으며 자신과 모순되는 행동을 하지도 않으신다. 그는 더 이상 퇴보할 수 없는 것처럼 더 이상 개선될 수도 없으시다. 그는 어제나 오늘이나 영원토록 동일하신 분이시다.

각양 좋은 은사와 온전한 선물이 다 위로부터 빛들의 아버지께로서 내려오나니 그는 변함도 없으시고 회전하는 그림자도 없으시니라(약 1:17).

이 말씀을 기록할 때 야고보는 적어도 태양과 달과 행성을 염두에 두고 있었다. 태양은 태양계에서 빛을 발산하는 발광체이며, '회전' 이란 단어는 언제나 한 쪽 면에 그림자를 가진 채 돌아가는 행성(planets)의 자전을 묘사할 때 사용된다. 하나님께는 어두운 면(그림자)이 없으시다. 그는 창조되지 아니한 빛의 아버지이시다. 그에게는 그림자나 어두움이 없으시며, 어떤 변함도 없으시다. 이전에도 지금도 그는 언제나 동일하신 분이시며 앞으로도 그럴 것이다.

정원에 서 있어보면 태양이 하늘을 지나감에 따라 그림자가 변하는 것을 볼 수 있다. 그것은 다가왔다가 멀어지며 결국은 저녁 석양에 잠기고 만다.

그러나 하나님께 나아올 때에는 그가 오늘 어떻게 변화하였을지 궁금해할 필요가 전혀 없다. 그는 결코 변하지 않고 회전하지도 않으신다. 우리는 그가 영원히 변치 않으실 것이라고 확신할 수 있다.

따라서 본문은 다음과 같이 쉽게 풀어 쓸 수 있다. "빛의 아버지로부터 내려오는 풍성한 빛이야말로 은사이다. 그는 결코 속이거나 표리부동하지 않으며 변덕도 없다."

그의 신실하심은 종종 반석에 비유된다.

> 그는 반석이시니 그 공덕이 완전하고 그 모든 길이 공평하며 진실무망하신 하나님이시니 공의로우시고 정직하시도다(신 32:4).

> 여호와는 나의 반석이시요 나의 요새시요 나를 건지시는 자시요 나의 하나님이시요 나의 피할 바위시요 나의 방패시요 나의 구원의 뿔이시요 나의 산성이시로다(시 18:2).

하나님의 말씀은 그의 인격의 온전한 표현이기 때문에 그는 결코 지킬 수 없는 약속은 하지 않으신다. 그의 말씀은 실재와 정확히 부합되며 그의 말씀과 행위는 동일하다. 하나님께서 하신 말씀은 비록 역사적으로 수 세기 후에 성취될지라도 그것은 곧 이루어진 사실에 해당한다. 그는 처음부터 모든 것을 알고 계시기 때문에 미처 생각하지 못하였거나 자신의 목적 성취와 무관한 우연이란 있을 수 없다.

> 내 입에서 나가는 말도 헛되이 내게로 돌아오지 아니하고 나의 뜻을 이루며 나의 명하여 보낸 일에 형통하리라(사 55:11).

여호와를 찬송할지로다 저가 무릇 허하신 대로 그 백성 이스라엘에게 태평을 주셨으니 그 종 모세를 빙자하여 무릇 허하신 그 선한 말씀이 하나도 이루지 않음이 없도다(왕상 8:56).

여호와여 주는 나의 하나님이시라 내가 주를 높이고 주의 이름을 찬송하오리니 주는 기사를 옛적의 정하신 뜻대로 성실함과 진실함으로 행하셨음이라(사 25:1).

언약에 대한 성실과 인자는 예수 그리스도를 통하여 성취된다. 그는 육신으로 우리와 함께 거하셨던 하나님의 성실과 인자이시다. 그는 진리를 가지고 계신 것이 아니라 자신이 곧 진리이시다.

예수께서 가라사대 내가 곧 길이요 진리요 생명이니 나로 말미암지 않고는 아버지께로 올 자가 없느니라(요 14:6).

또 내가 하늘이 열린 것을 보니 보라 백마와 탄 자가 있으니 그 이름은 충신과 진실이라 그가 공의로 심판하며 싸우더라(계 19:11).

그러므로 저가 범사에 형제들과 같이 되심이 마땅하도다 이는 하나님의 일에 자비하고 충성된 대제사장이 되어 백성의 죄를 구속하려 하심이라(히 2:17).

3. 믿음의 본질

성경적 믿음은 믿음의 대상이자 우리에게 약속을 주신 하나님을 바라본다. 그것은 전적으로 하나님의 성품과 그의 언약에 대한 맹세에 달려 있다. 믿음이란 하나님께서 결코 자신을 부인할 수 없다는 사실을 깨닫고 자신의 전 인격-과거와 현재와 미래-을 그의 신실하심에 맡기는 것이다. 믿음은 그것의 대상인 언약의 하나님께만 전념하는 것이다. 신자의 믿음은 그가 믿는 대상이 얼마나 신실하신가에 달려 있다.

우리는 자구적 노력이나 긍정적 사고, 뉴에이지 및 신비적 주술을 주창하는 자들이 저마다 믿음의 정의를 쏟아내고 있는 시대에 살고 있다. 그 중에 기독교 매체를 통해 들어와 신자들의 사고에 막대한 영향을 주고 있는 것들도 많다. 신실한 신자들 가운데서도 이러한 거짓에 속아 하나님의 약속 대신 하나님과의 동행을 파괴하는 저 무익하고 육신적인 거짓 믿음을 좇는 자들이 있다.

그렇다면 성경적 믿음이란 어떤 것인지 간략하게 살펴보자.

믿음은 신자가 어떠한 능력이나 힘(energy)을 가지는 것이 아니다. 그것은 신자 자신이 어떤 일을 일으키거나 하나님의 손을 움직이는 능력을 가지는 것이 아니다. 믿음이란 신자가 자신이 원하는 축복을 소유했다고 느끼거나 볼 수 있는 마음 상태에 이르기 위한 수고나 노력이 아니다.

많은 신자들은 믿음을 일종의 정신적 투쟁으로 생각한다. 그들의 생각은 온통 자신이 원하는 것을 받아내는 데 초점이 맞추어져 있다. 이것은 마음에서 일어나는 육신적 노력이며 성경이 말하는 하나님 안에 거하는 믿음과는 아무런 관련이 없다.

어떤 사람들은 믿음은 성경에서 발견되는 약속의 말씀 안에 들어 있다고 생각한다. 그들은 약속의 말씀을 계속해서 반복하면 원하는 복이 임할 것이라고 생각한다. 저들은 하나님의 거룩한 말씀을 그에게 복을 주문하는 신비적 주술과 같은 것으로 착각하고 있다.

성경적 믿음은 주술이나 뉴에이지, 긍정적 사고, 신비적 주술과는 근본적으로 다르다. 이와 같은 것들은 하나님의 말씀을 자신이 원하는 것을 얻기 위한 제문(formulas)으로 생각한다. 그리스도인의 믿음은 결코 이러한 제문이나 주술이 아니라 언약을 통해 맺어진 하나님과의 관계에 기초한다. 믿음은 약속의 말씀을 향한 것이 아니라 그것을 약속하신 분 안에 거하는 것이다.

성경적 믿음은 결코 어떤 힘이나 노력이 아니라 언약의 맹세에 대한 하나님의 신실하심을 바라보고 그것에 반응하는 것이다. 우리는 그의 성품을 통해 그가 말씀하신 것을 반드시 이루실 것이라고 믿는다.

믿음은 마음의 눈에 비유할 수 있다. 육체의 눈은 자체에 이상이 없는 한 자신을 인식하지 않는다. 눈의 기능은 물체를 보고 기억하는 것이다. 만일 눈이 자신을 의식하고 얼마나 아름다운 눈인지 감탄만 하고 있다면 눈으로서의 기능을 상실한 것이다. 믿음도 마찬가지이다. 만일 우리의 믿음이 자신을 의식하여 스스로의 능력이 어떠한지 평가하는 데 열중하지 않고 믿음의 대상이신 하나님만 바라본다면 하나님께서는 주 예수 안에서 자신을 나타내실 것이다.

믿음은 언약이신 예수님 안에 구체적으로 나타난 하나님의 사랑과 신실하심에 대한 계시로부터 나온다. 그는 믿음의 주요 온전케 하시는 자이시다(히 12:2).

> 그러므로 믿음은 들음에서 나며 들음은 그리스도의 말씀으로 말미암았느니라(롬 10:17).

하나님의 말씀은 성경에 기록된 말씀 이상이다. 하나님의 말씀은 궁극적으로 육신을 입고 우리 가운데 거하신 그의 아들 예수님이시다(요 1:1-14). 그는 하나님께서 우리에게 하신 최종적 말씀이다.

믿음은 그와의 관계이자 그에 대한 복종과 순종이며, 따라서 '순종케 하는 믿음'(the obedience of faith)이다. 믿음은 성경 말씀을 짜깁기하여 정형화 시킨 틀을 통해 자신의 지표를 실현시키려는 목표를 향해 달려가는 정신적 마라톤이 결코 아니다. 믿음은 하나님의 도우심을 이끌어내도록 영향력을 행사하는 것이 아니다. 그것은 오직 그에게 복종하고 그가 자신의 약속을 신실히 이행하실 것이라는 사실을 알고 그의 언약의 말씀에 응답하는 것이다. 믿음은 하나님에 대한 신뢰이자 그의 인격과 이루신 사역에 대한 신뢰이다. 이러한 신뢰로부터 그는 신실하시며 자신이 말씀하신 것을 반드시 이루실 것이라는 믿음이 나오게 되는 것이다.

하나님께서 아브라함과 언약을 맺으실 때 아브람이 여호와를 믿으니 여호와께서 이를 그의 의로 여기시고(창 15:6)라고 하였다. 그는 먼저 여호와를 믿었으며, 그리고 신실하신 그분이 약속하신 말씀을 믿었다.

우리는 이삭의 출생과 관련하여 아브라함의 믿음에 대해서는 자주 거론하지만 사라에 대해서는 어떤가? 그녀의 몸은 아이를 잉태할 수 없는 상태였음에도 아이를 가졌다. 이것은 그녀의 간절함이나 노력 때문이 아니라 오직 그의 신실하심에 대한 믿음 때문이었다.

> 믿음으로 사라 자신도 나이 늙어 단산하였으나 잉태하는 힘을 얻었으니 이는 약속하신 이를 미쁘신 줄 앎이라(히 11:11).

복음은 오직 하나님의 맹세에 근거한다는 사실은 기독교를 이 땅의 모든 종교로부터 구별시킨다. 우리가 이것을 깨닫기 전에는 복음은 사실상 기쁜 소식이 될 수 없으며 오히려 진리를 왜곡하고 조만간 자신의 삶을 파선시킬 암초가 될 것이다.

그리스도인의 삶은 하나님께 순종하고 그를 사랑하겠다는 의지나 결단력을 가지거나 무조건 이를 악문다고 되는 것이 아니다. 신실한 그리스도인들은 예수님처럼 살기 위해 육신으로서 할 수 있는 최선을 다하며 자신의 삶을 전적으로 하나님께 드리기를 원한다. 그러나 매번 다짐하는 약속과 달리 얼마 가지 못해 낙심하고 교회 사역에 힘을 잃곤 한다. 그들은 그리스도인의 삶의 기초를 하나님의 맹세가 아니라 자신의 맹세 위에 두었던 것이다.

그리스도인의 삶은 하나님과 신자 간의 연합적 노력도 아니다. 많은 사람들은 하나님의 도움을 구하면서 한편으로는 약속을 붙들고 한편으로는 최선을 다해 헌신하며 믿음생활을 해 나간다. 그러나 하나님은 우리의 노력에 힘을 보태어 불가능한 것을 가능케 하시는 분이 아니다. 우리는 전적으로 무능하며 언약이 규정하고 있는 삶은 오직 하나님 자신의 맹세에 근거하여 성취된다.

그런가 하면 그리스도인의 삶을 살려는 생각을 아예 하지 않는 사람도 있다. 그러한 사람들은 사실상 그리스도인의 삶을 죄책과 수치심에 젖어 아무것도 할 수 없는 상태로 생각한다. 그들은 마치 동전을 구걸하는 거지와 같이 하나님께 자비를 구한다. 그들은 끊임없이 하나님의 도우심과 구원을 부르짖지만 우리의 부르짖음에 응답하시겠다는 그의 맹세에 대해 전혀 모르기 때문에 응답에 대한 어떠한 기대도 하지 않는다. 어떤 사람들은 하나님이 응답하시면 깜짝 놀라 오해를 하기도 한다. 그것은 지금까지 오직 자비를 간절히 구하는 것만이 그리스도인의 삶의 전부라고 생각해 왔으나 그러한 특권을 빼앗겼다고 생각하기 때문이다.

우리가 복음의 독특성을 찾을 수 있다면 그것은 하나님의 맹세라고 할 수 있다. 복음의 핵심 단어는 '노력'이나 '시도'나 '더욱 큰 열심'이 아니라 '복종'과 '순종'과 '안식'이며 언약이신 '주 예수를 믿는 것'이다. 이런 단어들은 우리가 경건한 삶을 살려는 부질없는 시도나 노력을 끝내고 오직 그에게만 소망을 두며 그가 약속하신 것과 성취하신 것을 믿어야 한다는 것을 보여준다.

4. 하나님의 신실하심에 대한 필자의 경험

나는 신앙생활을 시작하면서부터 승리하는 그리스도인이 되기 위해 부단히 노력하였다. 청소년 시절에는 부엌에 무릎을 꿇고 앉아 예수님께 나의 삶에 들어오셔서 나를 구원해 주시고 그가 원하시는 삶을 살게 해달라고 기도하였다. 당시 나는 한 지역교회를 다니게 되었다. 그들은 성령의 능력에 대해서는 알고 있었으나 하나님의 은혜나 구원을 섭리하시는 그의 주권적 사랑에 대해서는 거의 알지 못하였다. 그들은 분명히 우리를 구원하시는 하나님의 언약의 맹세에 대해서는 아무것도 알지 못하였다. 그들이 생각하는 거룩한 삶은 하나님의 율례와 교회의 규례를 지키며 성경을 읽고 기도하며 불신자에게 전도하는 것이 전부였다.

모든 구원은 주일저녁 예배에 달린 것처럼 보였다. 우리는 모두 무엇이 와서 우리를 감싸는지 알고 있다. 목사님은 놀라운 통찰력으로 지난 한 주 동안 회중이 범한 죄를 적나라하게 드러낸 후 하나님의 임박한 심판에 대해 강조하셨다. 예배가 끝날 때쯤 우리는 두려운 마음으로 모두 강단 앞으로 나가 하나님께 어쩔 수 없이 죄를 범하였음을 고백하며 용서를 구하였다. 우리는 느낌과 부르짖음 속에 진정으로 뉘우치는 모습을 보이려 하였다. 그리고는 새로 시작되는 한 주간은 성경 읽고 기도하며 반드시 승리하겠다고 다짐하였다. 마지막 반주와 함께 다시 자리로 돌아올 때 우리의 마음은 가벼웠으며 열심을 품고 다음 주일에는 성자가 될 준비를 하였다.

월요일은 언제나 승리의 날이었다. 전날 저녁의 헌신이 아직도 생생하였으며 다섯 시에 일어나 성경 읽고 기도하며 급우들을 그리스도에게로 인도하겠다는 승리의 다짐을 하였다. 나는 누구든지 만나면 영원한 생명에 관해 전하리라고 다짐하며 학교로 향했다. 화요일은 일이니기 힘들었다. 성경을 읽을 때에도 졸음이 왔다. 기도는 두서없이 허공을 맴돌았다. 급우들을 그리스도에게로 이끌겠다는 각오는 어리석은 꿈만 같았다. 수요일이면 어김없이 늦잠을 잤으며 성경을 보거나 기도할 시간도 없이 그저 학교에 가기 바빴다. 그리고는 하루 종일 부끄러운 마음이 들었다. 나는 하나님과의 약속을 어기고 그를 기다리게 하였던 것이다. 하나님이 틀림없이 실망하여 진노하고 계실 것이라고 생각했던 나는 그를 쳐다볼 수도 없었으며 가능한 하나님에 대해 생각하지 않으려 하였다. 유혹을 극복하려는 모든 결심은 와해되고 말았으며 목요일에는 성경을 보거나 기도할 엄두도 내지 못하였다. 금요일에는 지난 주일날 무슨 약속을 했는지조차 잊어버리고 말았다. 무엇이 문제였는가? 나는 하나님께서 나에게 넌더리를 낼 것이라고 생각했으며 내가 할 수 있는 최선의 방법은 그에 대해 아무런 생각도 하지 않았던 것이었다. 토요일에는 주

일이 몇 시간 남지 않았다는 생각으로 괴로웠다. 내일이면 어차피 오후 예배 시간을 피할 수 없다. 나는 다시 한번 다른 아이들과 함께 부끄러운 마음을 안고 교회 강단으로 나아가 하나님께 우리가 지난주에는 어쩔 수 없이 그렇게 살았지만 다음 주는 그렇게 살지 않을 것이라고 하소연할 것이다.

우리는 매주 반복해서 헌신을 다짐하고 또 다짐하였다. 이와 같이 매번 반복되는 우리의 새 출발에 대해 아무도 비정상적으로 생각하지 않았다. 사실 목사님은 자신의 메시지를 듣고 많은 사람들이 하나님을 위하여 살겠다는 반응을 보인 것에 고무되어 있었다. 그는 강단을 가득 메운 자들이 언제나 같은 사람이라는 사실을 잊어버린 듯하였다. 나이 많은 성도들은 강단으로 나오지 않고 자리에 앉아 마치 우리의 삶에 큰 변화가 일어난 것처럼 바라만 보고 있었다. 나는 종종 왜 그들은 우리와 함께 동참하지 않는지 의아했다. 어쩌면 그들은 모든 것이 수포로 돌아갔다는 생각으로 포기하고 앉아서 젊은이들의 열심을 주시하고 있는지 모른다.

어느 날 나는 성경을 읽고 있었다. 한 주가 새로 시작되는 즈음이었다. 나는 예레미야 31장의 새 언약에 관한 부분을 읽고 있었다. 솔직히 당시에 나는 언약에 대해서나 복음이 새 언약의 선포라는 사실에 대해 전혀 모르고 있었다. 사실 나는 옛 언약이라는 것이 있다는 사실조차 몰랐다.

문장이 까다롭기로 유명한 킹제임스(King James)역이었음에도 불구하고 나는 매우 큰 관심과 흥미를 가지고 본문을 읽었다. 나는 마치 본문 속으로 빨려 들어가는 듯하였다.

나 여호와가 말하노라 그러나 그날 후에 내가 이스라엘 집에 세울 언약은 이러하니 곧 내가 나의 법을 그들의 속에 두며 그 마음에 기록하여 나는 그들의 하나님이 되고 그들은 내 백성이 될 것이라 그들이 다시는 각기 이웃과 형제를 가리켜 이르기를 너는 여호와를 알라 하지 아니하리니 이는 작은 자로부터 큰 자까지 다 나를 앎이니라 내가 그들의 죄악을 사하고 다시는 그 죄를 기억지 아니하리라 여호와의 말이니라(렘

31:33-34).

나는 "내가 나의 법을 그들의 속에 두며 그 마음에 기록하여"라는 구절을 수 없이 되뇌었다. 나는 하나님의 율법에 대해 나의 외부에서 나의 삶을 간섭하는 어떤 것이라는 개념을 가지고 있었다. 율법은 더 이상 나의 외부에서 불가능한 삶을 살게 하고 책망하지 않는다는 사실은 지금까지 성경에서 발견한 가장 충격적인 내용이었다.

나는 "나는 그들의 하나님이 되고 그들은 내 백성이 될 것이라"는 말씀으로 눈을 돌렸다. 그를 나의 하나님으로 인식할 수 있다는 사실과 그가 나를 그에게 속한 백성으로 여기신다는 사실은 말할 수 없는 동경심을 불러일으켰다. 나는 지금까지 그를 나의 하나님으로 생각하거나 내가 특별한 방식으로 그에게 속했다는 생각을 한 적이 없다.

> 그들이 다시는 각기 이웃과 형제를 가리켜 이르기를 너는 여호와를 알라 하지 아니하리니 이는 작은 자로부터 큰 자까지 다 나를 앎이니라(렘 31:34)

나는 이 구절을 읽으면서 그동안 그리스도인으로 지내면서 여호와를 진정으로 알지 못하였음을 깨달았다. 나는 지금까지 그에 관해(about), 그리고 신자로서 마땅히 해야 한다고 생각하는 행동들에 대해 알았을 뿐이었다. 나는 그리스도인이 되기 위해 필요한 규칙보다 먼저 그와의 교제가 절실히 필요함을 깨달았다.

특히 마지막 구절은 나의 관심을 사로잡았다. "내가 그들의 죄악을 사하고 다시는 그 죄를 기억지 아니하리라." 나는 내가 읽은 것을 믿을 수 없었다. 하나님은 나의 죄를 더 이상 기억하지 않으신다! 지금까지 교회를 다니면서 신자로서 나의 삶은 자신의 죄를 끊임없이 기억하고 슬퍼하는 것이었다. 우리는 매주 자신의 죄를 조목조목 다시 상기하였으며, 그것이 교회의 본분이라고 생각하였다. 우리는 매주 설교를 통해 하나님의 인정을 받기 위해 지켜야 할 기준에 대해 귀가 따갑도록 들었다. 그 결과 많은 사람들은 수치심과 죄책감에 젖어들었으며, 하나님은 언제나 우리의 죄 때문에 화가 나 있는 모습으로 기억되었다.

본문은 어떤 삶에 대해 말씀하는가? 나의 머릿속에 스쳐지나간 모든 생각, 입에서 나온 말, 내가 행한 모든 행동을 전부 알고 계신 하나님 앞에서 어떻게 수치심과 죄책감 없이 설 수 있다는 말인가?

참으로 믿기 어려운 말씀이었다. 나는 한 번도 이런 삶에 대해 들어보지 못하였다. 그날 새벽 나는 침실에서 무릎을 꿇고 앉아 지금까지 원했던 어떤 것보다 더 간절히 이런 삶을 원함을 기도하였다.

어떻게 하면 되는가? 무엇을 해야 하는가? 나는 그리스도인이 된 이후 지금까지 하나님의 복을 받기 위해서는 무엇인가를 해야 하며 그에 합당한 헌신이 요구된다고 배웠다. 과연 어느 정도의 헌신을 해야 하는가? 무슨 일을 해야 하는가? 나는 엄청난 희생이 필요할 것이라는 생각에 본문을 거듭해서 읽었다.

그러나 아무것도 없었다. 내가 본문에서 발견한 것이라고는 "내가 하리라"는 반복된 말씀뿐이었다. 본문이 말하는 것은 이 일을 이루시는 분이 하나님이며 내가 지불해야 할 것은 아무것도 없다는 것이었다. 그 순간 나는 처음으로 믿음의 본질에 대해 깨닫게 되었다. 믿음은 결코 나의 의지나 결단력을 가지고 약속을 이행해 나가는 것에 있지 않았다. 그것은 내 힘으로는 불가능한 것이다. 또한 그것은 그를 위해 더 나은 그리스인이 되겠다는 맹세도 아니다. 믿음이란 단순히 그가 하신 약속에 감사하며 나를 위한 계획과 뜻에 복종하는 것이었다.

이것은 지금까지 복음에 대해 가지고 있던 나의 모든 생각을 송두리째 바꾸어 버렸다. 나의 출발점은 더 이상 내가 아니라 그로부터 시작되었으며, 나는 "더욱 열심을 내겠습니다"라는 약속 대신 "네! 주님 말씀하신 대로 행하십시오"라고 고백하였다.

나는 말할 수 없는 기쁨에 사로잡혔다. 나는 처음으로 복음에 관해 흥분된 마음을 가졌으며 마치 공중을 나는 듯한 기분으로 학교에 갔다. 나는 한 주일 내내 나와 언약하시고 그것을 책임지고 지키실 하나님에 도취되어 있었다. 나는 상상도 하지 못했던 그리스도 안에서의 삶에 대해 알았다. 더 이상 나는 어떻게 하든 하나님의 은총을 얻기 위해 했던 아침 기도를 하지 않았다. 다만 나와 같은 십대에게 약속을 주신 이 믿을 수 없는 하나님에 대해 알고 싶을 뿐이었다.

주일 밤 예배 때 나는 행복한 마음으로 목사님의 열변을 들을 수 있었다. 나는 기도 시간에 강단으로 향하는 대열에 합류하여 다른 사람들과 함께 무릎을 꿇고 앉았다. 나는 얼굴을 두 손에 파묻는 대신 얼굴을 들고 "나는 어떤 다른 약속도 하지 않겠습니다. 당신이 약속하셨고 당신이 그것을 지킬 것이기에 그것을 감사할 따름입니다. 아멘" 하고 기도하였다. 나는 일어서서 바닥에서 울부짖고 있는 형제자매를 떠나 자리에 돌아와 앉았으며 마음속에는 하나님이 주시는 기쁨으로 가득하였다.

그 후로 나는 몇 번이고 넘어지고 실패하였으나 내가 발견한 것은 결코 나를 떠나지 않았다. 나는 때때로 혼란스러웠으나 내가 발견한 것을 기억하고 그것이 나의 삶에 가장 핵심이 된다는 것을 알았다. 마치 칠흑같이 어두운 밤에 내리치는 한 줄기 번개와 같이 모든 것은 분명해졌으며 그것은 결코 잊을 수 없는 것이었다.

그러나 내가 성령의 인도하심을 받아 하나님께서 맹세하신 언약에서 안식을 찾은 것은 그로부터 몇 년이 흐른 후였다.

5. 그의 맹세에 근거한 삶

이것은 그리스도인의 삶을 살기 위한 첫 번째 단계이자 모든 단계의 원동력이 된다. 우리는 오직 그만 의존할 수밖에 없는 무익한 존재이며 이 상태에서 결코 벗어날 수 없다. 우리는 언약의 약속들을 우리의 의지나 힘으로 성취할 수 없으며 그것은 하나님의 뜻도 아니다. 우리는 결코 그 일들을 감당할 수 없으며 우리의 결심이나 헌신 또는 열두 가지 이상 되는 프로그램으로 해결할 수 있는 것도 아니다. 우리는 언약을 제정하시고 스스로에게 맹세하시며 우리의 삶에 이 모든 것을 이루어 가시는 하나님만 바라보아야 한다. 우리는 이러한 언약을 허락하신 그의 긍휼하심에 감사하는 한편 이제 그 언약을 이루시는 그의 신실하심(faithfulness)을 구해야 한다.

따라서 우리는 자신을 깨끗하게 하려는 시도보다 그에게 우리의 죄와 연약함, 우상과 온갖 더러움을 내어놓고 우리의 약속으로는 결코 이룰 수 없는 일을 이루어 달라고 구해야 한다. 즉 우리를 씻기시고 모든 죄로부터 깨끗케 해 달라는 것이다.

> 만일 우리가 우리 죄를 자백하면 저는 미쁘시고 의로우사 우리 죄를 사하시며 모든 불의에서 우리를 깨끗케 하실 것이요(요일 1:9).

처음에 이 구절은 나에게 충격으로 다가왔다. 나는 '미쁘시고'(faithful)라는 말에 무척 당황하였다. 나는 이 말이 누군가 다른 사람을 용서한다는 의미와 얼른 연결이 되지 않았다. 나는 '자비'나 '동정심' 또는 '사랑'이라는 단어가 더 적절하며 '미쁘시다'는 단어는 어울리지 않는다고 생각하였다. 그가 우리를 용서하실 때 누구에게 또는 무엇에게 신실하다(미쁘시다)는 말인가? 그러나 이 문제는 신실함이란 단어가 언약과 관련하여 성경에 나타난 가장 중요한 단어 가운데 하나임을 알았을 때 이해되었다. 그는 우리를 용서하심으로 자신의 언약과 그 언약이 대표하는 예수님, 그리고 더 이상 죄를 기억하지 않겠다고 약속하신 자들에게 신실하셨던 것이다.

그는 우리의 마음과 생각에 자신의 법을 새기고 우리 가운데 그의 영을 보내시어 그와 동행하게 하신다. 우리는 그 앞에 자신의 연약함과 모든 육신적 노력을 내려놓고 "나를 당신의 길로 인도하시는 분은 오직 당신입니다"라고 고백하여야 한다. 그리스도인의 모든 삶은 우리 안에서 시작하신 일을 이루시겠다는 언약에 대한 그의 신실하심 위에서 시작되어야 한다.

> 너희 속에 착한 일을 시작하신 이가 그리스도 예수의 날까지 이루실 줄을 우리가 확신하노라(빌 1:6).

> 너희를 불러 그의 아들 예수 그리스도 우리 주로 더불어 교제케 하시는 하나님은 미쁘시도다(고전 1:9).

> 또 약속하신 이는 미쁘시니 우리가 믿는 도리의 소망을 움직이지 말고 굳게 잡아(히 10:23).

하나님은 언약의 맹세를 통해, 우리 마음속에 법을 기록하시고 우리의 인격이 주 예수의 형상을 닮기까지 인도하실 책임을 지셨다. 그러나 우리는 대부분 이 모든 것이 전적으로 우리 손에 달린 것처럼 행동한다. 우리는 자신의 성화를 위해 부단히 노력하며 하나님은 우리의 애처로운 노력에 점수를 매기시는 심판자일 뿐이시다.

> 평강의 하나님이 친히 너희로 온전히 거룩하게 하시고 또 너희 온 영과 혼과 몸이 우리 주 예수 그리스도 강림하실 때에 흠 없게 보전되기를 원하노라 너희를 부르시는 이는 미쁘시니 그가 또한 이루시리라(살전 5:23-24).

유혹과 시련이 다가올 때 구원에 대한 우리의 느낌은 마치 롤러코스터를 타는 것 같다. 우리를 붙들고 있는 닻은 우리의 의지력에 대한 신뢰나 기복 없는 감정이 아니라 우리를 구원하시겠다고 약속하신 그의 신실하심이다.

사람이 감당할 시험밖에는 너희에게 당한 것이 없나니 오직 하나님은 미쁘사 너희가 감당치 못할 시험 당함을 허락지 아니하시고 시험 당할 즈음에 또한 피할 길을 내사 너희로 능히 감당하게 하시느니라(고전 10:13).

어두움의 권세와 싸울 때 필요한 방패는 그의 신실하심에 대한 전적인 의존이다. 우리는 우리를 구원하시고 지키시려는 그의 결심에 의해 보호하심을 받는다. 우리가 만일 우리의 결심을 방패막이로 삼는다면 그것은 분명 마분지로 만든 방패가 될 것이다. 그러나 우리가 하나님의 맹세 뒤에 숨는다면 우리는 무적의 방패를 가지게 될 것이다.

저가 너를 그 깃으로 덮으시리니 네가 그 날개 아래 피하리로다 그의 진실함은 방패와 손 방패가 되나니(시 91:4).

그의 신실하심은 우리가 깨어 있든 졸든, 우리를 보호하시며 어두움의 권세에서 지켜주실 것이다. 우리는 그가 우리를 지키시겠다고 맹세의 언약을 하셨다는 사실을 알기에 두려움 없이 나아갈 수 있는 것이다.

주는 미쁘사 너희를 굳게 하시고 악한 자에게서 지키시리라(살후 3:3).

하나님의 맹세에 대한 깨달음은 우리의 삶에서 모든 압박과 긴장을 제거하고 하나님의 안식에 거하도록 인도한다. 언약한 것들을 우리의 삶에 이루기 위한 모든 책임은 하나님께 달려 있다. 우리는 하나님을 기쁘시게 하려는 수고와 노력 대신 그의 신실하심에 대한 믿음 안에 안식해야 한다.

제 10 장

언약 체결

언약이란 무엇보다도 연합을 의미한다. 즉 두 당사자가 기능적인 면에 있어서 하나가 되는 것이다. 옛 사람들은 언약을 맺을 때 하나가 되었음을 보여주기 위해 상대의 이름을 취하였다. 그러나 새 언약에서 우리는 단지 그의 이름을 취하는 것이 아니라 그의 영이 실제로 우리를 그와 연합시켜 하나가 되게 만든다. "주와 합하는 자는 한 영이니라"(고전 6:17)고 했다. 우리를 죄와 사망으로부터 새 언약의 영원한 생명으로 옮기는 중생의 기적은 사실상 그리스도와의 연합을 의미한다.

그리스도와의 연합은 특별한 기적적 경험이나 몇몇 사람들만이 누리는 고상한 삶이 아니라 모든 신자에게 임하는 공통된 경험이다. 그리스도인이 된다는 것은 그리스도에게로 들어가 그의 생명을 받아 누리며 이 땅에서 그의 도구가 되는 것이다.

이것은 누가복음 15장에 나타난 예수님의 잃은 양 비유에서 분명히 드러난다. 잃은 양을 찾기 위해 목자는 양이 떠나간 길을 추적하여 광야로 나간다. 그는 양이 있는 곳을 찾아내어 그와 함께한다. 그는 양이 자신의 생명과 힘을 누리도록 어깨에 메고 자신이 있는 곳으로 데리고 온다. 목자와 왕의 연합은 곧 양의 구원이며 방랑생활의 종식을 의미한다.

이와 같이 예수님은 그를 상실하고 사는 우리에게로 오셔서 함께하시고, 부활하심으로 말미암아 우리를 사망에서 건져 내어 옮기신다. 그러므로 이제 우리는 그와 연합하여 그의 생명과 힘에 동참하고 그와의 친밀한 교제 속으로 들어가 그가 있는 곳으로 인도함을 받아야 한다.

그는 우리의 대표자로서 우리를 위하여 언약을 성취하였으며, 이제 우리는 그와 연합하여 그 안에 거하며 그가 우리를 위해 이루신 모든 것들을 받아 누려야 한다. 하나님은 우리의 공로나 자격에 따라 개인별로 새 언약의 복을 부여하지 않으신다. 성경 어디에도 나 말콤 개인의 공로에 근거하여 언약의 축복이나 약속을 주었다고 말하지 않는다. 그것은 우리의 대표자로서 오직 순종을 통해 모든 언약의 복을 확보하신 예수님의 공로이다. 이것은 예수님 자신을 위한 것이 아니다. 그에게는 이러한 것들이 필요치 않다. 이 모든 것들은 오직 우리를 위한 것이었다. 그러므로 모든 복은 그에게 주어졌으며 우리는 단지 그의 '안에' 있기 때문에 이 모든 것들을 받아 누리게 된 것이다. 우리는 '공동 상속자'로서 그와 함께 언약의 복을 받게 될 것이다. "자녀이면 또한 후사 곧 하나님의 후사요 그리스도와 함께한 후사니"(롬 8:17).

어떻게 하면 이 언약에 동참할 수 있는가? 모든 것은 우리의 대표자이신 그리스도를 통해 성취되었다. 우리는 어떻게 그가 이루어 놓으신 언약의 약속들에 동참할 수 있는가?

베드로는 선지자 요엘의 말을 인용하여 이 언약에 동참하는 방법에 대해 언급한다.

> 누구든지 여호와의 이름을 부르는 자는 구원을 얻으리니(욜 2:32).

성경시대에 이름은 그의 인격과 신분 및 업적을 들여다 볼 수 있는 하나의 창(window)이었다. 여호와라는 이름은 하나님께서 우리에게 자신이 누구시며 무슨 일을 하였는지를 계시하는 수단으로서의 역할을 한다. 복음은 하나님이 누구시며 그리스도 안에서 무슨 일을 하셨는지에 관한 기쁜 소식이다.

여호와의 이름을 부른다는 것은 그가 자신에 관해 선언하신 계시대로 우리와 함께해 달라는 간구이다. 언약의 제정자이신 그는 주 예수 안에서 자신을 사랑의 하나님으로 계시하셨다. 우리가 할 수 있는 것은 이 계시를 구하는 길 뿐이다. 하나님은 언약을 성취하셨으며 우리가 해야 할 유일한 일은 그것을 감사하는 믿음으로 받아들이는 것이다. 우리는 이 주권적 하나님의 사랑에 응답하여 그의 언약의 맹세를 믿어야 한다. 그것이 우리가 할 수 있는 전부이다.

그러나 이러한 하나님의 계시는 불가피하게 우리가 누구인가에 대한 계시를 수반한다. 언약의 복음에 대한 우리의 응답은 곧 하나님 앞에 비쳐진 우리 자신의 모습에 대한 반응이다. 우리가 그의 이름을 부르는 이유는 우리에게 언약이 필요하며 그가 없이는 살 수 없다는 사실을 깨달았기 때문이다.

예수님은 잃어버린 자를 찾아 구원하시기 위해 왔다고 말씀하셨다. 우리가 만일 자신이 잃어버린 자라는 생각을 하지 않는다면 예수께서 길을 잃고 헤매는 우리의 길이 되신다는 사실이 큰 감동을 주지 못할 것이다. 그는 또한 의인을 부르러 오시지 않고 죄인을 불러 회개시키러 오셨다고 했다. 우리가 자신이 죄임임을 깨닫지 못한다면 예수님의 사역에 관심을 갖지 않을 것이며 자신은 그 일과 상관없다고 생각할 것이다. 용서에 대한 그의 약속은 자신이 죄인임을 깨닫고 하나님의 용서를 구하는 자들에게 필요한 것이다. 그가 우리의 마음에 자신의 법을 기록하겠다고 하신 것도 자신은 도저히 하나님과 이웃을 사랑할 수 없는 자라는 것을 알지 못하는 자들에게는 아무런 유익이 되지 못할 것이다. 언약은 우리를 그와 연합하도록 부르신다. 우리가 이러한 관계를 원하지 않는 한, 우리는 언약관계에 대해 하품을 하며 귀찮아하거나 거부할 것이다.

그러나 인간이 하나님을 원한다는 것은 자연스러운 일이 아니다. 사람은 하나님 안에 있는 빛으로 나오기보다 거짓과 어두움을 더 사랑하기 때문에 우리가 멸망하기까지는 진리의 밝은 빛으로 오기보다 어두움에 숨어 지내고 싶어 할 것이다. 자신의 부족을 깨닫고 하나님을 알고 싶다는 첫 번째 어렴풋한 욕구는 하나님의 음성이 우리의 어두운 마음에 닿을 때부터 시작된다.

그는 하나님을 상실한 어두운 삶의 막다른 골목에서 우리를 찾아오신다. 그는 허무하고 생명 없는 종교에 빠져 있는 우리를 찾아오신다. 그는 죽음이 얼마 남지 않은 우리를 부르신다. 그의 음성은 이름 없는 하나님에 대한 동경과 간절한 소망으로 다가오거나 말로 표현할 수 없는 무엇인가에 대한 막연한 동경심으로 찾아온다.

언약을 시행하시는 분은 하나님이시며 목자로서 잃어버린 자를 찾아오시는 것도 그분이시다. 그는 "네가 어디 있느냐?"고 물으시며 아담을 찾아오셨다. 하나님의 필요성에 대한 우리의 첫 번째 인식은 사실상 우리를 부르시는 하나님에 대해 반응하고자 하는 충동으로 나타난다. 우리가 이 빛을 좇는다면 길이요 진리이며 생명이신 언약의 예수님께로 인도함을 받게 된다.

복음은 예수님의 생애와 죽음과 부활에 관한 정보만 전달하는 것이 아니다. 다시 살아 영광 중에 계신 예수님은 복음이 선포될 때 실제로 성령을 통해 우리에게 사랑으로 다가오신다. 그가 누구시며 무슨 일을 하셨는지에 대한 소식은 성령을 통해 그분의 임재하심을 가져온다. 그는 이러한 선포를 통해 우리의 눈을 여시며, 우리는 살아 계신 예수님과 만나게 된다. 신약의 증인들은 예수님에 관해 이야기한 것이 아니라 현재 그들과 함께 계시며 말씀 가운데 살아 계신 그분을 직접 전하였던 것이다.

> 빌립이 사마리아 성에 내려가 그리스도를 백성에게 전파하니…빌립이 입을 열어 이 글에서 시작하여 예수를 가르쳐 복음을 전하니(행 8:5, 35).

> 그리스도께서 이방인들을 순종케 하기 위하여 나로 말미암아 말과 일이며 표적과 기사의 능력이며 성령의 능력으로 역사하신 것 외에는 내가

감히 말하지 아니하노라 이 일로 인하여 내가 예루살렘으로부터 두루 행하여 일루리곤까지 그리스도의 복음을 편만하게 전하였노라(롬 15:18-19).

하나님의 지혜에 있어서는 이 세상이 자기 지혜로 하나님을 알지 못하는 고로 하나님께서 전도의 미련한 것으로 믿는 자들을 구원하시기를 기뻐하셨도다…우리는 십자가에 못박힌 그리스도를 전하니 유대인에게는 거리끼는 것이요 이방인에게는 미련한 것이로되 오직 부르심을 입은 자들에게는 유대인이나 헬라인이나 그리스도는 하나님의 능력이요 하나님의 지혜니라…형제들아 내가 너희에게 나아가 하나님의 증거를 전할 때에 말과 지혜의 아름다운 것으로 아니하였나니 내가 너희 중에서 예수 그리스도와 그의 십자가에 못박히신 것 외에는 아무것도 알지 아니하기로 작정하였음이라(고전 1:21, 23-24; 2:1-2).

교회나 강당 또는 개인간의 대화를 막론하고 복음이 전파될 때 그것을 듣는 자는 사실 우리를 사랑하사 이 땅에 오셔서 부활 승천하심으로 구원을 완성하신 예수님을 만나고 있는 것이다. 복음을 전파할 때 하나님의 능력이 역동적으로 제시되며 구원을 가져온다.

내가 복음을 부끄러워하지 아니하노니 이 복음은 모든 믿는 자에게 구원을 주시는 하나님의 능력이 됨이라 첫째는 유대인에게요 또한 헬라인에게로다(롬 1:16).

이 세상의 신인 사단을 내어쫓는 것도 복음이 전파될 때 잃어버린 자를 찾아오시는 예수님의 능력이다. 사단은 불신자가 하나님의 말씀이신 예수 안에 거하여 하나님의 영광의 빛을 깨닫고 그의 죽으심과 부활하심에 연합하지 못하도록 끊임없이 방해한다.

그 중에 이 세상 신이 믿지 아니하는 자들의 마음을 혼미케 하여 그리스도의 영광의 복음의 광채가 비춰지 못하게 함이니 그리스도는 하나님의 형상이니라 우리가 우리를 전파하는 것이 아니라 오직 그리스도 예수의 주 되신 것과 또 예수를 위하여 우리가 너희의 종 된 것을 전파함이라 어두운 데서 빛이 비춰리라 하시던 그 하나님께서 예수 그리스도의 얼굴에 있는 하나님의 영광을 아는 빛을 우리 마음에 비춰셨느니라(고후 4:4-6).

예수께서 복음의 말씀을 통해 우리에게 오실 때 우리는 우리를 품으시기 위해 다가오시는 하나님의 사랑을 깨닫고 우리를 위해 행하신 일을 보여주시는 계시의 빛을 만나게 된다. 그는 복음을 통해 우리가 그에게 속하였다는 사실과, 그가 곧 우리를 사망의 길과 율법의 저주로부터 벗어나게 하는 길이심을 알게 하신다. 우리는 그를 통해 이미 언약을 통해 성취된 하나님의 맹세와 신실하심을 만난다.

우리는 일련의 규칙들을 준수하기로 계약한 것이 아니라 그리스도 예수를 통해 삼위 하나님과의 관계에 들어간 것이다. 복음을 받아들인다는 것은 그를 받아들이는 것이며 유일한 진리이신 그에게 순종하는 것이다. 그렇게 함으로써 우리는 삶의 의미를 찾으려는 모든 시도를 포기하고 그러한 것들은 모두 진정한 모습에서 변질된, 감상적이고 조잡한 위조품임을 깨닫게 된다. 하나님을 떠나서 삶의 의미를 찾으려는 것은 악한 반역일 뿐이다.

그리스도인으로서 우리는 남은 삶 동안 하나님의 사랑에 대해, 그리고 그리스도가 누구시며 무슨 일을 행하셨는지에 대해 점차 많은 것을 깨닫게 될 것이다. 우리가 그를 처음으로 만나 순종할 때에는 자신이 하는 일에 대해 거의 알지 못한다. 우리는 자신에 대해 아는 모든 것(그것은 매우 적다)을 그에 대해 알고 있는 모든 것(그것은 더욱 적다)을 위해 바친다.

신앙은 예수님에 관해 믿는 것이 아니다. 그것은 단지 어떤 것을 사실이라고 믿는 것이 아니다. 마귀도 그런 식으로 믿는다. 믿음은 의지하는 것이다. 그것은 무엇에 관해, 또는 무엇이라는 것을 믿는 것이 아니라 무엇에 근거하여 믿는 것이다. 그것은 새로 발견한 진리에 따라 순종하며 살겠다는 서약이다.

복음 안에서 예수님에게 순종하기 위해서는 지금까지 잘못 믿었던 모든 삶과 방식으로부터 돌아서는 것이 필요하다. 이러한 복음의 국면에 대해 묘사한 말이 바로 회개이다. 이것은 근본적인 마음의 변화를 의미한다.1) 회개란 지금까지의 모든 삶이 근본적으로 잘못되었음을 깨닫는 것이다. 이것은 특정 죄에 대한 뉘우침이 아니라 자신이 잃어버린 자이며 어떻게 살아야 할지 모른다는 사실을 깨닫고 자기 자신에 대한 마음을 근본적으로 바꾸는 것이다. 이것은 지금까지 삶이라고 생각해 온 모든 것들이 사실은 죽음이었음을 깨닫고 그러한 삶으로부터 완전히 돌아서는 분명한 행위이다.

이제 실제적인 문제는 죄가 아니다. 죄 문제는 복음 안에서 우리에게 오신 예수님이 이미 처리하셨다. 남은 문제는 우리가 그의 사면을 받아들여 모든 죄를 그에게 맡기고 하나님과 화목할 것인가의 여부이다. 우리는 자기만족으로부터 돌아서서 사랑에 순종할 것인가? 하나님의 사랑과 그의 아들 예수 안에서 이루신 사랑의 행위에 직면하여 과연 우리는 자신의 힘만 믿고 살았던 거짓 믿음으로부터 돌아서서 하나님의 사랑과 예수 안에 있는 언약에 복종할 것인가?

공항마다 테러리스트에 대한 공포로 모든 비행기가 컴퓨터화되기 수년 전에는 요즘과 같이 철저한 검색 과정이 없었다. 비행기 수속도 지금보다 훨씬 간편하였다. 그 당시 나는 로스앤젤레스에서 뉴욕으로 가기 위해 비행기를 탔다. 비행기가 이륙한 지 얼마 후 기내 방송을 통해 환영인사와 함께 이 비행기는 피닉스행이며 곧 착륙할 것이라는 기장의 음성이 들렸다. 나는 비행기를 잘못 탔던 것이다. 그것은 처음부터 모든 것이 잘못되었다는 의미이다. 스튜어디스도, 좌석도, 옆 사람도, 간식도, 이 모든 것들은 모두 다른 비행기에 속한 것들이었다. 나는 잘못된 좌석에 앉은 것이나 다른 사람의 옆 좌석에 앉은 것에 대해 사과할 수 없었다. 이러한 것들은 모두 내가 비행기를 잘못 탄 보다 큰 묶음에 속한 것들이었기 때문이었다.

회개는 우리가 하나님의 사랑을 모른 채 잘못된 삶의 의미와 자신과 하나님에 대한 잘못된 이미지를 가지고 잘못된 방향으로 가고 있다는 사실에 대한 철저한 깨달음이다. 복음은 우리가 상공에서 비행기를 갈아탈 수 있다는 선언이다. 우리는 잘못된 방식을 버리고 용서를 받아 하나님과 화목하여 그의 자녀가 될 수도 있고 언약을 받아들이지 않고 악에 빠짐으로 궁극적인 죄를 범할 수도 있다.

따라서 회개의 중요성은 죄로부터 돌아서는 데 있는 것이 아니다. 그것도 중요하기는 하지만 더욱 중요한 것은 하나님의 아들 예수께로 돌아가는 것이다. 언약과 구원은 모두 그의 안에 있다. 그를 거절하는 자에게는 멸망이 있을 뿐이다.

> 아들을 믿는 자는 영생이 있고 아들을 순종치 아니하는 자는 영생을 보지 못하고 도리어 하나님의 진노가 그 위에 머물러 있느니라(요 3:36).

이러한 선택은 우리가 하나님을 떠난 무익한 삶을 살아가는 동안 단 한번 있을 뿐이다. 우리가 하나님의 사랑에 초점을 맞추어 살아갈 때 죄의 실상과 부패상을 더욱 명확히 보고 그것으로부터 돌아서는 삶을 살게 된다.

나는 영국에서 처음 미국으로 올 때 SS France(원양 정기선) 선상에서 대서양과 조우하였다. 총 일주일이 소요되는 여정의 사흘째 되는 날 선장은 배가 태풍 도나(Donna)의 직접적인 영향권 내에 들어섰기 때문에 급히 진로를 수정할 수밖에 없다는 사실을 알렸다. 거대한 배의 방향을 돌리는 데 무려 한 시간 이상이 소요되었다. 나는 진로를 바꾸고 있는 배 갑판에 서서 삶의 진로를 바꾸는 회개는 오랜 시간과 노력이 요구되는 순간의 선택이라는 사실을 깨달았다.

회개는 반드시 믿음으로 연결된다. 믿음은 그리스도 예수 안에 있는 하나님의 사랑의 행위에 대한 소식에 자신의 전부를 던지는 것이다. 우리는 하나님께서 우리를 위해 죽으시고 부활하신 예수님의 사역을 통해 우리를 언약 안에 포함시켰다는 사실을 이해하고 인정해야 한다.

예수님이 누구시며 무슨 일을 하셨는지를 깨닫고 그에게 모든 것을 맡기고 그 안에 거하는 믿음은 스스로의 힘으로 살 수 있다는 자만에 빠진 불신자들에게는 쉽지 않은 일이다. 세상 조직에 속한 우리는 거짓말에 깊이 빠져 있기 때문에 하나님의 맹세에 대해 믿음으로 긍정한다는 것이 어렵다. 우리는 지금까지 사람은 마땅히 받을 것을 받는다는 확고한 원리에 대해서만 반응해 왔다. 그러나 언약은 우리를 무조건적으로 사랑하시는 하나님께서 우리가 행한 것에 의하지 않고 예수께서 이루신 것에 따라 우리에게 상을 베푸신다고 도전한다. 이것을 믿는 것은 첫 번째 근본적인 마음의 변화이며 그것은 곧 복음이 우리에게 요구하는 것을 믿는 것이다.

신약성경에서 이러한 회개와 그리스도의 인격과 사역에 대한 믿음은 언제나 세례에 초점을 맞춘다. 즉 사람이 물속에 들어가거나 그에게 물을 뿌리는 의식으로 삼위 하나님의 이름으로 진행된다. 이 의식을 반대하는 사람도 많지만 신약성경에서 세례는 반드시 거쳐야 하는 구원의 한 과정에 해당한다.

> 예수께서 나아와 일러 가라사대 하늘과 땅의 모든 권세를 내게 주셨으니 그러므로 너희는 가서 모든 족속으로 제자를 삼아 아버지와 아들과 성령의 이름으로 세례를 주고 내가 너희에게 분부한 모든 것을 가르쳐 지키게 하라 볼지어다 내가 세상 끝 날까지 너희와 항상 함께 있으리라 하시니라(마 28:18-20).

> 또 가라사대 너희는 온 천하에 다니며 만민에게 복음을 전파하라 믿고 세례를 받는 사람은 구원을 얻을 것이요 믿지 않는 사람은 정죄를 받으리라(막 16:15-16).

확실히 사도들은 세례를 회개와 믿음이 초점을 맞추는 곳으로 이해하였다. 세례에 대한 명령은 복음을 믿으라는 첫 번째 부르심부터 나타나며, 세례를 받은 자는 복음의 말씀을 마음에 받아들인 그리스도인으로 간주되었다.

> 베드로가 가로되 너희가 회개하여 각각 예수 그리스도의 이름으로 세례를 받고 죄 사함을 얻으라 그리하면 성령을 선물로 받으리니 이 약속은 너희와 너희 자녀와 모든 먼데 사람 곧 주 우리 하나님이 얼마든지 부르시는 자들에게 하신 것이라 하고…그 말을 받는 사람들은 세례를 받으매 이 날에 제자의 수가 삼천이나 더하더라(행 2:38-39, 41).

예루살렘에 있는 사도들과 마찬가지로 빌립은 개종한 자들을 세례 받은 자로 보았다.

> 빌립이 하나님 나라와 및 예수 그리스도의 이름에 관하여 전도함을 저희가 믿고 남녀가 다 세례를 받으니(행 8:12).

빌립은 에티오피아인에게 복음을 전할 때 베드로가 성령 강림절에 전한 것과 유사한 메시지를 전하였음이 틀림없다. 이것은 물을 본 그가 세례 받기를 청하였던 사실로 미루어 알 수 있다.

> 길 가다가 물 있는 곳에 이르러 내시가 말하되 보라 물이 있으니 내가 세례를 받음에 무슨 거리낌이 있느뇨 빌립이 가로되 네가 마음을 온전히 하여 믿으면 가하니라 대답하여 가로되 내가 예수 그리스도께서 하나님 아들인 줄 믿노라 이에 명하여 병거를 머물고 빌립과 내시가 둘 다 물에 내려가 빌립이 세례를 주고(행 8:36-38).

베드로가 고넬료의 집에 갔을 때 그의 말을 듣는 자들에게 성령이 임하였다. 그때 베드로는 무엇인가 순서가 바뀌었음을 알았다. 그들은 세례를 받기 전에 성령을 받았던 것이다. 그는 즉시 그리스도의 이름으로 물세례를 받도록 명하였다.

이에 베드로가 가로되 이 사람들이 우리와 같이 성령을 받았으니 누가 능히 물로 세례 줌을 금하리요 하고 명하여 예수 그리스도의 이름으로 세례를 주라 하니라 저희가 베드로에게 수일 더 유하기를 청하니라(행 10:47-48).

이것은 분명 세례가 초창기 교회에서 매우 중요한 역할을 하였음을 보여준다. 그 집에 있던 모든 사람들은 성령을 받아 하나님을 찬양하였다. 세례 문제는 다른 날에 생각해도 될 듯하였으나 그럴 수 있는 문제가 아닌 것이 확실한지라 베드로는 즉시 세례를 명하였던 것이다.

빌립보에서 바울과 실라는 매를 많이 맞고 수족이 묶인 채 감옥에 갇혀 있었다. 그때 지진이 일어나 풀려나게 된 그들은 한밤중에 그 집에 있는 모든 자에게 복음을 전하여 그리스도께로 돌아오게 하였다. 그만하면 하룻밤 사역으로는 엄청난 일이라고 생각할 만도 한데 바울은 즉석에서 모든 사람들에게 세례를 명하였던 것이다.

가로되 주 예수를 믿으라 그리하면 너와 네 집이 구원을 얻으리라 하고 주의 말씀을 그 사람과 그 집에 있는 모든 사람에게 전하더라 밤 그 시에 간수가 저희를 데려다가 그 맞은 자리를 씻기고 자기와 그 권속이 다 세례를 받은 후(행 16:31-33).

지금까지 우리는 세례가 초기 교회에서 결코 하나의 사후 행사나 일 년에 한두 차례 행하는 전례 행사가 아니라 새 언약의 시작을 알리는 중요한 의식이었음을 살펴보았다. 할례는 옛 언약으로 들어가는 입회의식이며 세례는 새 언약으로 들어가는 입회의식이었다.

또 그 안에서 너희가 손으로 하지 아니한 할례를 받았으니 곧 육적 몸을 벗는 것이요 그리스도의 할례니라 너희가 세례로 그리스도와 함께 장사한 바 되고 또 죽은 자들 가운데서 그를 일으키신 하나님의 역사를 믿음으로 말미암아 그 안에서 함께 일으키심을 받았느니라 또 너희의 범죄와 육체의 무할례로 죽었던 너희를 하나님이 그와 함께 살리시고 우리에게 모든 죄를 사하시고(골 2:11-13).

주석 성경(The Amplified Bible)은 12절을 "너희가 세례로 그와 함께 장사한 바 되고 [이같이 할례를 받았으며]"로 번역한다. 이 구절의 메시지는 매우 분명하다.

만일 그것이 너희가 거쳐야 할 입회식이라면 너희는 세례를 통해 이미 그 과정을 거쳤다. 물속에 들어가는 것은 옛 삶의 죽음을 의미하며, 물에서 나온 것은 부활을 의미하는 것으로서 하나님께서는 그리스도를 살리심같이 너희도 살리신다.

믿음은 단순히 지적인 문제만은 아니다. 우리의 지성을 통해 진리로 받아들여야 할 것도 많지만 그것이 우리의 전적인 헌신을 가져오지는 않는다. 우리 모두는 지성적 존재 이상이며, 믿음은 전 인격을 포함한다. 또한 믿음은 강력한 감정을 수반하기도 하지만 그것을 훨씬 능가한다. 우리는 열정적인 집회를 통해 감정적인 포만감을 느끼기도 하지만 다음날 아침이면 언제 그랬느냐는 듯이 살아간다.

믿음은 자신의 전 인격을 그리스도와 그가 우리를 위해 이루신 일에 맡기고 의지하는 것으로서, 영과 지성과 감정과 몸이 모두 옮겨가는 것이다. 그의 형상을 따라 창조된 인간의 영광이란 흙과 결합하여 그 속에서 기능하며 일생을 살아가는 영적 존재들이라는 것이다. 우리는 보이지 않는 영적 존재 이상이다. 우리의 믿음과 순종은 정신적, 언어적 표현 이상의 것을 요구한다.

우리의 조상은 금지된 나무의 열매를 먹는 신체적 행위를 통해 범죄하였다. 이 죄는 정신적인 행위에 해당하는 것이기도 하지만, 신체적 행위를 통해 비로소 전 인격이 완전한 범죄 요건을 갖추게 된 것이다. 이와 같이 믿음도 신체적 행위로 나타나야 한다. 그렇지 않을 경우 정신적 변화나 순간적 감정은 언제 사라질지 모른다.

오늘날 신자들은 이러한 사실에 대해 잘 알고 있으면서도 세례를 회피하고 다른 행위로 그리스도에 신앙을 표현하려는 경향이 있다. 그리스도를 영접하기 위해 사람들은 손을 들고 강대상 앞으로 나오거나 설교자를 주시하라는 요청을 받는다. 아이들이나 십대의 경우 여름 캠프에서 종종 장작을 화로 속에 던지라는 요구를 받기도 한다.

이러한 것들은 모두 자신의 몸으로 신앙을 표현하는 행위이다. 왜 예수께서 명하신 대로 하지 않는가? 왜 새롭고 이상한 방법들을 개발하는가? 어쨌든 이와 같이 세례를 대체하는 다양한 행위들은 구원을 받아들인다는 자신의 의사를 강하게 표현하는 것이다. 손을 들거나 그와 유사한 행위들은 하나님께서 이루신 것을 받아들이겠다는 인간의 결심을 강조한다. 이것은 예수님과 그의 구원을 신뢰한다는 쪽에 한 표를 던지는 것과 같다. 그렇다면 차라리 히나님과 동료 신자들에게 "나도 그를 받아들이기로 했습니다"라고 말하는 것이 더 낫지 않겠는가?

그러나 세례는 수동적이다. 그것은 세례를 베풀어 달라는 요청에 의해 다른 사람이 우리에게 행하는 의식이다. 세례는 주 예수의 십자가와 부활을 통한 하나님의 용납하심에 대해 우리 자신을 성령께 의탁하는 믿음의 역동적 행위이다.

신약성경을 대충 읽어보기만 해도 초대교회에서 세례는 하나님과 사람에게 그리스도를 받아들였음을 공포하는 상징적 행위 이상의 것임을 알 수 있다. 확실히 세례의식에는 무엇인가가 일어났다. 그것은 하나의 상징임이 분명하지만 성령께서는 세례를 통해 실제로 우리에게 그 의식이 상징하는 것을 가져다주었다. 세례를 베풀 때 성령이 임하여 우리가 언약에 포함되었으며 그리스도와 연합하였음을 선언한다. 그는 "너는 내 것이라"고 말씀하신다.

신약성경은 세례에 대해 물로 베푸는 의식임과 동시에 신자를 그리스도의 사역과 연결하는 성령의 사역이라고 말한다. 우리는 세례를 통해 그리스도의 죽음으로 들어가며 성령의 역사하심으로 살아 계신 그리스도와 연합하게 되는 것이다.

앞에서 인용한 구절을 다시 한번 살펴보라.

> 또 그 안에서 너희가 손으로 하지 아니한 할례를 받았으니 곧 육적 몸을 벗는 것이요 그리스도의 할례니라 너희가 세례로 그리스도와 함께 장사한 바 되고 또 죽은 자들 가운데서 그를 일으키신 하나님의 역사를 믿음으로 말미암아 그 안에서 함께 일으키심을 받았느니라(골 2:11-12).

세례는 해방된 개종자가 하나님의 역사를 믿음으로 말미암아 그리스도와 함께 부활을 경험하는 것이다. 로마서 6장은 이 문제를 더욱 심도 있게 다룬다.

> 무릇 그리스도 예수와 합하여 세례를 받은 우리는 그의 죽으심과 합하여 세례 받은 줄을 알지 못하느뇨 그러므로 우리가 그의 죽으심과 합하여 세례를 받음으로 그와 함께 장사되었나니 이는 아버지의 영광으로 말미암아 그리스도를 죽은 자 가운데서 살리심과 같이 우리로 또한 새 생명 가운데서 행하게 하려 함이니라(롬 6:3-4).

바울은 다메섹 도상에서 예수님을 만난 후 아나니아가 자신에게 행한 일에 대해 "이제는 왜 주저하느뇨 일어나 주의 이름을 불러 세례를 받고 너의 죄를 씻으라 하더라"(행 22:16)고 전한다.

우리는 물이 죄를 씻을 수 없다는 사실을 안다. 그렇다면 아나니아가 "세례를 받고 너의 죄를 씻으라"고 한 말의 뜻은 무엇인가? 물 자체에는 신비적 능력이 없다. 믿음과 성령의 역사가 아니면 몸을 한 번 더 씻는 것 외에 아무런 의미도 없다. 그러나 믿음에 있어서 세례는 언약으로 들어가는 외적인 통로가 되며 그것을 통해 우리는 성령의 능력으로 행하게 된다. 세례를 받을 때 행하는 모든 신체적인 의식은 우리의 내면 깊숙한 곳에서 성령을 통해 일어난다.

수년 전 나는 뉴욕의 한 교회를 담임하고 있었다. 어느 날 조이라는 사람이 회중석 뒷좌석에 살며시 앉았다. 나중에 나는 그가 마약중독자이며 좀도둑질과 마약 행상을 하며 언제나 마약에 취해 살아왔다는 사실을 알게 되었다. 그는 새벽부터 밤늦도록 마약을 찾아 헤매는 젊은이들의 집단에 속해 살았다. 그는 매주 교회에 와서 복음의 말씀을 열심히 들었다.

우리는 거의 매주 세례의식을 거행해 왔는데, 복음을 듣고 성령의 깨닫게 하심으로 그리스도에 대한 신앙을 가지게 된 조이는 세례를 요청하였다. 그는 자신의 가족과 함께 일하는 사람들에게 "오는 주일 밤에 조이의 장례와 부활의식을 거행합니다"라는 초대장을 보내었다. 그들은 당황해하면서도 한편으로는 호기심을 안고 교회로 왔다. 조이는 세례용 성수 옆에 서서 어리둥절해 있는 가족과 친구들에게 "이제 작별의 시간입니다. 나는 예수 안에서 참된 삶을 위해 지금까지의 모든 삶을 떠납니다. 여러분은 계속해서 나를 볼 것이며 함께 만나 대화도 하고 가능하면 나는 앞으로도 여러분의 친구로 남아 있을 것입니다. 그러나 여러분이 알고 있는 조이는 죽었으며 잠시 후면 장사될 것입니다. 앞으로 여러분이 만나게 될 사람은 다시 살아나 처음으로 진정한 삶을 살고 있는 한 사람이 될 것입니다. 자신의 죽음을 알고 있는 조이는 다시는 마약을 팔지 않을 것이며 여러분과 함께 어울려 마약에 취해 흥청거리지도 않을 것입니다.

그는 다시 브루클린 거리로 가서 옛 친구들을 만났지만 결코 그 세계에 속하지 않았습니다. 그는 그리스도와 연합한 자가 되었으며, 장례식을 끝내고 집으로 돌아온 후부터는 부활의 새로운 시각으로 모든 세계를 바라보았습니다.

우리가 세례를 받고 물에서 나올 때 성부께서는 예수님에게 하신 것과 동일한 말씀을 하신다. "이는 내 사랑하는 아들이요 내 기뻐하는 자라." 그에게 임한 성령은 우리를 위해 그에게 임하신 것이다. 우리가 하나님의 자녀가 될 때 성령께서는 우리에게 임하셔서 하나님의 사랑의 팔로 우리를 감싸 안으신다.

우리는 영생, 곧 하나님의 생명에 동참하는 자가 되었다. 이러한 신적 생명은 그의 은혜로 말미암아 우리의 인성에 더해진 것이다. 우리는 다시 났으며 우리의 삶은 전혀 다른 비행기에서 다시 한번 전적으로 새롭게 시작된다. 우리는 거짓과 어두움의 세계에서 벗어나 예수 안에서 새로운 창조에 의해 새로운 피조물이 되었다.

우리로 하여금 빛 가운데서 성도의 기업의 부분을 얻기에 합당하게 하신 아버지께 감사하게 하시기를 원하노라 그가 우리를 흑암의 권세에서 건져 내사 그의 사랑의 아들의 나라로 옮기셨으니 그 아들 안에서 우리가 구속 곧 죄 사함을 얻었도다 그는 보이지 아니하시는 하나님의 형상이요 모든 창조물보다 먼저 나신 자니(골 1:12-15).

세례를 받지 않으면 어떻게 되는가? 나는 성령이 역사하는 세례의식은 구원의 시작이라는 것이 성경의 분명한 뜻이라고 믿는다. 부흥사가 올 때마다 "구원을 받으려고" 찾아가는 사람들 가운데 공허한 이론과 변화무쌍한 감정에 근거한 막연한 믿음을 붙잡아보려고 애쓰는 자들을 종종 볼 수 있다. 세례는 하나님 앞과, 그리스도 안에서 우리를 위한 그의 사역에 자신의 전 인격을 믿고 맡김으로 성령께서 우리를 그리스도와 새 언약 속으로 들어가게 하시는 것이다. 따라서 세례 받지 않은 자는 아나니아가 바울에게 말했듯이 "일어나 세례를 받아야" 한다.

세례를 받지 않아도 구원받을 수 있는가? 이런 질문은 하나님의 은혜를 율법으로 바꾸는 것이다. 그것은 어떤 바리새인도 원하지 않는 질문이다. 하나님이 그것을 명하셨다. 그러므로 그가 명하신 대로 순종하면 된다. 그리고 두 번 다시 바늘 위에 몇 명의 천사가 올라갈 수 있는가와 같은 어리석은 질문을 멈추어야 한다.

브루클린(Brooklyn)에 있는 교회에서 언약에 대해 처음 가르칠 때 많은 사람들이 "나는 세례를 받을 때 이런 사실에 대해 몰랐습니다. 다시 세례를 받아야 합니까?"라고 물었다. 나는 이렇게 대답하였다. "아닙니다. 세례는 성령께서 여러분을 그리스도에게로 연합시키는 신비한 사역이기 때문에 여러분의 적절한 믿음의 행위가 무엇인가를 발생하게 하지는 않습니다. 오늘 여러분은 그리스도 안에 있고 그리스도는 여러분 안에 계신다는 언약의 신비에 대해 온전히 이해하였습니까? 그렇다면 그가 여러분을 받으셨으며 이미 '너는 내 것이라' 고 말씀하셨다는 사실에 감사하시기 바랍니다."
　우리는 구원의 본질에 대해 보다 명확히 알아갈 때마다 다시 세례 받을 필요는 없으며, 다만 겸손한 마음으로 우리가 이해하지 못하였음에도 불구하고 은혜를 베푸신 하나님께 감사해야 한다. 우리의 구원은 전적으로 그에게 달려 있으며 우리가 얼마나 명확히 이해하느냐에 달린 것이 아니다. 그렇지 않으면 우리 가운데 아무도 구원받을 수 없을 것이다. 우리는 전깃불을 켜기 위해 전기 원리에 관한 시험을 치지 않는다. 우리는 우리가 그리스도 안에 거하며 그리스도는 우리 안에 거하신다는 사실에 대해 그가 어떻게 우리에게 알게 하시는지에 대해 몰라도 된다.

The Lost Secret of the New Covenant

제 11 장

언약 만찬

 이제 예수 그리스도 안에서 우리를 사랑하시는 하나님의 신비가 우리에게 임하여 우리와 함께 거하시게 되었다. 그렇게 함으로써 하나님은 지금까지 우리가 알고 있던 이기주의와 교만과 탐욕과 질투와 폭력과 증오가 난무히는 세계 대신 그의 절대적이고 이타적인 사랑이 지배하는, 전혀 새로운 세계를 열어주셨다.
 우리는 이 사랑을 통해 비로소 존재 의미를 찾았으며 이제 지금까지 피조물에게서 의미를 찾아 헤매며 스스로 자초했던 모든 탐닉과 끔찍한 삶은 사라졌다. 그는 우리 모두를 품고 죽음과 음부 끝까지 내려가셨다가 다시 살아 부활하셨다. 이제 우리는 모든 것이 가능한 잠재력을 가진 새로운 피조물이 되었다.
 그와 연합한다는 것은 새로운 피조물로 거듭나 영원한 생명을 얻고 절대적인 사랑 가운데 거하는 것이다. 물론 아직도 지난날의 삶이 우리를 엄습하고 한때 우리가 속했던 세계도 여전히 주변에 존재하지만 우리는 이미 그를 통해 궁극적 실재(ultimate reality)가 되었다. 그의 안에 거하는 이러한 실재는 우리의 옛 모습과 지금까지의 삶이 진정한 삶의 껍데기에 불과하며 어두움의 세계를 활보하던 산송장이었음을 적나라하게 드러내 준다.

우리가 그리스도에게 나아갈 때 성령께서는 그를 궁극적 실재로 받아들인 새로운 무리 가운데로 우리를 인도하신다. 이들은 모두 한때 그들이 속했던 세상이 끝나 점차 사라지고 있으며 그의 사랑은 이기주의나 무관심보다 강하다. 또한 그의 생명은 사망을 이기고 승리하였으며 우리로 말미암아 그의 사랑이 온 땅에 충만하게 될 것이라고 믿는다.

한때 길 잃은 탕자들이었으나 다시 찾은 바 되어 용서함을 받고 새 사람이 되어 그의 한없는 사랑에 기뻐 어찌할 줄 모르는 백성들이 함께 모여 그에게 경배와 감사를 돌리게 된 것이다. 우리가 모여 서로 권면하고 위로할 때 성령께서는 우리 무리와 함께하셔서 우리의 옛 모습과 지금까지의 허구적 삶의 실상을 점차 밝히 보여주신다.

이 경배의 중심에 언약의 만찬이 있다. 우리는 영원하신 하나님과 만나 사망을 이기신 그의 생명을 함께 누리며, 그의 사랑 가운데 거하며 언약의 약속에 동참하게 된다. 이것은 거룩한 교제(Holy Communion), 성만찬(Eucharist, 또는 위대한 감사[the great thanksgiving), 주의 만찬(Lord's Supper), 미사(Mass) 등 여러 가지 이름으로 알려져 있다.

안타깝게도 이 만찬은 수세기를 내려오면서 신자들 간의 싸움판이 되고 말았다. 많은 사람들은 이 모임의 성격에 대해 잘못 이해하였다. 퀘이커 계통의 교회에서는 이 모임이 대부분 도태되고 사라졌다. 나는 많은 복음주의 목회자들과의 대화를 통해 그들 역시 이 만찬에 대해 무엇을 해야 할지 모르고 있다는 사실을 알았다. 그들은 이것이 중요하며 꼭 해야 하는 것임을 직관적으로 알고 있다. 그러나 그들은 이 모임의 의미가 무엇이며 어떻게 해야 하는지를 모르기 때문에 어정쩡한 연례행사가 되고 말았다.

이 만찬은 언약의 핵심이다. 따라서 이러한 오해는 그리스도인의 삶 전체에 매우 부정적인 영향을 미쳤다. 이제 필자와 함께 언약이라는 관점을 통해 이 만찬에 대해 보다 심도 있게 살펴보도록 하자.

우리는 1세기 교부들이나 사도들의 글을 대충 읽어보아도 그들이 이 만찬에 얼마나 중요한 의미를 부여하고 있는지를 알 수 있다. 1-3세기까지의 순교자나 신앙의 영웅들은 모두 거룩한 교제를 기독교 공동체의 예배와 삶의 중심으로 여겼다.

1. 성경에 나타난 언약 만찬

모든 언약은 그것이 유효하며 당사자의 삶 속에 적용되었음을 선포하는 만찬과 함께 끝이 났다. 이 만찬은 언약의 두 대표자가 같은 떡을 떼고 같은 음료를 마심으로 자신들이 하나가 되었음을 세상에 알리는 의식이었다(창 26:28-31; 31:44-46).

하나님이 아브라함과 맺은 언약은 언약의 만찬과 함께 효력을 발생하였다. 그때 아브라함은 소를 잡고 사라는 떡을 구웠으며, 사람의 모습을 입은 하나님은 두 천사와 함께 아브라함과 사라가 준비한 음식을 먹고 마셨다(창 18:6-8). 이 만찬은 오래 전에 맺은 언약이 곧 성취되어 나이 많은 사라가 기석적으로 아이를 가지게 될 것을 상징적으로 보여준다.

이스라엘이 애굽의 종살이로부터 해방된 것은 아브라함에게 언약하신 약속들 가운데 하나를 성취한 것으로서, 사실상 유월절 만찬을 중심으로 하는 하나의 작은 언약에 불과했다(출 12장). 이스라엘 백성들은 가정마다 문에 그 날 잡은 양의 피를 발랐다. 피 묻은 문을 들어서는 그들에게는 애굽에 내릴 심판으로부터 하나님의 보호하심을 입었다는 언약적 지위가 선언되었다. 또한 그들은 양을 먹음으로 언약의 제물과 하나가 되었다. 그들은 언약 만찬을 통해 애굽으로부터 벗어나 하나님의 백성이 되었던 것이다.

출애굽기에 기록된 소위 옛 언약이라고 하는 시내산 언약은 하나님과 언약 만찬을 함께함으로써 발효되었다. 이 놀라운 광경은 출애굽기 24:9-11에 기록되어 있다. "모세와 아론과 나답과 아비후와 이스라엘 장로 칠십인이 올라

가서 이스라엘 하나님을 보니…하나님이 이스라엘의 존귀한 자들에게 손을 대지 아니하셨고 그들은 하나님을 보고 먹고 마셨더라."

하나님과 사람이 함께 앉아 먹고 마셨다! 이것은 옛 언약 체결시의 모습이고 이제 우리는 보다 나은 새 언약 안에서 훨씬 놀라운 것을 기대할 수 있게 되었다.

예수께서 죽으시기 전날 밤-혹은 유대인들의 날짜계산 방식에 의하면 그가 고난 받으시고 죽으시던 당일-에 예수님은 새 언약의 만찬을 준비하셨다.

> 또 떡을 가져 사례하시고 떼어 저희에게 주시며 가라사대 이것은 너희를 위하여 주는 내 몸이라 너희가 이를 행하여 나를 기념하라 하시고 저녁 먹은 후에 잔도 이와 같이 하여 가라사대 이 잔은 내 피로 세우는 새 언약이니 곧 너희를 위하여 붓는 것이라(눅 22:19-20).

앞에서 살펴본 대로 '내 피로 세우는 새 언약'은 '내 피로 비준한(또는 합법적 절차를 밟은) 새 언약'으로 해석할 수 있다. 그것은 새 언약의 제정을 알리는 만찬이었다.

2. 교제의 만찬

처음에는 떡과 포도주를 먹음으로 나를 기념하라는 말씀이 얼른 이해하기 힘들다. 그것은 영적인 활동이라기보다 너무 육적이며, 그를 기념하고 가까이 가기 위한 방법이라고 하기에는 우리 생각과 너무 다르다. 많은 사람들은 그를 기념하는 것이 영적 사색이나 정신적인 활동일 것이며 따라서 그것을 추구하기 위해서는 성경 연구나 그리스도인의 영적 성장을 위한 집회 또는 적어도 기도회라도 해야 한다고 생각한다. 하얀 식탁보로 덮어 놓은 포도주 잔과 빵 조각으로 무엇을 한다는 말인가?

그러나 예수님은 떡과 잔을 먹고 마심으로 자신을 기념하라고 말씀하신다. 그는 엠마오로 가는 제자들을 만나 함께 떡을 떼시면서 자신에 관한 것을 알리셨다.

만찬은 지상의 모든 문화에서 매우 중요한 의미를 가진다. 다른 문화보다는 덜하지만 서구 사회도 마찬가지이다. 우리는 중요한 날에는 항상 만찬을 준비한다. 결혼식이나 생일 및 각종 기념일에는 어김없이 여러 사람이 함께 모여 먹는 일정이 잡혀 있다. 대부분의 중요한 사업상의 거래나 계약은 사무실보다 만찬석상에서 이루어진다. 연인 간의 데이트에도 먹는 코스가 빠지지 않는다.

내가 살던 브루클린에는 주변에 이탈리아 사람들이 많았다. 그들은 항상 목수나 전기공 또는 도장공과 함께 와인을 곁들인 간단한 음식을 나눈 후 일을 마쳤다. 그것은 그들이 하루 일과를 만족하게 끝냈다는 일종의 선언이었다.

나는 아프리카에서 정부 최고위직과 함께 앉아 먹으면서 우리가 같이 빵을 떼는 것이 밀접한 형제애를 과시하는 것임을 알았다. 그는 자신의 모든 권력으로 나를 보호해 주었으며 그의 영토 어디에서든 통행권을 보장해 주었다. 어떤 식으로든 나를 해하려는 것은 통치권자에 대한 반역으로 간주되었던 것이다.

가나의 혼인잔치와 많은 무리를 먹이신 일, 그리고 세리와 죄인들과 함께 잡수심으로 바리새인들을 놀라게 한 일 등 복음서 여러 곳에는 성육신하신 예수께서 음식을 잡수셨다는 기록이 많이 나온다. 그는 사마리아 여인을 만났을 때 물을 좀 달라고 하셨다. 그가 삭개오를 전도하신 방법은 그 집에 유숙하시겠다는 것이었다. 그는 부활하신 후 모인 제자들에게 먹을 것이 있느냐고 물으셨다. 그는 의아한 눈으로 쳐다보는 제자들 앞에서 음식을 잡수셨다. 갈릴리에서 그들을 다시 만나신 예수님은 생선으로 조반을 준비하셨다.

베드로는 예수님과 함께 먹고 마신 것을 부활의 증거로 제시하였다. "모든 백성에게 하신 것이 아니요 오직 미리 택하신 증인 곧 죽은 자 가운데서 일어나신 후 모시고 음식을 먹은 우리에게 하신 것이라"(행 10:41).

예수님의 비유는 먹는 것과 잔치에 관한 비유로 가득하며, 특히 누가복음 15장의 비유가 그렇다. 각 비유에서 예수님은 잃은 것을 찾은 기쁨에 대해 언급하시지만 특히 잃어버린 아들이 돌아왔을 때는 즐거워하며 송아지를 잡았다고 말한다.

그리고 살진 송아지를 끌어다가 잡으라 우리가 먹고 즐기자 이 내 아들을 죽었다가 다시 살아났으며 내가 잃었다가 다시 얻었노라 하니 저희가 즐거워하더라…이 네 동생은 죽었다가 살았으며 내가 잃었다가 얻었기로 우리가 즐거워하고 기뻐하는 것이 마땅하다 하니라(눅 15:23-24, 32).

아버지는 형에게 동생이 살아 돌아왔으므로 즐거워하며 잔치를 벌이는 것이 '마땅하다'고 하였다. 이 단어의 헬라어적 의미는 '그것은 당연히 필요하다' 라는 뜻이다. 아들이 가정으로 돌아왔으니 언약의 만찬이 필요하다는 것이다. 그는 단순히 웃고 악수하며 기념사진이나 찍는 정도의 환영을 받은 것이 아니었다.

이러한 언약 만찬의 암시는 구약성경에서도 발견된다. 시편 90:14은 하나님과 함께하는 언약 만찬을 제외하면 아무런 의미도 없다. 아침에 주의 인자로 우리를 만족케 하사 우리 평생에 즐겁고 기쁘게 하소서(시 90:14). '만족케 하사' 라는 단어는 음식을 가득히 먹어 과식할 정도가 되었다는 의미이다. '인자' 는 '헤세드' 라는 언약적 용어에 해당하며 이것은 앞에서 살펴본 대로 언약적 사랑, 인자하심 또는 견고한 사랑이라는 뜻의 단어이다. 시인은 하나님의 언약의 사랑으로 가득한 잔치를 간절히 소망한 것이다. 비록 구약성경의 어슴푸레한 빛 가운데 둘러싸여 있지만 이것은 정확히 언약 백성들이 거룩한 교제 가운데 행할 한 날을 미리 내다본 것임이 분명하다.

시편 23편은 모든 사람들이 즐겨 인용하지만 이 시에 언약 만찬에 관한 내용이 들어 있다는 사실에 대해 아는 사람은 별로 없다.

주께서 내 원수의 목전에서 내게 상을 베푸시고 기름으로 내 머리에 바르셨으니 내 잔이 넘치나이다 나의 평생에 선하심과 인자하심이 정녕 나를 따르리니 내가 여호와의 집에 영원히 거하리로다(시 23:5-6).

여러분은 이 시의 클라이맥스가 다윗이 그의 목자이신 하나님과 만찬을 가지는 내용이라는 사실이 놀랍지 않은가? 이 시는 패배를 당한 대적이 목자를 두려워하여 바라만 보고 있는 가운데 하나님과 사람이 함께 앉아 승리의 거룩한 음식을 먹는 내용에서 절정에 이른다. 그의 머리에는 성령의 임재를 상징하는 기름이 흘러내리고 그가 들고 있는 언약의 잔은 축복으로 넘쳐흐른다. 하나님의 선하심과 인자하심이 그를 따른다는 마지막 구절에 사용된 헤세드는 바로 견고한 언약의 사랑을 나타낸다.

처음에는 얼른 이해되지 않지만 사실 본문은 하나님과 사람이 온전한 교제를 누리고 있는 장면을 정확히 보여준다. 언약은 개인의 내적 신앙 이상의 것을 요구한다. 우리는 모든 인격을 다해 하나님과의 연합을 기뻐해야 하며 여기에는 다른 언약과 마찬가지로 언약 만찬이 포함된다. 이 만찬은 인간의 기질과 잘 부합된다. 떡과 잔은 두 세상을 연결하는 문, 즉 영적 세계와의 접촉점(a point of contact)이다. 우리는 단순한 영이 아니라 육체를 가진 영이다. 그러므로 만찬은 우리의 영은 물론 육체적 존재가 성령을 만나는 곳이며, 이 만찬의 떡과 잔은 성령께서 우리에게 임하시는 통로이다.

3. 나를 기념하라

만찬을 이해하기 위해서는 '기념하다'(remember[기억하다])라는 말을 이해해야 한다. 나는 이천 년 전에 존재하지도 않은 우리가 어떻게 '예수님을 기념할 수' 있는가에 관해 한 젊은이와 논쟁한 적이 있다. 물론 기념한다는 말에는 과거의 어떤 사건에 대해 생각하며 되돌아본다는 의미가 있다. 그러나 당시 현장에 없었던 우리가 어떻게 그의 죽으심과 부활 사건에 대해 생각하며 되돌아볼 수 있는가? 그것은 마치 내가 태어나기 수년 전에 홍콩으로 휴가를 다녀온 사람이 나에게 "우리가 홍콩에 휴가 간 것을 기념(기억)할 수 있느냐?"고 묻는 것과 같다. 이런 질문을 받으면 그가 망령이라도 난 것이 아닌가 하는 생각이 들 것이다.

내가 설명해 줄 수 있는 유일한 방법은 '기념하다' 라는 단어를 remember(기억하다) 대신 imagine(상상하다)으로 바꾸는 것이었다. 확실히, 우리는 기억할 수는 없지만 그의 고난과 죽으심이 그와 같을 것이라고 상상할 수는 있다. 그러나 나는 이것이 대답이 될 수 없다는 생각에 몹시 혼란되고 당황스러웠다.

신, 구약성경 시대의 사람들이 생각하고 있던 '기념하다' 라는 단어의 의미는 21세기의 서구 사회가 생각하는 것과는 전혀 달랐다. 한편으로는 지금과 같이 '기억하다' (remember)라는 의미로도 사용되었지만 가장 큰 차이점은 어떠한 과정을 통해 기념할 것인가라고 하는 방법론에 관한 것이었다.

서구 사회에서는 기념하는 것이 정신적 활동에 해당한다. 즉 과거의 사건을 생각 속에 떠올려 회고하는 것이다. 말하자면 홍콩에 갔을 때의 자잘한 기억들을 되살려 다시 한번 재구성하는 정신적 활동이다. 본문에서도 이런 뜻으로 사용되었다면·그야말로 만찬의 의미는 기껏해야 그들의 기억을 더듬는 데 도움을 주는 행위밖에 되지 않을 것이다. 그나마도 그의 말씀은 식탁에 둘러 앉아 함께 먹던 사람들에게만 해당될 것이다. 그 사건을 회고하여 기억할 수 있는 것은 그들뿐이기 때문이다.

그러나 일세기의 헬라 및 히브리적 사고에서 '기념하다' 는 전혀 다른 의미로 사용되었다. 첫째로 그것은 과거 사건에 '관하여' (about) 생각하는 정신적 활동이 아니라 영과 생각과 감정과 몸 전체를 포함하는 전인적 활동이었다. 둘째로 이것은 과거의 사건을 생각만 하는 것이 아니라 그것을 다시 재현하는 행위적 활동이었다. 즉 기념한다는 것은 의식과 상징을 통해 과거의 사건을 재현함으로써 그것을 현재화하는 것이다. 셋째로 그 당시 사건을 기념하는 사람들은 원래의 사건 현장에서 그것의 힘과 영향을 직접 체험한 사람들과 동일 인물이 아니었다는 것이다.[1] 구약시대 하나님의 백성들은 정확히 이런 방식으로 매년 유월절 만찬을 재현함으로써 애굽에서의 구원을 '기념' 하였다.

기념은 과거적 사건을 현재화하는 일종의 시공을 넘나드는 교량적 의미로 이해되기도 했다. 이것은 마치 '그곳에 있었던 것처럼' 연기를 함으로써 현장을 경험하고 동참한다는 것이다. 따라서 단순히 그것에 관해 생각만 하는 데 머무르지 않고 과거의 사건을 다시 행한다는 데 모든 초점이 맞추어졌다. 이것이 바로 예수께서 "이것을 행하여 나에 대해 생각하라"고 하시지 않고 "이것을 행하여 나를 기념하라"고 하신 이유이다.

요약해서 정리하면 이렇다. 기념한다는 것은 과거에 관해 생각하는 것이 아니다. 그것은 과거의 역사적 실재에 대한 재현을 통해 능동적으로 참여함으로써 당시의 영향력을 현재화하는 것이다.

이러한 정의는 성만찬 예식이 십자가와 빈 무덤에 대한 회고로 끝나서는 안 된다는 것을 말해 준다. 따라서 이러한 기념을 통해 그가 성취하신 사역이 오늘날 우리에게 현재화되고, 영광 중에 계신 그는 이 의식을 통해 우리와 함께 계시는 것이다. 우리는 언약의 효력을 현재화할 수 있다. 우리는 성취된 구속을 지금 이 순간에 누릴 수 있다. 우리는 이미 그리스도 안에서 의롭다 하심을 받았으며 모든 죄와 죄책은 사라졌다. 우리는 어둠의 권세로부터 구원함을 받고 영원한 생명에 동참함으로 기뻐 즐거워한다. 성령께서는 그를 기념하는 만찬을 통해 지금 이 자리에서 언약의 모든 조건과 약속과 축복을 우리에게 주셨다.

결혼식에 관한 예가 이 두 가지 사고에 대한 이해를 도울 것이다. 내가 만일 서양 부부에게 "두 분의 결혼을 기념합시다"라고 말한다면 아마도 당시의 기억을 더듬어 당시 방문객 명단이나 주례를 보았던 목사, 또는 피로연석상에서 일어났던 일 등을 기억해 내려 할 것이다. 만일 같은 질문을 신약시대의 부부에게 물었다면 "한번 해봅시다"라고 대답했을 것이다. 이것이 유일한 대답이 될 수밖에 없는 것은 그들에게 기념한다는 것은 예식을 다시 해보는 것을 의미하며 그것에 대해 생각해 본다는 의미가 아니기 때문이다. 아마도 그들은 그들이 결혼한 회당이나 유사한 곳으로 가서 당시 주례를 맡았던 랍비를 찾을 것이며 당시 참석한 하객들을 가능한 많이 불러 모으려 할 것이다. 만일 원래의 하객들을 모으기 어렵다면 지금 현재의 친구들을 부를 것이다. 기념은 어디까지나 의식과 상징을 통해 재현되는 것이며 당시의 하객이 아니더라도 기념할 수 있기 때문이다. 물론 그 부부는 결혼을 두 번 하는 것이 아니다. 다만 원래의 서약은 새로운 깊이와 성숙된 사랑으로 갱신될 것이다. 원래 예식의 모든 효력은 이러한 기념을 통해 다시 한번 나타날 것이다.

따라서 우리는 예수께서 "이 만찬을 계속해서 재현하라. 이 순간은 언제든지 다시 재현될 수 있을 것이다. 너희는 여기서 새 언약을 비준할 것이며 새 언약의 중보인 나와 함께할 것이다"라는 의미로 말씀하신 것으로 본다.

4. 성령과 기념

어떻게 이것이 가능한가? 사복음서 저자들은 모두 예수께서 고난당하시기 전날 밤 일에 대해 언급하고 있으며 다락방에서 일어났던 일에 대해 각자의 관점에서 기록한다. 마태복음, 마가복음, 누가복음은 성만찬의 제정 및 나를 기념하라는 명령에 대해 기록한다. 그러나 요한복음은 만찬에 관한 내용은 생략한 채 열두 제자와 함께 앉으신 예수께서 그날 하신 말씀을 **빠짐없이** 기록한다. 공관복음은 그를 기념할 것을 말했지만 요한복음은 그 일이 어떻게 일어나는지에 대해 언급한다.

> 보혜사 곧 아버지께서 내 이름으로 보내실 성령 그가 너희에게 모든 것을 가르치시고 내가 너희에게 말한 모든 것을 생각나게 하시리라(요 14:26).

본문의 '생각나게'(remembrance)는 예수께서 성만찬을 제정하실 때 말씀하신 '기념하라'와 동일한 단어이다. 예수를 기억나게 하시는 분은 성령이시다. 이것은 그의 고난과 죽음을 상상하려는 우리의 무익한 노력을 그치게 하신다. 이 구절은 그를 기념(기억)하는 것이 성령이심을 분명히 한다. 성찬 예식을 통해 떡과 잔을 받는 것은 우리지만 과거의 사건을 현재화하고 우리를 새 언약의 보증이신 주 예수께로 인도하시는 분은 성령이시라는 것이다.

또한 기념의 내용은 그의 고난과 죽으심만이 아니라는 사실에도 주목해야 한다. 그는 "나를 기념하여"라고 하였다. 여기서 '나를'이라는 표현 속에는 그의 영광도 포함되어 있다. 즉 그의 성육신으로부터 성부의 우편 보좌에 앉으시기까지의 전 생애에는 물론 그의 고난과 죽음도 포함되지만 그 후에 이어지는 영광도 포함된다.

나는 누가복음이 의도적으로 두 번의 만찬에 대해 기록하였다고 믿는다. 한 번은 마태복음, 마가복음, 누가복음에 공통적으로 기록된 예수께서 고난 받으시고 죽기 전날 밤 다락방에서의 만찬이며, 또 한 번은 누가복음에만 나타나는 엠마오 도상에서의 만찬이다. 누가가 제공한 두 번의 만찬을 비교해 보라. 그는 예수님의 행동에 대해 정확히 동일한 표현을 사용한다.

> 또 떡을 가져 사례하시고 떼어 저희에게 주시며 가라사대 이것은 너희를 위하여 주는 내 몸이라 너희가 이를 행하여 나를 기념하라 하시고 저녁 먹은 후에 잔도 이와 같이 하여 가라사대 이 잔은 내 피로 세우는 새 언약이니 곧 너희를 위하여 붓는 것이라(눅 22:19-20).

엠마오 도상에서의 만찬에 대해서는 다음과 같이 기록하였다.

> 저희와 함께 음식 잡수실 때에 떡을 가지사 축사하시고 떼어 저희에게 주시매(눅 24:30).

두 본문 모두 예수께서 떡을 가지고 축사하신 후 떼어 나누어주셨다고 말한다. 만찬을 제정하신 날 밤에는 새 언약의 비준을 위해 고난과 피와 죽음이라고 하는 엄청난 희생이 지불되었다. 엠마오 도상에서의 만찬은 언약을 성취하시고 승리하신 주님을 기념하는 만찬이었다. 그는 떡을 떼어주시면서 자신에 관한 것을 알리셨으며 제자들은 말할 수 없는 기쁨과 뜨거운 마음으로 가득하였다.

> 저희가 서로 말하되 길에서 우리에게 말씀하시고 우리에게 성경을 풀어 주실 때에 우리 속에서 마음이 뜨겁지 아니하더냐 하고…두 사람도 길에서 된 일과 예수께서 떡을 떼심으로 자기들에게 알려지신 것을 말하더라(눅 24:32, 35).

우리가 언약의 만찬을 통해 그를 기념할 때 이 모든 요소들이 나타난다. 즉 우리는 우리를 사랑하사 우리 대신 죽으시고 부활 승천하여 영광의 보좌에 앉아 계신 그에게로 즉시 인도된다.

5. 이것은 내 살이며 이것은 내 피다

초기 교회는 떡과 잔의 본질에 대해 어떤 논쟁도 하지 않았다. 1세기의 모든 저술은 이 만찬이 그리스도의 몸과 피에 참예하는 것이라는 사실을 끊임없이 언급하였다. 그것은 비록 설명할 수는 없지만 절대적 신앙으로 받아들여야 하는 믿음의 위대한 신비였던 것이다. 문제는 몇 세기가 지난 후에 일어났다. 신학자들은 오늘날의 과학적 시각에서 이 신비를 설명하려고 시도하였다. 그들은 공중에서 날아다니는 나비를 잡아 판지에 핀으로 꼽고 그것을 해부하기 시작하였던 것이다.

"이것은 내 살이요…이것은 내 피라"고 하신 예수님의 말씀에 대해 나는 과학자와 같이 해부하거나 설명하지 않고 믿음으로 받아들여야 하는 하나의 위대한 신비로 본다.

'상징'이라는 단어는 '함께 섞다'(throw together with)는 뜻의 헬라어 단어에서 나온 말이다.[2] 이것은 물질계에서 무엇인가를 취하여 설명하기 매우 까다로운 추상적 개념과 함께 섞는 것을 말한다. 즉 보이지 않는 진리를 물질적인 대상과 섞음으로서 그 대상이 보이지 않는 개념과 연결되는 것이다.

우리는 보석이 박힌 원 모양의 금속 쪼가리를 취하여 사랑과 헌신 및 성실과 함께 섞는다. 청년은 이 약혼반지를 아내가 될 사람에게 주며 그녀는 기뻐 즐거워한다. 그녀가 반지를 끼고 직장에 가면 아무 말 하지 않아도 그 둘 사이에 언약이 오고 갔음을 사무실의 모든 사람들이 안다. 사무실 동료들 가운데 누가 감히 "이 반지는 금속을 구부려 만든 상징일 뿐이니 아무런 의미도 없다. 너무 좋아하지 말라"고 하며 찬물을 끼얹겠는가? 비록 상점에서 다른 반지와 함께 있을 때에는 아무런 가치도 없지만 별도로 구분되면 한 남자가 한 여자에게 사랑과 헌신을 다짐하는 특별한 의미를 가지는 반지가 되는 것이다. 그것을 받아 손가락에 끼움으로 여자는 사랑과 헌신을 받아들이고 자신의 삶을 영원히 바꾼 것이다. 이러한 상징은 그것이 상징하는 것을 선포만 하는 것이 아니라 그것을 실제로 전달한다.

이해를 돕기 위해 지갑에 들어 있는 달러 지폐를 또 하나의 예로 들어보자. 나는 종종 일 달러 지폐를 손에 들고 회중에게 내가 무엇을 들고 있는지 물어본다. 누군가 "일 달러입니다"라고 하면 나는 "어째서 그렇습니까? 일 달러면 그만큼의 중량이 나가는 보석이어야 하는데 이것은 종이 쪼가리에 지나지 않습니다"라고 대답한다. 약간 당황한 듯하면 나는 즉시 "이것은 종이 쪼가리이지만 그렇게 말하는 사람은 바보입니다. 이것은 일 달러입니다"라고 말한다. 나는 계속해서 "사실 이것은 일 달러를 상징하는 종이 쪼가리이지만 그것이 상징하는 것을 가져다 줄 힘을 가지고 있습니다"라고 설명한다. 이 종이에는 합법적인 권위가 부여되었기 때문에 다른 종이와 구별된 특별한 종이가 되었으며 실제로 보석과 같은 가치를 지니게 된다.

이것은 상징이 무엇을 의미하는지를 보여주기 위해 예로 든 것에 불과하며 여기서 말하려는 본질과는 거리가 멀다. 남자는 특별한 뜻(power)이 담긴 반지를 통해 아내가 될 사람에게 자신의 사랑과 헌신을 전한 것이며, 미국 정부는 지폐에 권위를 부여하여 일 달러의 가치를 지니게 한 것이다. 그러나 우리가 여기서 말하려는 것은 이러한 의미 이상의 것이다. 즉 주 예수께서는 떡과 잔을 통해 자신을 전달하시며 이 점에서 다른 예들과는 분명한 차이가 있다. 그러한 예들은 우리의 온 영과 생각이 경배하고 복종해야 할 신비로 들어가는 길을 가리킬 뿐이다.

다음 본문은 신약성경 시대의 성도들이 이것을 어떻게 이해하였는지를 보여준다.

> 우리가 축복하는 바 축복의 잔은 그리스도의 피에 참예함이 아니며 우리가 떼는 떡은 그리스도의 몸에 참예함이 아니냐(고전 10:16).

본문의 핵심 단어는 '참예함'(communion)이다. 이 단어에는 '교제하다', '동참하다', '함께하다' 라는 뜻이 있다.[3] 그는 먹고 마시는 것을 통해 신자가 그리스도의 피에 동참하고 연합하여 교제한다고 말한다. 우리는 그리스도의 살과 피를 우리 속에 받아들인다. 다음 구절은 그리스도의 몸과의 연합에 대해 언급한다. 그들은 떡을 뗌으로 생명의 떡이신 그리스도의 살에 참예한다.

여기에 새 언약의 위대한 신비가 있다. 떡과 잔은 다른 떡이나 잔과는 구별된다. 성령께서는 이러한 것들을 특별하게 하사 그것이 상징하는 그리스도의 살과 피를 실제로 우리에게 전하신다. 신자는 떡을 먹고 잔을 마심으로 그리스도와 한 몸이 된다. 우리는 현 시대의 가장 위대한 신비에 동참한다. 새 언약을 통해 그는 우리 안에 우리는 그의 안에 거하는 것이다.

문제는 우리가 무엇이 일어났으며 어떻게 일어났는지를 설명하려 할 때 발생한다. 초기 교회에서는 이 문제가 이슈화되지 않았으며 따라서 그것에 대한 특별한 답변도 존재하지 않는다. 그들은 언약이신 그의 살과 피를 먹고 마셨다.

예수님은 이에 관해 매우 강한 어조로 말씀하셨다. 비록 많은 사람들이 이 말씀으로 인해 그를 떠났으나 그는 이 일이 어떻게 이루어지는지에 대해서는 설명하지 않으셨다.

예수께서 가라사대 내가 곧 생명의 떡이니 내게 오는 자는 결코 주리지 아니할 터이요 나를 믿는 자는 영원히 목마르지 아니하리라…나는 하늘로서 내려온 산 떡이니 사람이 이 떡을 먹으면 영생하리라 나의 줄 떡은 곧 세상의 생명을 위한 내 살이로라 하시니라…예수께서 이르시되 내가 진실로 진실로 너희에게 이르노니 인자의 살을 먹지 아니하고 인자의 피를 마시지 아니하면 너희 속에 생명이 없느니라 내 살을 먹고 내 피를 마시는 자는 영생을 가졌고 마지막 날에 내가 그를 다시 살리리니 내 살은 참된 양식이요 내 피는 참된 음료로다 내 살을 먹고 내 피를 마시는 자는 내 안에 거하고 나도 그 안에 거하나니 살아 계신 아버지께서 나를 보내시매 내가 아버지로 인하여 사는 것같이 나를 먹는 그 사람도 나로 인하여 살리라(요 6:53-57).

본문에서 '먹다'(eat)로 번역된 헬라어 단어는 신체와 관련된 용어로서 입으로 음식을 '씹다'(chew)라는 뜻이다.[4] 이 단어가 정신적, 영적 활동으로만 쓰이는 경우는 없다. 이것은 입에 무엇인가를 넣고 그것을 씹어 삼킨다는 뜻이 강하다.

언약 만찬의 떡과 잔은 성령을 통해 은혜를 전달하는 수단이 되기 때문에 '은혜의 방편'(the means of grace)이라고 불린다. 그가 우리 안에 우리가 그의 안에 거한다는 것은 우리의 생각뿐 아니라 신체에도 해당한다. 떡과 잔은 우리에게 모든 언약의 복을 주시기 위한 하나님의 구원 시스템이다. 전인적인 치유는 바로 여기에서 시작되는 것이다.

영광을 받으신 주님은 우리를 언약의 잔치로 초대하신다. 그가 제공하시는 음식은 자신의 살과 피로서, 그것을 통해 언약 안에서 우리를 위해 성취하신 모든 것들을 전달하신다. 믿음이란 이러한 신비에 참예하여 아멘으로 화답하고 영원한 생명을 받아 누리는 것이다.

6. 너희를 위하여 주는 내 몸

예수님은 "이것은 너희를 위하여 주는 내 몸"이라는 말씀을 통해 우리에게 자신을 궁극적 산물로 주셨다. 우리는 다른 사람의 행복을 빌거나 그들을 위해 염려해 줄 수 있으며, 다른 사람에게 헌신과 깊은 관심을 보일 수 있으며, 또한 그들에게 큰 액수의 돈을 줄 수도 있지만 그럼에도 불구하고 자신을 진정으로 다른 사람에게 주려는 사람은 없다. 그러나 우리가 만일 자신의 몸을 다른 사람에게 전적인 선물로 내어줄 때 우리는 언약의 궁극적 개념에 이르게 될 것이며 비로소 온전한 헌신이 가능할 것이다. 오직 그때에만 완전한 연합이 이루어진다.

몸은 다른 사람에게 줄 수 있는 최후의 보루이다. 그것은 먼저 자신의 의지와 생각과 마음과 영을 온전히 바치기 전에는 불가능하다. 몸을 준다는 것은 자신이 알고 있는 모든 것들과 자신에 관한 개인적이고 비밀한 것들을 내어준다는 것이다. 예수님은 우리에게 몸을 주실 때 자신의 모든 비밀을 함께 내어주셨다. 그는 "이 유월절 먹기를 원하고 원하였노라"(눅 22:15)고 말씀하시면서 자신을 아낌없이 주셨다. 그는 자신의 몸을 주심으로 우리와 함께하실 순간을 간절히 원하셨던 것이다. 이와 같이 전적인 내어주심은 언약 만찬을 통해 계속된다.

이에 관해 엠마오 도상에서의 만찬은 "예수께서 떡을 떼심으로 자기들에게 알려지셨다"(눅 24:35)고 말한다. 성경 전체에서 '자기들에게 알려지셨다'는 말은 남편과 아내 사이의 매우 친밀하고 개인적인 앎을 나타내는 언급으로 사용되었으며, 어떤 사람에 대한 학문적이고 비인격적인 앎을 표현하는 말로 사용된 적은 한 번도 없다.

　이것은 그의 고난과 죽음에만 한정되어서는 안 된다. 그는 자신의 몸을 통해 모든 삶을 주셨으며, 그는 오직 성부 하나님의 사랑의 말씀으로 존재하신다. 그는 자기 백성에 대한 하나님의 기뻐하심을 입고 성육신하셨다. 그는 평화의 말씀이며 생명의 말씀이며 자비의 말씀이다. 그는 자신의 몸을 주심으로 자신의 모든 것을 주셨으며 언약 만찬을 통해 계속해서 우리에게 그의 삶 전부를 주신다.

7. 이것은 내 피라

　"내 피로 세우는 새 언약"은 언약적 연합이 성취되었다는 합법적 권위를 부여한다. 마신다는 것은 언약과 그것의 모든 조건에 동참한다는 것이다. 우리는 그의 피의 신비를 마심으로 그가 우리를 대신하여 우리의 모든 죄를 없이하고 다시는 기억되지 않게 하셨다는 사실을 기념한다. 이제 우리는 율법이 우리의 마음에 기록되고 우리의 생각 속에 아로새겨졌으며, 우리는 또 그를 진밀하고 인격적으로 알며, 또한 그가 우리의 하나님이시며 우리는 그의 백성이 되었다고 선언한다.

　이것은 우리가 승천하신 그리스도의 삶에 함께 동참한다는 의미이다. 우리는 죽음을 이기고 승리하신 생명을 마심으로 다시 죽지 않는 영생을 누리게 되었다.

　수세기 전 스코틀랜드 신자들은 영국으로부터 심한 박해를 받았다. 신자들은 스코틀랜드 고원의 산골짝에서 비밀리에 모였으며 이 모임에서는 언약 만찬인 성찬식이 거행되었다. 이 은밀한 모임은 한밤중이나 새벽에 거행될 때가 많았다. 한 번은 그들이 성찬식을 거행하는 중에 영국 병사들이 소리를 들었으나 정확한 지점을 파악하지 못하였다. 그들은 새벽에 움직이는 사람을 체포하여 신자들의 명단과 회집 장소를 알아내기 위해 지키고 있었다. 그때

한 어린 소녀가 집회 장소로 가다가 군인들에게 발각되었다. 그들은 소녀에게 어디로 가는 중인지 물었다. 새 언약에 관한 교훈을 잘 알고 있었던 그녀는 "오빠가 죽었는데 유언장에 따라 내 유산을 찾으러 가는 중입니다"라고 대답하였다. 그러나 그녀가 집회에 참석하기 위해 간다는 뜻인 줄 사실을 몰랐던 무식한 병사들은 그녀의 머리를 쓰다듬어 주고 은화 한 닢을 주며 보내 주었다.

제12장

더 이상 기억되지 않는 죄

우리는 예수님이 우리의 대표자로서 생애를 보내셨다는 사실을 살펴보았다. 따라서 그를 믿는 자는 그가 십자가에서 당하신 고난과 인내, 그리고 그가 이루신 것들을 함께 누리게 되었다. 그는 우리를 대신하여 십자기에 달려 결코 기괴한 위장 게임이 아니라 두렵고 고통스러운 실재를 경험하셨다. 우리는 실제로 그와 함께 그곳에 있었으며 그는 우리를 대신하여 용서와 의롭다 하심을 입고 부활하셨다. 이러한 언약의 축복은 우리의 대표자이신 그리스도에게 먼저 주어졌으며 다음으로 그와 연합하여 동참한 우리에게 성령을 통해 주어진다.

하나님은 그를 사망에서 일으키심으로 우리의 죄 값이 예수로 말미암아 대신 지불되었음을 선언하셨으며, 예수께서는 우리가 받아야 할 형벌을 대신하여 받으셨다. 죽음에서 부활하신 예수님은 그를 죽음에 이르게 한 죄를 더 이상 짊어지고 계시지 않는다. 그는 우리의 대표자로서 모든 죄의 용서를 받으셨다. 이제 우리의 죄책은 그를 짓누르지 않게 되었으며 그는 우리를 위해 더 이상 형벌을 받으실 필요가 없으시다. 예수님이 사망을 이기고 사셨다면 우리의 모든 죄는 사함을 받은 것이다.

죄인은 그리스도와 연합하는 순간, 대표자로서 용서를 받으신 예수님과 동일한 선상에서 모든 죄로부터 사함을 받는다. 죄 사함과 모든 언약의 복은 그리스도를 통해(through) 올 뿐만 아니라 그의 안에서(in) 이루어진다. 우리는 그가 이루신 것들을 받기 위해 그와 연합하고(with) 그의 안에서(in) 한 지체가 되어 성령으로 교제해야 한다.

그는 우리의 대표자로서 새 언약의 피를 가지고 성부께로 가셨으며 성부 하나님은 그와 우리에게 죄 사함을 선포하신다. "내가 그들의 죄악을 사하고 다시는 그 죄를 기억지 아니하리라 여호와의 말이니라"(렘 31:34). 그로 말미암아 인류는 처음으로 무죄 선고를 받고 형벌을 면하게 되었다.

1. 새 언약의 첫 번째 복

이 땅에 있는 종교 가운데 기독교만이 우리의 모든 죄가 사함 받았다고 선언한다. 완전한 용서는 새 언약 안에서 우리에게 속한 다른 모든 것들의 기초가 된다. 우리가 새 언약에 들어가기 전만 해도 에덴은 영원히 사라지고 율법의 저주와 함께 심판이 우리 위에 머물렀다. 그러나 이제 모든 죄와 저주로부터 해방된 우리는 그리스도 안에서 그가 그토록 주고 싶어 했던 복을 받을 수 있는 자격을 갖추게 되었다.

예수님은 언약 만찬을 제정하실 때 죄 사함에 대해 말씀하셨다. 죄 사함을 받은 우리에게는 풍성한 언약의 축복이 임할 것이다.

> 또 잔을 가지사 사례하시고 저희에게 주시며 가라사대 너희가 다 이것을 마시라 이것은 죄 사함을 얻게 하려고 많은 사람을 위하여 흘리는 바 나의 피 곧 언약의 피니라(마 26:27-28).

우리는 앞에서 예레미야가 새 언약을 통해 임할 축복에 대해 언급한 내용에 대해 살펴보았으나 용서의 필요성에 대한 내용을 염두에 두고 다시 한번 본문을 읽어보자.

나 여호와가 말하노라 그러나 그날 후에 내가 이스라엘 집에 세울 언약은 이러하니 곧 내가 나의 법을 그들의 속에 두며 그 마음에 기록하여 나는 그들의 하나님이 되고 그들은 내 백성이 될 것이라 그들이 다시는 각기 이웃과 형제를 가리켜 이르기를 너는 여호와를 알라 하지 아니하리니 이는 작은 자로부터 큰 자까지 다 나를 앎이니라 내가 그들의 죄악을 사하고 다시는 그 죄를 기억지 아니하리라 여호와의 말이니라(렘 31:33-34).

이 모든 약속은 모든 문제의 근원인 죄가 제거되었기 때문에 일어날 것이라고 그는 말한다. "내가 그들의 죄악을 사하고 다시는 그 죄를 기억지 아니하리라 여호와의 말이니라"(렘 31:34).

언약에서 가장 기본적으로 다루어야 할 것은 죄 문제이다. 그것은 모든 약속의 바탕이 되는 기초이다. 예수님은 죄를 제거하셨으며 이제 우리는 용서함을 받았기 때문에 그리스도 안에서 하늘에 속한 모든 신령한 복(엡 1:3)을 받게 된 것이다.

하나님께서 우리를 용서하시고 받아주셨다는 사실에 대한 확신이야말로 언약의 첫 번째 복이자 가장 중요한 경험이다. 이것이 없이는 우리는 어떤 다른 복도 기대할 수 없다. 이것이 새 언약의 첫 걸음임에도 불구하고 이러한 기쁨을 맛보지도 못한 교인이 얼마나 많은지 모른다.

우리는 죄의 저주 아래에 있는 동안 자신의 무능함과 무가치함 때문에 어둠의 권세에 대해 꼼짝할 수도 없었다. 따라서 이 진리를 아는 것은 영적 전쟁을 승리로 이끄는 첫 단추이다. 우리가 죄 문제와 관련하여 하나님께서 예수의 언약의 피로 말미암아 우리의 모든 죄를 제거하시겠다는 하나님의 맹세를 알기 전까지는 결코 하나님의 환영을 받을 것이라는 생각을 하지 못할 것이다. 어쩌면 그가 우리를 버리셨다고 생각하는지도 모른다. 자신이 아무런 자격이 없다고 생각하는 한 우리는 기도할 수 없으며 응답에 대한 기대도 갖지 못하고 우리에 대한 하나님의 약속을 믿지도 못할 것이다. 우리는 언제나 죄책감으로 위축되고 우리의 손은 마비되어 우리를 위한 언약의 축복을 받지도 못할 것이다. 우리가 만일 용납하심에 대한 생각이 들기 시작했다면 '형제를 참소하는 자' 사단에 의해 다시 내동댕이쳐질 것이다. 우리는 그때 마땅히 진리로 그에게 항거해야 하나 그러지 못하고 그의 말을 수긍하고 만다.

나는 미국의 대공황이 끝날 무렵 영국에 있는 한 가난한 집안에서 자랐다. 내가 세상에 나올 때는 제2차세계대전이 진행 중이었다. 당시는 참으로 가난한 시절이었다.

당시 영국 사회는 계층별로 계급화되어 있었다. 정상적인 가정에서 정규 과정의 학교를 나와 졸업 후에도 그 대학의 넥타이를 매고 다니며 상류층 사교 클럽에 가입한 사람은 확실한 직장과 사회적 지위가 보장되었을 뿐 아니라 아무 레스토랑이나 출입하며 자신이 원하는 것을 할 수 있었다. 비록 레스토랑 문 앞에 우리 같은 사람의 출입을 막는 팻말이 걸려 있지는 않았지만 우리는 당연히 모든 영국인은 자신의 부와 지위에 걸맞은 자리가 있으며 고급 식당에는 상류 계급만이 출입할 수 있다고 생각하였다.

숙모님들은 모두 부잣집 하녀로 있었는데 모든 사람들이 좋은 직장에 들어갔다며 축하해 주었다. 더 이상 출세하겠다는 생각은 하지도 못했으며 이 사회에서 그들에게 허락된 자리는 하녀였던 것이다.

어느 정도 자란 내가 차를 운전하고 싶다고 말하자 어머니는 "얘야, 그게 무슨 소리니? 우리 같은 것에게는 차가 맞지 않는단다. 너도 아버지처럼 자전거를 타야 해" 하고 쏘아붙였다. 내가 가고 싶은 장소나 하고 싶은 일, 그리고 음식을 먹고 싶은 식당 가운데 '우리 같은 것에게 맞지 않는' 것은 점차 늘어나는 것 같았다. 나는 이와 같이 수치스런 환경 속에서 자라면서 사회적 지위라는 것이 우리를 아무것에도 합당하지 못한 자로 만든다고 생각하였다.

나는 집을 떠나 수년 동안 사역하는 가운데 머릿속에 남아 있는 어머니의 음성과 싸워야 했다. 영국의 계급 사회에 대한 이러한 생각은 하나님과의 동행이라는 문제에까지 파급되었다. 하나님의 은총과 성령의 풍성한 은사 및 기도의 응답은 '나 같은 것에게는 맞지 않는 것' 이었다. '나 같은 것'은 복을 받을 자격도 없었다. 근본적인 문제는 나의 죄가 제거되었으며 나는 더 이상 천국의 슬럼가에서 살지 않아도 된다는 사실을 영적인 눈으로 깨닫지 못하였다는 것이다. 나는 수차례의 갱신과 자각에 이어 성령의 절대적인 계시를 통해 잘못된 사고방식을 바로잡게 되었으며, 그리스도 안에서 전적인 용서와 용납하심을 받아 하늘나라의 가족이 되었음을 깨닫게 되었다. 이제 모든 언약의 복은 그리스도 안에 있는 나 같은 것을 위한 것이었다.

나는 많은 신자들이 자신은 언약의 복을 받을 자격이 없으며 죄로부터 완전히 구별되지도 않았다고 생각하며 사는 것을 본다. 이러한 복은 그러한 사람들에게는 맞지 않는다. 우리가 만일 죄 사함과 하나님의 용납하심에 대한 확신이 없다면 우리에게는 그의 축복을 받지 못하도록 가로막는 장벽이 있는 것이다. 우리는 모두 우리를 얽어매어 언약의 복을 받지 못하게 만드는 무가치함이라는 자화상을 가지고 있다.

믿음은 이와 같이 무제한적이고 무조건적인 용납하심을 담대히—본능적으로는 그것이 불법적이고 불경스런 일인 것처럼 보일지라도—받아들이는 것이다. 사단이 우리의 과거를 붙들고 늘어질 때 우리는 하나님의 피와 맹세로 세워진 새 언약의 약속을 내어 보이며 그의 면전에서 의도적으로 하나님의 무제한적 사유하심을 기뻐해야 한다.

2. 용서란 무엇인가?

그러나 우리에게는 '용서'에 관한 문제가 남아 있다. 성경에서 말하는 용서는 오늘날 우리가 말하는 용서와 뜻이 다르다.

다음은 용서에 대한 웹스터 사전의 정의이다. "과실이나 범죄를 사해 주다. 상대에 대한 분노나 적개심을 버리다. 빚의 지불을 면제하다."[1] 예수께서 새 언약의 피로 성취하신 것은 영어에서 정의하는 이러한 의미보다 훨씬 광범위 하다. 우리는 단순히 죄에 대한 용서만 받은 것이 아니다. 그는 우리에 대한 진노를 버리신 것 이상의 일을 성취하셨으며 우리는 죄의 대가를 치른 것 이상의 것을 받았다. 그러므로 '용서'라는 단어를 잘못 사용해서는 안 된다. 그것은 결코 그가 하신 일과 우리가 그의 안에서 얻은 것을 설명할 수 없기 때문이다.

신약성경에서 '용서'로 번역된 단어의 헬라어 원어는 '아피에미' (aphiemi)이며[2] '보내다', '포기하다', '버리다', '떠나다'라는 의미가 있다. 이것은 이혼이나 아내를 내어보낼 때 사용하는 말이다. 예수님은 무리를 '보내셨다' (apheimi). 이것을 그가 무리를 용서하셨다는 뜻으로 해석한다면 어떻게 되겠는가? 이 단어는 예수님의 영이 어떻게 그의 몸을 떠나셨는지에 대해 묘사한 마태복음 27:50에 사용되었다. "예수께서 다시 크게 소리 지르시고 영혼이 떠나시다(aphiemi)." 그는 자신의 영을 보내셨다. 즉 몸이 죽었기 때문에 그것을 자신에게서 떠나 보내셨다. 이것은 약해지신 것이 아니라 완전히 보내신 것이다. 우리는 이 본문에 '용서'라는 영어 단어를 끼워 맞출 수 있는 방법이 없다.

같은 어원에서 나온 또 하나의 단어는 '아페시스' (aphesis)이다.[2] 이것은 헬라어 구약성경에서 '자유'로 번역되었으며, 희년에 모든 종이 풀려나 고향에 있는 가족에게로 돌아갈 때 쓰인다.

> 제 오십 년을 거룩하게 하여 전국 거민에게 자유를 공포하라 이 해는 너희에게 희년이니 너희는 각각 그 기업으로 돌아가며 각각 그 가족에게로 돌아갈지며(레 25:10).

예수님은 선지자 이사야의 글을 인용하여 자신 안에서 끝없는 희년이 시작되었음을 선포하셨다.

> 주의 성령이 내게 임하셨으니 이는 가난한 자에게 복음을 전하게 하시려고 내게 기름을 부으시고 나를 보내사 포로된 자에게 자유(aphesis)를 눈먼 자에게 다시 보게 함을 전파하며 눌린 자를 자유케(aphesis) 하고 (눅 4:18).

새 언약은 우리의 죄가 우리로부터 제거되어 추방되었다고 선포한다. 우리는 우리를 묶었던 사슬로부터 풀려나 해방되었다. 우리의 죄책과 죄의 속박은 예수님의 영이 십자가에서 그를 떠나신 것처럼 확실히 우리에게서 사라졌다. 그것의 세력이 약해진 것이 아니라 사라져버린 것이다. 우리는 죄로부터 자유함을 받았다. 우리는 그의 용서하심에 관한 말씀을 읽을 때마다 이런 의미를 염두에 두어야 한다.

3. 죄 사함

우리는 앞서 '하마르티아'(hamartia)라는 헬라어가 죄의 원리와 능력을 묘사하는 말이며 아담의 반역을 통해 인류에게 들어왔다는 사실에 대해 살펴보았다.

> 이러므로 한 사람으로 말미암아 죄(hamartia)가 세상에 들어오고 죄로 말미암아 사망이 왔나니 이와 같이 모든 사람이 죄를 지었으므로 사망이 모든 사람에게 이르렀느니라(롬 5:12).

우리는 하마르티아가 죄의 배후 세력을 지배하며 그것으로부터 모든 죄의 목록들이 나온다는 사실을 알고 있다. 예수님은 우리를 죄에서 풀어주시기 위해 오셨다.

아들을 낳으리니 이름을 예수라 하라 이는 그가 자기 백성을 저희 죄에서 구원할 자이심이라 하니라(마 1:21).

이튿날 요한이 예수께서 자기에게 나아오심을 보고 가로되 보라 세상 죄(hamartia)를 지고 가는 하나님의 어린양이로다(요 1:29).

'지고 가는' (take away)이라는 단어는 들어서 옮긴다는 뜻으로서[2] 용서와 동일한 의미이다. 복음은 우리가 예수님의 피를 통해 죄의 권세로부터 풀려났다는 기쁜 소식임이 분명하다.

이것은 죄(hamartia) 사함(aphiemi)을 얻게 하려고 많은 사람을 위하여 흘리는 바 나의 피 곧 언약의 피니라(마 26:28).

이 구절의 문자적 의미는 "이것은 죄의 원리와 능력을 제거하기 위해 많은 사람을 위하여 흘리는 바"라는 뜻이다.

저가 빛 가운데 계신 것같이 우리도 빛 가운데 행하면 우리가 서로 사귐이 있고 그 아들 예수의 피가 우리를 모든 죄(hamartia)에서 깨끗하게 하실 것이요(요일 1:7).

바울은 죄의 원리를 인격화하여 우리의 죽을 몸을 다스리는 절대 군주에 비유하였다. 그러나 용서는 우리가 그의 통치를 벗어나 그리스도 안에서 그로부터 자유로워지는 길을 선택할 수 있다고 말한다.

이와 같이 너희도 너희 자신을 죄(hamartia)에 대하여는 죽은 자요 그

리스도 예수 안에서 하나님을 대하여는 산 자로 여길지어다 그러므로 너
희는 죄(hamartia)로 너희 죽을 몸에 왕 노릇하지 못하게 하여 몸의 사
욕을 순종치 말고(롬 6:11-12).

우리는 한때 독재자의 종이 되어 자신의 몸을 그가 사용하도록 바쳤으나
이제 우리는 주 예수의 종이 되어 우리의 몸을 그를 위해 바침으로 그의 생명
을 드러내게 되었다.

죄(hamartia)에게서 해방되어 의에게 종이 되었느니라 너희 육신이
연약하므로 내가 사람의 예대로 말하노니 전에 너희가 너희 지체를 부정
과 불법에 드려 불법에 이른 것같이 이제는 너희 지체를 의에게 종으로
드려 거룩함에 이르라…그러나 이제는 너희가 죄(hamartia)에게서 해
방되고 하나님께 종이 되어 거룩함에 이르는 열매를 얻었으니 이 마지막
은 영생이라(롬 6:18-19, 22).

이와 같이 '죄 사함'은 복음의 본질이며 새 언약의 모든 축복으로 향하는
입구이다. 승천하신 예수님은 이것이 전파할 메시지의 내용이 되어야 할 것
임을 명령하셨다.

또 이르시되 이같이 그리스도가 고난을 받고 제 삼일에 죽은 자 가운
데서 살아날 것과 또 그의 이름으로 죄(hamartia) 사함(aphiemi)을 얻
게 하는 회개가 예루살렘으로부터 시작하여 모든 족속에게 전파될 것이
기록되었으니(눅 24:46-47).

이것은 초기 교회 시대 전체를 통하여 울려 퍼진 승리의 기쁜 함성이었다.

그가 우리를 흑암의 권세에서 건져 내사 그의 사랑의 아들의 나라로

옮기셨으니 그 아들 안에서 우리가 구속 곧 죄 사함을 얻었도다(골 1:13-14).

4. 옛 언약의 용서

구약시대의 성도들은 동물의 피가 그들의 죄를 덮었기 때문에 이러한 사실에 대해 몰랐다. 새 언약에서 예수님의 피가 우리의 죄를 제거하고 우리를 죄의 권세로부터 멀어지게 하기까지는 한참을 기다렸다. 구약성경은 속죄일에 두 번째 염소를 내어보냄으로 이러한 사실을 미리 생생하게 예시하였다. 그러나 그들은 우리와 마찬가지로, 예수께서 죽음에서 부활하사 죄가 제거되었음을 선포하시고 성령께서 우리의 영과 함께 우리가 죄의 속박으로부터 풀려났음을 증거하기까지 이러한 진리에 대해 알지 못하였다.

지금의 우리도 마찬가지이지만, 구약시대의 성도들이 자신의 삶에서 모든 죄가 제거된다는 사실에 대해 몰랐다고 해서 구약성경의 하나님은 죄를 용서치 않으시고 진노하시는 분이시라는 것은 아니다. 구약성경의 용서는 새 언약에서 보았듯이 효과적이지 못하며 사실상 하나님의 어린양 예수께서 세상 죄를 지고 가시기 전까지는 불가능한 것이었다. 이는 황소와 염소의 피가 능히 죄를 없이 하지 못함이라(히 10:4). 그러나 이것은 그들이 하나님의 용서와 죄 사유하심에 대한 경험을 누리지 못하였다는 말은 아니다.

모세에 대한 하나님의 계시는 이스라엘이 하나님에 대해 가지고 있던 이해의 기초가 되었으며, 사랑과 용서의 하나님에 대한 계시였다.

> 여호와께서 그의 앞으로 지나시며 반포하시되 여호와로라 여호와로라 자비롭고 은혜롭고 노하기를 더디 하고 인자와 진실이 많은 하나님이로라 인자를 천대까지 베풀며 악과 과실과 죄를 용서하나 형벌 받을 자는 결단코 면죄하지 않고 아비의 악을 자여손 삼사대까지 보응하리라(출

34:6-7).

이 기초적 구절은 구약성경에서 계속해서 인용된다. 이스라엘은 광야 여정 내내 자신의 죄를 거듭해서 용서를 받는 경험을 한다.

구하옵나니 주의 인자의 광대하심을 따라 이 백성의 죄악을 사하시되 애굽에서부터 지금까지 이 백성을 사하신 것같이 사하옵소서(민 14:19).

오직 주는 사유하시는 하나님이시라 은혜로우시며 긍휼히 여기시며 더디 노하시며 인자가 풍부하시므로 저희를 버리지 아니하셨나이다(느 9:17).

이사야 선지자는 반역과 패역을 일삼는 백성들이 피할 수 없는 심판으로 걷잡을 수 없이 달려갔음에도 불구하고 용서하시는 하나님을 찬양하였다.

주 우리 하나님께는 긍휼과 사유하심이 있사오니 이는 우리가 주께 패역하였음이오며(단 9:9).

이사야는 "배나 갚았다"(giving the double)라는 고대 관습을 인용하여 하나님의 용서에 대해 설명하였다. 고대 예루살렘에는 빚진 자가 채무를 갚을 능력이 없을 경우 양피지에 자신이 진 빚과 채주의 명단을 기록한 후 대문 앞에 걸어두어 모든 사람이 볼 수 있도록 하였다. 그리고 그는 자비로운 부자가 불쌍히 여기는 마음으로 찾아주기를 기다렸다. 그 집 앞을 지나가던 사람들 가운데 돈 많고 마음이 넓은 사람은 양피지에 적힌 내용을 읽고는 그것을 접어 내용이 보이지 않게 한 후 뒷면에 '지불 완료'(paid in full)라고 적어두기도 했다. 그들은 모든 빚을 대신 청산해 주었으며, 채무자는 빚에서 벗어나 자유롭게 되었던 것이다.

이사야는 이스라엘이 죄의 목록을 적어 모든 사람들이 볼 수 있게 내 걸었으며 채주이자 사랑과 자비가 무한하신 하나님께서 오셔서 배나 갚아주셨다고 말한다.

> 너희는 정다이 예루살렘에 말하며 그것에게 외쳐 고하라 그 복역의 때가 끝났고 그 죄악의 사함을 입었느니라 그 모든 죄를 인하여 여호와의 손에서 배나 받았느니라 할지니라(사 40:2).

고대 이스라엘 백성들도 이와 같이 한량없는 은혜를 받았지만, 본문의 온전한 의미는 새 언약에서 계시된다. 우리는 죄책에서 벗어나 하나님의 빛으로 숨었다. 우리를 하나님 앞에서 죄인이라고 선언할지라도 우리가 빚을 지고 있는 그분은 예수의 피로 우리의 기소장에 '지불 완료'라고 기록하셨다. 우리는 앞 장에서 예수께서 십자가 위에서 "다 이루었다"고 외치신 것은 모든 회계를 정산하였다는 의미임을 살펴보았다. '지불 완료'는 그와 동일한 의미를 갖는다.

시편 기자 역시 선지자들과 마찬가지로 용서하시는 하나님을 노래하였다.

> 주의 백성의 죄악을 사하시고 저희 모든 죄를 덮으셨나이다 (시 85:2).

> 동이 서에서 먼 것같이 우리 죄과를 우리에게서 멀리 옮기셨으며(시 103:12).

> 그러나 사유하심이 주께 있음은 주를 경외케 하심이니이다 (시 130:4).

구약성경에서 하나님의 용서에 대한 선언과 약속은 하나님의 영원하고 무조건적인 사랑으로부터 나온다. 그는 예수님의 죽음으로 갑자기 마음이 바뀌어 사랑과 용서의 하나님이 되기 시작한 것이 아니다. 용서에 관한 문제는 창세 전에 성자 하나님께서 죄인을 위한 궁극적 제물이 되시기로 한 때부터 이미 하나님의 마음속에 정해진 뜻이었다. 창세 전에 결정된 이러한 용서의 희생은 예수님의 죽음과 부활을 통해 역사 속에 시행되었다. 하나님께서 인간이 어떤 선택을 할 것이라는 사실을 알면서도 창조하기로 하신 것은 우리 없이 살지 않으시겠다는 의도를 보여준다.

구약성경은 하나님의 용서하심에 대해 잘 알고 있었으며 그를 용서의 하나님으로 찬양하고 선포하였지만 그 시대의 사람들은 그것이 실제로 무엇을 뜻하는지, 또는 그것을 성취하기 위해 어떠한 희생이 기다리고 있는지에 대해서는 몰랐다. 그들은 매년 속죄일이면 어김없이 드리는 피의 제물을 통해 희미한 암시를 얻었지만 아무도 그것이 우리와의 교제를 위해 당하실 하나님의 고통임을 알지 못하였다. 그들은 어슴푸레 계시된 하나님의 마음의 여명 가운데 살았으나 예수님은 능력과 영광이 충만한 의의 태양으로 떠오르셨다.

또 모세의 율법으로 너희가 의롭다 하심을 얻지 못하던 모든 일에도 이 사람을 힘입어 믿는 자마다 의롭다 하심을 얻는 이것이라(행 13:39).

5. 더 이상 기억되지 않는다

새 언약을 미리 내다 본 선지자들의 글은 엄청난 내용을 담고 있다. 그들은 하나님께서 우리의 죄를 더 이상 기억하지 않으시며 그것을 마음에 담아두지 않고 잊어버리신다고 말한다.

내가 네 허물을 빽빽한 구름이 사라짐같이, 네 죄를 안개의 사라짐같이 도말하였으니 너는 내게로 돌아오라 내가 저를 구속하였음이니라(사 44:22).

내가 그들을 내게 범한 그 모든 죄악에서 정하게 하며 그들의 내게 범하여 행한 모든 죄악을 사할 것이라(렘 33:8).

나 곧 나는 나를 위하여 네 허물을 도말하는 자니 네 죄를 기억지 아니 하리라(사 43:25).

보옵소서 내게 큰 고통을 더하신 것은 내게 평안을 주려 하심이라 주께서 나의 영혼을 사랑하사 멸망의 구덩이에서 건지셨고 나의 모든 죄는 주의 등 뒤에 던지셨나이다(사 38:17).

주 예수의 피 흘리심을 통해 모든 죄는 결정적으로 영원히 처리되었다. '더 이상 기억되지 않을 것'이라는 언약의 말씀은 죄가 완전히 처리되었기 때문에 더 이상 하나님의 비망록에 남아 있지 않다는 뜻이다. 의사는 회복 중인 환자에 대해 이 사람을 더 이상 기억하지 않겠다고 말하지 않는다. 집에 불이 났는데 불 끄러 들어간 소방관이 다른 곳은 그대로 둔 채 거실 불만 끄고 나와 집에 대해 잊어버리고 가버리기를 바라는 사람은 아무도 없을 것이다.

어떤 것을 더 이상 기억하지 않는다는 것은 완전히 처리되어 더 이상 작업할 필요가 없다는 말이다. 병이 완전히 나은 환자는 '더 이상 기억되지 않는다.' 화재가 진화되고 불이 완전히 꺼지면 소방관은 '더 이상 기억하지 않고' 돌아간다. 하나님은 죄가 결정적으로 영원히 처리되고 죄책감이 사라져야 '우리의 죄를 더 이상 기억하지 않으실 것'이다.

예수님의 말씀 가운데 하나님께서 어떤 의미로 '용서'라는 단어를 사용하셨는지 보여주는 두 가지의 이야기가 있다. 마태복음 18:23-35에는 종의 빚을 탕감해 준 왕에 관한 비유의 말씀이 나온다. 어떤 왕이 결산할 시기가 되었다고 생각하였다. 종들이 하나씩 들어와 각자의 빚을 갚았다. 이 비유에 나오는 종이 어떻게 그만한 빚을 지게 되었는지에 대해서는 알 수 없다. 그와 같이 천문학적인 금액은 합법적인 절차를 통해 거래되기는 어려웠을 것이다. 왕은 회계 장부를 열어 빚의 내역을 읽게 하였다. 오늘날 화폐단위로 환산하면 그의 빚은 평생 모은 돈을 전부 빚 갚는 데만 사용하더라도 1/10밖에 갚지 못할 만큼 큰 금액에 해당한다. 예수님은 이처럼 큰 빚을 지고 하루하루 불어나는 이자로 말미암아 도저히 감당할 수 없는 상황에 도달한 자에 대해 말씀하신다.

이 종은 자신의 빚이 얼마나 엄청난 것인지에 대해 잘 모르는 것 같다. 그는 왕 앞에 엎드려 빚을 갚을 테니 기다려 달라고 하였다. 그것은 참으로 가소로운 요구였다.

그때 왕은 돈을 꿔준 채주로서는 생각하기 어려운 행동을 하였다. 그는 회계장부를 덮어버리고 모든 빚을 탕감하여 주었다. 왕은 그를 더 이상 회계장부나 빚과 관련하여 다루지 않고 전혀 다른 근거 위에서 그를 대하였다. 왕은 그를 긍휼히 여겼다. 그는 그의 모든 빚을 탕감하여 주었으며 그의 삶을 빚더미에서 벗어나게 해주었다.

'용서'의 참된 의미는 왕의 행동에서 찾아볼 수 있다. 종은 빚에서 풀려났으며 빚은 더 이상 어깨에 멘 짐이나 발목에 찬 쇠사슬이 될 수 없다. 이제 빚은 두 번 다시 종을 괴롭히지 않을 것이며 왕도 다시는 빚 문제에 대해 거론하시 않을 것이나. 그는 너 이상 빚에 매어 그것에 좌우되는 잃을 깃이다. 그는 전혀 새로운 삶을 살 수 있게 되었다.

빚에서 해방된 종은 기뻐 뛰며 나갔으나 종의 빚을 탕감해 준 왕은 큰 손실을 당했다. 천문학적 빚이든 그보다 훨씬 작은 빚이든, 빚은 허공으로 사라지지 않는다. 종의 빚을 탕감해 준 만큼 왕은 내적 아픔을 겪었다. 그는 종의 빚에 대해 어떤 권리도 주장할 수 없다. 종의 빚을 탕감해 줌으로써 왕이 그 빚을 안게 되었다. 왕은 그를 불쌍히 여기는 마음으로 채주의 자리에서 빚진 자의 자리로 내려와 그를 대신하여 갚아주었다.

율법의 옛 언약은 모든 사람들이 하나님께 진 빚을 결산할 때가 되었기 때문에 필요했다. 그러나 하나님의 마음은 회계하는 자의 마음이 아니라 사랑이다. 그는 우리가 있는 곳으로 오셔서 우리와 함께하셨다. 그는 우리의 모든 빚을 대신 떠 맡으셨다. 그는 예수의 피로 말미암아 죄의 사면을 선언하셨다.

모든 것이 하나님께로 났나니 저가 그리스도로 말미암아 우리를 자기와 화목하게 하시고…이는 하나님께서 그리스도 안에 계시사 세상을 자기와 화목하게 하시며 저희의 죄를 저희에게 돌리지 아니하시고…하나님이 죄를 알지도 못하신 자로 우리를 대신하여 죄를 삼으신 것은 우리로 하여금 저의 안에서 하나님의 의가 되게 하려 하심이니라(고후 5:18-19, 21).

우리는 하나님의 대적이었으나 그가 우리에게 오셔서 우리와 화목하신 것은 "저희의 죄를 저희에게 돌리지 아니하시게" 하기 위함이다. NASB 성경은 이 구절을 "not counting their trespasses"(저희의 죄를 계산하지 않다)로 번역한다. 그는 수치를 더하여 계산하는 회계사가 아니다. 그는 우리를 불쌍히 여겨 모든 빚을 탕감해 주신 왕이다.

복음을 왜 기쁜 소식이라고 부르는지 알아야 한다. 우리는 모든 죄로부터 깨끗이 씻음을 받았으며 죄책과 수치는 사라졌다. 그러나 죄는 허공으로 사라진 것이 아니다. 그는 그리스도 안에서 그것을 처리하셨다. 그리스도는 우리에게 오셔서 우리를 하나님의 의가 되게 하기 위하여 우리를 위해 죄가 되셨다. 율법은 우리를 정죄하나 그는 우리의 죄를 지고 가심으로 어떤 정죄할 거리도 남기지 않으셨다.

그러므로 이제 그리스도 예수 안에 있는 자(육신을 좇지 않고 그 영을 좇아 행하는 자)에게는 결코 정죄함이 없나니(롬 8:1).

예수님은 "내가 진실로 너희에게 이르노니 사람의 모든 죄와 무릇 훼방하는 훼방은 사하심을 얻되"(막 3:28)라고 하셨다. 이 말씀은 우리에게 말할 수 없는 기쁨과 놀라움을 안겨 준다. 이것을 확대 해석하면 "그것이 어떤 죄이든 모든 죄는 사라지고 우리는 죄로부터 해방과 자유를 얻는다"는 것이다.

하나님의 용서하심을 보여주는 두 번째 비유는 탕자에 대한 비유이다. 예수님은 두 아들에 관한 이야기를 하셨다. 작은 아들은 뻔뻔하게도 아버지 생전에 자식들에게 줄 유산을 미리 달라고 요구했다. 당시의 법에 의하면 부모가 살아 계신 동안 모든 재산권은 부모에게 있었지만 실제로는 자식들이 그때까지 기다리지 못하고 부친 생전에 유산을 요구하였다.

아버지는 땅 1/3을 팔아 작은 아들에게 주고 2/3는 장남의 몫으로 남겨 두었다. 이야기 마지막 부분에 보면 아버지는 비록 자기 재산을 챙겨 집을 나가 버린 아들이었지만 그의 행위를 용서한다. 그러나 아들은 이러한 부친의 사랑이나 용서에 대해 몰랐다. 사실 그는 용서받아야 한다는 생각조차 하지 못한 것으로 보인다. 모든 돈을 허비하고 궁핍하게 된 그는 유대인들이 가증스럽게 여기는 돼지 치는 자가 되었다. 결국 굶주림에 지친 그는 양식이 풍족한 아버지께로 돌아가게 되었다. 그는 아버지의 사랑을 요구할 생각조차 하지 않았다. 그는 다만 자신을 불쌍히 여겨 품꾼의 하나로 고용해주기만 바랄 뿐이었다.

날이 가고 달이 가도 아버지는 아들이 떠난 수평선만 응시하고 있었다. 그러던 어느 날 저 멀리 어렴풋하지만 눈에 익은 형상이 시야에 들어왔다. 그는 작은 아들이 있는 곳으로 달려가 눈물로 끌어안고 입을 맞추었으며 품꾼의 하나로 써달라는 아들의 말은 한 마디도 귀에 들어오지 않았다. 그는 종들에게 가장 좋은 옷과 신을 가져오라고 시키고 자신의 손에서 반지를 빼어 아들의 손에 끼워주었다. 그는 돌아온 아들을 위해 살찐 송아지를 잡고 악대를 불러 춤을 추며 모두 즐거워하였다.

이 이야기에서 '용서'나 '화목'이라는 말은 나오지 않지만 작은 아들이 떠날 때 아버지 가슴 속에 있던 것들은 실제로 얼마 후에 모두 이루게 되었다. 그 순간 그는 작은 아들의 어떠한 도덕적 과실이나 자식으로서의 허물도 날려 보내었으며, 아들을 끌어안고 몇 번이나 입을 맞춘 것은 이러한 사실을 잘 보여준다. 그는 아버지에 대한 죄의 빚으로부터 자유로워졌으며 다시 가정으로 돌아와 아버지의 아들로 인정을 받았던 것이다.

아버지는 이때의 심정을 "이 네 동생은 죽었다가 살았으며 내가 잃었다가 얻었기로"라고 표현하였다. 이것은 아버지의 사랑을 떠나 아무런 목적도 방향도 없이 살던 아들의 어두운 삶의 여정을 보여준다. 그는 죽어 있었던 것이다. 즉 아버지의 사랑에 대해 알지 못하고 듣지 못하며 반응할 수 없는 상태였던 것이다.

첫 번째 이야기와 마찬가지로 한 편은 무조건적인 용서를 받았으나 상대편은 그것을 위해 내적으로 죽음과 같은 아픔과 고통을 겪어야 했다. 아들이 재산을 요구하여 먼 나라로 떠났을 때 아버지는 자신의 사랑이 거절당한 것에 대한 아픔을 무엇으로도 채워줄 수 없었으며 그러한 고통에 대해 어떤 대가도 기대할 수 없었다는 점에서 죽어 있었다. 아들이 돌아왔을 때에도 아버지는 지나간 세월 동안 잃어버린 사랑을 돌려받을 수 없었으며 그것을 요구할 수 없었다는 점에서 죽어 있었다. 그는 작은 아들이 자신의 이름에 끼친 수치를 받아들임으로 또 한 번 죽음과 같은 고통을 겪었다. 아들에 대한 아버지의 사랑은 마을 사람들의 존경을 받겠다는 생각에 대해 죽게 만들었다. 노인네가 허리춤을 동여매고 아들을 맞으러 달려 나가는 모습은 부끄러운 일이다. 그는 또한 부모에게 불순종한 아들을 율법이 요구하는 대로 징벌하지 않음으로 인해 그들의 존경심을 잃고 내적 죽음을 경험하였을 것이다.

이러한 그의 내적 죽음은 돌아온 아들에 대한 사랑으로 모두 회복되었다. 그는 기뻐 어쩔 줄 몰라 하며 아들을 끌어안고 자신의 옷과 신과 반지를 내어줌으로써 지금까지의 고통을 잊었다. 그의 사랑은 점차 죽음을 이기고 부활하여 공식적인 잔치를 통해 기쁨은 절정에 달하였다. 그는 잔치를 통해 과거는 지나갔음을 천명하였다. 그의 아들은 죽었다가 살았으며 잃었다가 다시 얻었던 것이다.

이와 마찬가지로 삼위 하나님은 우리를 전적으로 용서하시고 새롭게 하시며 의의 옷으로 입히신다. 그러나 이를 위해 그는 삼위 하나님의 마음에서 죽었다. 그는 인류의 반역과 그로 인해 죄가 들어오기 전에 이미 죽었다. 하나님의 아들 예수는 골고다에서 역사적으로 죽으시기 전에 세상의 기초를 놓기 전부터 이미 도살을 당하셨다.

이 이야기에서 예수님은 하나님의 무한하신 용서의 마음을 보여주셨다. 그는 하나님께서 우리를 기꺼이 용서하기 원하시며 우리가 기뻐하는 모습을 기다리실 수 없을 만큼 간절히 원하신다고 말씀하신다.

누가복음 15장의 비유에서 집에 있는 큰 아들은 작은 아들의 죄를 기억하여 정죄하고 벌을 주기를 원하였다. 아버지는 돌아온 아들이 무슨 죄를 범하였는지 알고 싶지 않았다. 그는 성대한 잔치를 베풀어 돌아온 아들을 환영하였다. 우리가 과거의 죄에 대한 정죄가 필요하다는 생각이 들 때에는 의도적으로 잔치에 참여하여 그의 은혜와 사랑에 맞추어 즐거워해야 한다.

우리의 회개가 하나님의 진노나 용서를 이끌어 내는 것이 아니다. 오히려 회개의 반응을 보인 우리는 그의 강력하고 열정적인 사랑의 환대를 받게 된다. 우리는 이러한 사랑에 모든 삶을 내어주게 된다.

예수님은 새 언약의 머리로서 죽음에서 부활하셔서 우리를 용서하시고 이사야의 예언을 성취하셨다.

> 내가 네 허물을 빽빽한 구름이 사라짐같이, 네 죄를 안개의 사라짐같이 도말하였으니 너는 내게로 돌아오라 내가 저를 구속하였음이니라… 여호와께서 이 일을 행하셨으니 하늘아 노래할지어다 땅의 깊은 곳들아 높이 부를지어다 산들아 삼림과 그 가운데 모든 나무들아 소리내어 노래할지어다 여호와께서 야곱을 구속하셨으니 이스라엘로 자기를 영화롭게 하실 것임이로다(사 44:22-23).

The Lost Secret of the
New Covenant

제13장

내가 너희 안에, 너희가 내 안에

언약에 대한 이해와 관련하여 매우 중요한 두 개의 구절이 있다. 하나는 '그리스도 안에'(in Christ)라는 표현이다. 이것은 과거에 일어난 역사적 사건 안에서 그것의 한 부분에 속해 있음을 보여주며, 또한 성령을 통해 실제로 예수 그리스도와 하나가 되어 그의 역사를 우리의 역사가 되게 한다는 것이다. 이것은 우리가 그와 하나가 되어 그가 이루신 모든 것과 지금 하늘에서 진행되는 그분의 모든 것을 함께한다는 것이다.

두 번째 구절은 '성령 안에서'(in the Spirit)이다. 이것은 성령의 능력에 대한 역동적인 경험이 실제로 우리를 그리스도와 그의 사역으로 인도하며 그것을 우리의 삶에 실재화한다는 것이다. 영원 전에 하나님의 사랑 가운데 계획된 것들은 성자 예수 그리스도의 죽으심과 부활을 통해 역사 속에 드러났으며 성령의 역사하심을 통해 하나님의 백성들 가운데 받아들여지고 경험되어졌다.

오늘날 교회의 문제는 우리가 둘 중 하나를 배제한 채 어느 하나에만 초점을 맞춘다는 것이다. 어떤 사람들은 역사 안 저쪽에서 그리스도의 사역에 대해 객관적으로 연구하지만 성령께서 그 사역을 오늘날 우리의 삶에 적용하심에 대해서는 거의 알지 못한다. 한편으로 많은 사람들은 성령의 능력에 매료되어 있으면서도 새 언약을 제정하신 그리스도의 역사적 사역에 대해서는 무관심하다. 그러나 두 구절은 하나로 묶여 있다. 즉 성령은 우리에게 임재하신 언약의 하나님으로서 그리스도를 통해 성취하신 모든 것을 우리에게 실재로 적용하신다.

언약에서 성령의 역할은 아무리 강조해도 지나치지 않다. 성령이 없이는 새 언약도 없다. 새 언약의 백성들이 누리는 삶은 하나님의 사랑을 입은 것처럼 서로 사랑하는 것이다. 이것은 성령의 사역을 떠나서는 불가능한 목표이다. 성령의 초자연적 은사들은 언약 백성에게 역동성을 부여하는 성령의 사역이다.

이스라엘은 그림자와 약속과 희망의 옛 언약 아래 살았다. '더 나은 언약'이라고 불리는 새 언약은 주 예수의 사역 위에 세워졌으며 하나님과 그의 백성들이 성령의 사역을 통해 역동적으로 하나가 되는 성취와 능력의 언약이다.

언약은 두 당사자의 연합을 모색하지만, 옛 언약은 백성들 가운데 거하신 하나님의 임재를 매우 실제적인 방식으로 보여주었으나 궁극적으로는 그것을 지향하고 고대하며 기다렸다. 에스겔은 신자들 가운데 거하시는 성령을 통해 이러한 연합이 성취될 것이라는 사실을 분명히 깨달았다. 그는 하나님께서 자기 백성들과 함께하실 뿐만 아니라 그들 속에 계실 날을 기대하였다.

> 맑은 물로 너희에게 뿌려서 너희로 정결케 하되 곧 너희 모든 더러운 것에서와 모든 우상을 섬김에서 너희를 정결케 할 것이며 또 새 영을 너희 속에 두고 새 마음을 너희에게 주되 너희 육신에서 굳은 마음을 제하고 부드러운 마음을 줄 것이며 또 내 신을 너희 속에 두어 너희로 내 율례를 행하게 하리니 너희가 내 규례를 지켜 행할지라(겔 36:25-27).

에스겔과 예레미야는 율법이 외적 명령이 아니라 내적인 삶의 경향이 될 날을 기대하였다.

> 나 여호와가 말하노라 그러나 그날 후에 내가 이스라엘 집에 세울 언약은 이러하니 곧 내가 나의 법을 그들의 속에 두며 그 마음에 기록하여 나는 그들의 하나님이 되고 그들은 내 백성이 될 것이라(렘 31:33).

성경에 나오는 '마음'은 행동의 원천이자 생명의 근원이 되는 곳을 의미한다.

> 무릇 지킬 만한 것보다 더욱 네 마음을 지키라 생명의 근원이 이에서 남이니라(잠 4:23).

율법은 더 이상 외적 명령이 될 수 없으며 내부로부터 분출될 것이다. 그것은 더 이상 "네가 마땅히 행할 바"가 아니라 "내가 참으로 원하는 것"이 될 것이다. 하나님의 모든 명령 뒤에는 '하나님과 같이 사랑하라'는 한 가지 명령이 있으며, 새 언약은 성령을 통해 우리를 하나님의 사랑에 접목시킴으로 그러한 삶을 능히 살게 하신다.

새 언약은 "네 이웃을 네 몸과 같이 사랑하라"는 옛 언약의 요구를 넘어선다. 새 언약에서는 성령께서 신자들 가운데 임하시어 그 중심에 하나님의 사랑을 쏟아 부으신다. 로마서 5:5은 "소망이 부끄럽게 아니함은 우리에게 주신 성령으로 말미암아 하나님의 사랑이 우리 마음에 부은 바 됨이니"라고 말씀한다. 이것은 예수님의 명령이 수행 가능한 것임을 의미한다.

> 새 계명을 너희에게 주노니 서로 사랑하라 내가 너희를 사랑한 것같이 너희도 서로 사랑하라 너희가 서로 사랑하면 이로써 모든 사람이 너희가 내 제자인줄 알리라(요 13:34-35).

모든 선지자들은 새 언약이 성령께서 하나님 백성들의 마음에 오셔서 율법을 좇게 하시는 성령의 언약임을 알았다. 복음주의자는 그리스도를 전할 때 "예수님을 영접하라"거나 "예수님을 마음에 모셔라"고 말한다. 맞는 말이기는 하지만 이러한 표현 때문에 성령에 대한 오해가 생기는 것이 사실이다. 신약성경은 그런 식으로 구원을 표현하지 않는다. 즉 성령이 오셔서 내주하심으로 그리스도인이 된다고 말한다. 예수께서 내 속에 사시는 것은 성령을 통해서이다.

바울은 성령이 없는 자는 그리스도인이 아니라고 분명히 말한다. 우리는 우선 예수님을 지식적으로 받아들이고 인정하는 것을 개종으로 생각하며 성령은 나중에 더 잘 믿는 자에게 나 임하는 것으로 생각하는 경향이 있다. 그러나 성경의 뜻은 명확하다. 성령이 없는 자는 그리스도에게 속한 자가 아니라는 것이다. 하나님은 우리 아버지시며 우리는 그의 자녀라는 사실도 성령의 사역이 아니면 알 수 없다.

> 만일 너희 속에 하나님의 영이 거하시면 너희가 육신에 있지 아니하고 영에 있나니 누구든지 그리스도의 영이 없으면 그리스도의 사람이 아니라(롬 8:9).

> 너희가 아들인 고로 하나님이 그 아들의 영을 우리 마음 가운데 보내사 아바 아버지라 부르게 하셨느니라(갈 4:6).

1. 하나님의 품으심

신자에 대한 성부의 첫 번째 축복은 성령을 아는 것이며 그를 통하여 언약을 깨닫는 것이다. 일세기의 초대교회 지도자들은 새 신자에게 성수로 젖은 손을 얹고 성령을 받도록 기도하였다. 성령은 그들을 감화시켜 그리스도에게로 인도하여 그를 주로 고백하게 하고 그리스도와 연합하는 기적을 일으켰다. 이제 그들은 내주하시는 성령께서 그들에게 더욱 온전히 알려지도록 기도하였다.

우리가 유대인이나 헬라인이나 종이나 자유자나 다 한 성령으로 세례를 받아 한 몸이 되었고 또 다 한 성령을 마시게 하셨느니라(고전 12:13).

성령은 우리를 그리스도의 몸으로 인도하시며 우리는 그와 연합하여 한 몸이 된다. 신자에 대한 성령의 관계는 '내려오다'(to fall upon)로 표현된다.

베드로가 이 말 할 때에 성령이 말씀 듣는 모든 사람에게 내려오시니 (행 10:44).

'내려오다'란 표현은 옛 영어식 표현이며 '꼭 껴안다, 열렬히 포옹하다'라는 의미가 있다.[1] 이 표현은 누가복음 15장에 나타난다.

이에 일어나서 아버지께 돌아가니라 아직도 상거가 먼데 아버지가 저를 보고 측은히 여겨 달려가 목을 안고 입을 맞추니(눅 15:20).

본문은 돌아온 아들을 향해 쏟아지는 아버지의 열정적이고 무조건적인 사랑을 묘사한다. 누가가 복음서와 함께 사도행전을 기록하였다는 사실은 중요하며 따라서 이 구절이 무엇을 의미하는지는 명약관화하다. 신자의 첫 번째 경험은 새 신자가 하나님의 가족의 일원이 된 것을 환영하는 성령 하나님의 안아주심이다.

우리가 그의 품에 안길 때 사랑에 관한 모든 생각은 지적 개념으로부터 실제적 경험으로 바뀐다. 우리가 하나님이 나를 사랑하신다고 말할 때 결코 딱딱한 교리적 차원에서가 아니라 성령 하나님께서 우리를 사랑하셔서 그의 팔로 껴안으심을 깨달아야 한다. 성령은 우리에게 달려와 품에 안고 사랑해 주시는 하나님이시다. 우리의 대표자이신 그리스도 안에서의 지위에 관한 지식으로부터 실제로 성령 하나님의 품에 안기는 경험은 획기적인 도약이다.

1970년대에 나는 한 유명한 신학교에서 중생과 성령 체험에 대해 강의해 달라는 부탁을 받았다. 나는 전체 강의에 이어 한 작은 학급에서 강의하였다. 그들은 진지하게 경청하였으며 나는 강의를 마친 후 질문 시간을 가졌다. 그들은 약 45분간 줄곧 질문을 퍼부었으며 결국 질문 시간은 진부한 신학적 난상토론의 장이 되고 말았다. 나는 손을 들어 질문을 끊은 후 "여러분 나는 지금까지 성경과 교회 역사를 통해 새 언약이 성령의 언약이며 우리는 신약성경이나 초기 교회에서처럼 오늘날 우리의 삶에서 성령님을 체험할 수 있다는 사실을 전했습니다. 이제 토론은 그만하고 실제로 그분을 우리의 삶 가운데 모셔야 할 시간입니다. 내가 여러분을 위해 안수 기도해 드리겠습니다"라고 말했다. 그리고 2분 후에 교실이 텅텅 비고 말았다.

나는 학생들이 신학적 토론은 하면서도 그들이 공부하는 하나님과의 교제는 싫어한다고 생각하니 슬펐다. 그들은 마치 날마다 개구리를 분해하여 연구하면서도 밤중에 연못가에 앉아 개구리가 합창하는 세레나데는 한 번도 들어보지 못한 과학자와 같다는 생각이 들었다. 오늘날 그들 가운데 많은 사람들이 대형 교회를 담임하고 있으나 새 언약을 성경대로 우리의 삶 속에 적용하시는 성령에 대해서는 두려워한다.

성령이 없으면 여기서 말하는 모든 논쟁은 겉치레만 번듯한 이론이 되고 말 것이며 실제적인 영역과는 무관하게 될 것이다. 하나님의 사랑은 결코 신학자들의 토론을 위한 이론이 아니며 오직 성령에 의해 우리에게 전달된다. 언약은 신자가 어두움 속에서 예수를 닮기 위해 애쓰지만 육신의 연약만 깨닫는 '현실'의 세계로 들어가는 이론이나 학문이 아니다.

성령은 역동적으로 우리를 역사 속의 언약으로 연결한다. 그는 우리에게 새 언약의 놀라운 약속들을 실제로 적용하는 하나님이시다. 그는 우리를 승천하신 예수님의 생명과 연결하며 날마다 그의 생명으로 살게 하는 능력이시다. 성령께서는 우리의 삶 속에 임한 소위 '천국'의 세계, 즉 새 언약의 세계로 인도하신다. 우리는 그림자와 같은 과거에 살고 있지만 그것에 속하지 않은 것은 성령을 통해 매 순간 그리스도 안에서 살아가기 때문이다.

2. 하나님의 처소

새 언약은 하나님과 사람의 연합에 대해 하나님의 영광이 옛 언약의 성막과 성전에 거하시는 모습으로 그린다. 사람의 몸은 성령의 처소가 되었다. 성전 전체를 가리킬 때 사용하는 헬라어 단어는 히에론(hieron)이다.[2] 그러나 성전의 가장 안쪽, 하나님의 영광이 자기 백성들과 함께 거하시는 곳은 지성소(Holy of Holies)라고 해서 나온(naon)이라는 단어를 사용한다.[3] 바울은 고린도에 있는 성도들에 대해 언급하면서 그들 각자를 나오스(naos)라고 불렀다. 지성소는 하나님의 임재하심으로 가득하였다.

> 주와 합하는 자는 한 영이니라…너희 몸은 너희가 하나님께로부터 받은 바 너희 가운데 계신 성령의 전인 줄을 알지 못하느냐 너희는 너희의 것이 아니라 값으로 산 것이 되었으니 그런즉 너희 몸으로 하나님께 영광을 돌리라(고전 6:17-20).

옛 언약 하의 사람들은 이러한 특권에 대해 상상도 하지 못하였다. 하나님의 영광은 언제나 성막이나 성전에 거하였다. 그의 영광이 그들과 함께한다는 것은 있을 수 없는 일이었다. 그러나 오늘날 신자들은 누구와 어떠한 관계를 맺든, 무슨 일을 하든, 하나님의 임재를 염두에 두고 행하는 것이다. 우리는 그리스도의 영과의 절대적 연합을 떠난 자신을 생각할 수 없다.

성령의 내주하심은 우리와 예수님과의 관계를 실제적이 되게 한다.

> 내가 아버지께 구하겠으니 그가 또 다른 보혜사를 너희에게 주사 영원

토록 너희와 함께 있게 하시리니 저는 진리의 영이라 세상은 능히 저를 받지 못하나니 이는 저를 보지도 못하고 알지도 못함이라 그러나 너희는 저를 아나니 저는 너희와 함께 거하심이요 또 너희 속에 계시겠음이라 내가 너희를 고아와 같이 버려두지 아니하고 너희에게로 오리라…그 날에는 내가 아버지 안에 너희가 내 안에 내가 너희 안에 있는 것을 너희가 알리라…사람이 나를 사랑하면 내 말을 지키리니 내 아버지께서 저를 사랑하실 것이요 우리가 저에게 와서 거처를 저와 함께하리라(요 14:16-18, 20, 23).

하나님과의 언약관계는 성령의 내주하심에 달려 있다. 예수님은 성령께서 오시면 신자들이 이러한 연합에 대해 알게 될 것이라고 말씀하셨다. 성령께서 오시는 '그 날에' 신자들은 '내가 아버지 안에 너희가 내 안에 내가 너희 안에' 있는 것을 알 것이며(20절), '우리가 저에게 와서 거처를 저와 함께' 할 것이다(23절). '너희가 내 안에 내가 너희 안에' 라는 구절만큼 그리스도와의 연합을 강력히 표현하는 구절은 없다. 우리의 몸과 마음과 감정은 성령을 통해 하나님의 거처가 된다. 우리는 이러한 사실을 깊이 묵상하며 성령께서 우리 몸의 모든 세포 속에 살아 계심을 알아야 한다.

3. 포도나무와 가지

우리와 삼위 하나님과의 밀접한 관계는 요한복음 15:1-8의 포도나무와 가지의 관계로 묘사된다. 예수님은 "내가 참 포도나무요 내 아버지는 그 농부라"(1절)고 말씀하신다.

우리는 이 본문의 비유에 대해 다루려는 것이 아니라 포도나무와 가지에 대한 관계와 우리와 예수님의 관계 사이의 평행에 대해 살펴보고자 한다. 5절에서 예수님은 "나는 포도나무요 너희는 가지니"라고 말씀하신다. 그는 자신이 포도나무며 우리는 그 가지이기 때문에 포도나무와 가지 사이에 일어나는 모든 일은 곧 그와 신자들 간에 적용될 수 있음을 강조하신다.

내가 강조하고 싶은 것은 예수께서 포도나무와 가지의 관계를 하나의 성취된 사실로서 말씀하고 계신다는 것이다. 즉 신자들과 예수님의 관계는 바로 이러한 관계에 있어야 한다는 것이다. 이 사실을 속히 깨달아야 함에도 불구하고 많은 신자들은 이와 같이 밀접한 관계는 앞으로 보다 깊은 신앙적 경험을 통해 이루어질 미래적 관계로 생각한다. 그들은 하나님께 이러한 상태에 이를 수 있게 해달라고 기도한다. 그러나 이것은 결코 일부 잘 믿는 신자들에게 국한 된 것이 아니라 구원 받은 순간부터 우리와 예수님 사이에 시작되는 정상적인 관계이다.

우리는 중생할 때 마치 갓난아기가 인간이 무엇인지 모르는 것처럼 이러한 관계에 대해 알거나 이해하지 못하지만, 갓난아이처럼 우리도 잉태되는 순간부터 점차 이러한 사실에 대해 알아간다. 우리가 남은 평생 동안 할 일은 이러한 관계를 보다 깊이 깨닫고 경험을 통해 점차 성숙하는 것이다. 그러나 우리는 그리스도 안에 있다는 진리를 깨닫기 전에는 그러한 관계에 대한 지식이나 경험의 성숙을 기대하지 못할 것이다. 아직도 이러한 사실을 알지 못해 그의 능력으로 살지 못하고 있다면 우리의 대답은 간단하다. '그리스도 안에 거하라.'

그는 식탁에 둘러앉은 제자들에게 "너희가 있을 곳은 그곳이며 그곳은 곧 너희의 삶의 기반이 되어야 한다"고 말씀하고 계신 것이다. 이것은 가지가 되라는 명령이 아니다. 그것은 결코 우리의 의지에 대한 호소가 아니다. 그는 새 언약을 통해 우리를 하나님과의 신비한 관계 속으로 들어가게 하신다.

4. 그리스도 안에 거함

우리는 "내 안에 거하라"(abide)는 예수님의 말씀의 뜻을 알아야 한다. 이 구절은 '거주하다' (dwell), '살다' (live), '머무르다' (remain), '붙어 있다' (remain united to) 등으로 다양하게 번역되었다. 사람에게 사용될 때 이 구절은 다른 사람과 함께 계속해서 남아 있거나 마음과 생각과 의지가 다른 사람과 하나가 되는 것을 의미한다. 이것은 둘 또는 그 이상의 사람들 사이의 매우 실제적인 교제의 연합을 나타낸다.

이 구절을 이해함에 있어서 가장 유의해서 보아야 할 대목은 예수께서 이 구절을 통해 성부 하나님과의 친밀한 관계를 상호 거주와 연합으로 설명하고 있다는 사실이다. 본문에서는 거하다가 '거주하다' 는 뜻으로 사용되었다.

> 나는 아버지 안에 있고 아버지는 내 안에 계신 것을 네가 믿지 아니하느냐 내가 너희에게 이르는 말이 스스로 하는 것이 아니라 아버지께서 내 안에 계셔 그의 일을 하시는 것이라 내가 아버지 안에 있고 아버지께서 내 안에 계심을 믿으라…(요 14:10-11).

우리는 그가 이미 성령이 오시면 "내가 아버지 안에 너희가 내 안에 내가 너희 안에 있는 것을 너희가 알리라"(요 14: 20)고 말씀하셨다는 것을 알고 있다. 이제 예수님은 다시 한번 이 구절을 사용하여 그와 신자들 간의 관계에 대해 묘사하신다.

신비적 연합의 관계에 대해 묘사하고 있는 이 짧은 구절이 새 언약의 핵심이다. 그리스도는 신자들 안에, 신자는 그리스도 안에 거하며, 그리스도는 성부께서 그의 안에 거하심같이 아버지 안에 거하신다. 골로새서 3:3은 이것을 다음과 같이 요약한다. "이는 너희가 죽었고 너희 생명이 그리스도와 함께 하나님 안에 감추었음이니라."

이 구절이야말로 포도나무와 가지의 모든 관계를 푸는 열쇠이며, 신자가 예수님으로부터 생명을 부여받는 방법이다.

내 안에 거하라 나도 너희 안에 거하리라 가지가 포도나무에 붙어 있지 아니하면 절로 과실을 맺을 수 없음같이 너희도 내 안에 있지 아니하면 그러하리라 나는 포도나무요 너희는 가지니 저가 내 안에 내가 저 안에 있으면 이 사람은 과실을 많이 맺나니 나를 떠나서는 너희가 아무것도 할 수 없음이라…너희가 내 안에 거하고 내 말이 너희 안에 거하면 무엇이든지 원하는대로 구하라 그리하면 이루리라(요 15:4-5, 7).

요한일서 4:15-16은 그리스도 안에 거하는 신자를 하나님 안에 거하는 자로 묘사한다.

누구든지 예수를 하나님의 아들이라 시인하면 하나님이 저 안에 거하시고 저도 하나님 안에 거하느니라 하나님이 우리를 사랑하시는 사랑을 우리가 알고 믿었노니 하나님은 사랑이시라 사랑 안에 거하는 자는 하나님 안에 거하고 하나님도 그 안에 거하시느니라.

그리스도인의 삶은 예수님 안에 머무르며, 그 안에 거주하며, 그를 자신의 생명으로 알고 이러한 관계를 지속하는 연속적 행위이다. 그것은 우리에게 자신을 내어주신 분에게 우리 자신을 맡기는 선택이다.

믿음은 우리가 '우리 안에 거하여 영원히 우리와 함께할 진리를 인함'(요이 1:2)이라는 그의 말씀과 같이 궁극적 진리이시며 사랑이신 하나님께 자신의 가장 깊은 곳에 있는 자아를 바치는 것이다. 그렇게 할 때에 우리는 비로소 그의 뜻과 진리의 말씀에 아멘이라고 화답할 수 있다. 우리가 삶과 행위를 통해 그에게 순종하며 사는 것은 모두 그 안에 거한 결과이다.

저 안에 거한다 하는 자는 그의 행하시는 대로 자기도 행할지니라(요일 2:6).

그의 계명들을 지키는 자는 주 안에 거하고 주는 저 안에 거하시나니 우리에게 주신 성령으로 말미암아 그가 우리 안에 거하시는 줄을 우리가 아느니라(요일 3:24).

5. 그에게 붙은 삶

포도나무이신 그리스도와 그 안에 거하는 가지로서 신자들과의 관계는 우리가 누리는 그리스도와의 연합의 정도를 나타낸다. 그것은 그가 '여기 있다' 거나 '저기 있다' 거나 그를 만나기 위해 교회에 왔다는 등의 개념을 영원히 제거한다. 우리는 생명의 원천이신 예수님과 결합되었다.

포도나무 가지는 포도나무의 생명인 수액을 받아들일 때에만 가지로서의 기능을 할 수 있다. 포도나무의 수액은 열매를 맺게 하는 힘이자 생명의 원천이다. 가지에서 열매가 맺히지만 실상은 가지를 통해 전달되는 수액이 열매를 맺게 하는 것이다. 포도나무가 포도를 맺는 것은 지극히 당연한 일이다. 가지는 열매를 맺으려는 헛된 수고를 하지 않으며 그것은 포도나무의 본질과 맞지 않는다.

하나님의 사랑이 우리의 행위로 드러나는 것은 예수와 같이 되려는 우리의 의지의 끝없는 노력의 산물이 아니다. 새 언약이 말하는 생명은 인간의 힘으로는 불가능하다는 사실을 받아들여야 한다. 그것은 우리 안에 성령으로 거하시는 예수님만이 하실 수 있는 일이다. 그는 하나님의 사랑으로 살라는 새 언약의 명령을 수행하는 원천이자 능력이 되신다. 이러한 사실을 깨닫는다면 그리스도인의 삶은 결코 자신에게 맞지 않는 라이프스타일을 만들어내려는 노력이 될 수 없을 것이다. 우리의 삶의 중심이자 원천이 그를 사랑하는 샘이 될 때 더 이상 신적 사랑의 라이프스타일이 낯설지 않고 자연스러울 것이다.

죽은 종교는 신도가 스스로의 힘으로 하나님을 기쁘시게 하겠다는 생각을 가질 때부터 시작된다. 예수님 시대의 바리새인은 이와 같이 '율법의 멍에를 멘' 자들이었다. 소가 함께 멍에를 메고 쟁기를 끄는 것처럼 그들은 스스로 율법의 멍에를 멘 자로 생각하고 모든 명령을 자신의 연약한 의지력으로 완전히 지키려고 하였다. 이것은 그들을 영적으로 고갈된 탈진 상태로 몰고 갔다. 이와 같이 힘들고 지친 사람들에게 예수님은 다음과 같은 말씀으로 초청하셨다.

> 수고하고 무거운 짐진 자들아 다 내게로 오라 내가 너희를 쉬게 하리라 나는 마음이 온유하고 겸손하니 나의 멍에를 메고 내게 배우라 그러면 너희 마음이 쉼을 얻으리니 이는 내 멍에는 쉽고 내 짐은 가벼움이라 하시니라(마 11:28-30).

예수님은 그들에게 아무런 도움도 되지 못하는 죽은 명령과 규례의 멍에를 모두 벗어버리고 자신에게 오면 하나님이 요구하시는 모든 규례를 성취할 생명을 주시겠다고 약속하셨다. 기독교는 십계명보다 우수한 규례를 모아 놓은 목록이 아니다. 그는 가장 최신의 훌륭한 율법의 방식을 제시하신 것이 아니다. 그의 사역은 율법의 영역이 아니라 생명의 영역에 속한다.

그는 새 언약을 주셨다. '새'(new)에 해당하는 헬라어는 신차 발표회와 같이 새로 나온 최신 모델을 의미하는 것이다. 그런 의미의 '새 것'은 많은 모델들 가운데 가장 신식이고 기술적으로 향상된 제품을 말한다. 그러나 새 언약에 사용된 'new'는 질적으로 다른 새로운 종류라는 의미를 가지고 있다. 이것을 신차에 적용하면 지금까지와 전혀 다른 새로운 수송 수단을 말한다. 새 언약은 율법적 종교의 최신 개작(rehash)이 아니라 인류의 마음속에 한 번도 들어온 적이 없는 새로운 개념을 소개한다. 그것은 선지자들의 기대를 훨씬 능가한다. 그것은 규례의 목록이 아니라 하나님의 완전한 사랑과 하나가 되는 것이다.

포도나무의 수액이 없이 열매 맺는 가지는 상상할 수도 없다. 식물학자의 연구 조사용으로는 둘을 나눌 수 있겠지만 실제로 그런 일은 결코 일어나지 않는다. 엄밀히 말해 포도는 나무의 열매이며 가지의 열매가 아니다. 그렇다면 자신 안에 예수의 생명을 사시는 그리스도의 영이 없는 신자의 삶은 생각할 수 없다.

포도는 모든 사람이 먹고 누릴 수 있는 형태로 바뀐 나무의 생명이다. 따라서 신자가 그리스도와 연합하는 궁극적 목적은 그리스도의 생명이 자신의 인격을 통해 흘러나와 세상의 복이 되게 하는 것이다.

> 내 안에 거하라 나도 너희 안에 거하리라 가지가 포도나무에 붙어 있지 아니하면 절로 과실을 맺을 수 없음같이 너희도 내 안에 있지 아니하면 그러하리라 나는 포도나무요 너희는 가지니 저가 내 안에 내가 저 안에 있으면 이 사람은 과실을 많이 맺나니 나를 떠나서는 너희가 아무것도 할 수 없음이라(요 15:4-5).

더욱 놀라운 것은 그리스도는 가지와 결합하여 가지로 알려진다는 것이다. 우리가 나무라고 할 때 이러한 정의 속에는 가지가 포함된다. 가지가 없는 나무는 나무라고 하지 않으며 줄기라고 한다. 나무의 생명은 가지를 통해 표현된다. 나무의 생명은 가지가 있어야 그것을 통해 포도 열매를 맺을 수 있다. 가지가 없다면 나무를 볼 수 없으며 그것이 무슨 나무인지도 알 수 없다. 우리는 그리스도에게 붙어 있지 않은 존재로서 자신을 생각할 수 없다. 그러나 더욱 놀라운 것은 예수님도 오늘날 이 땅에 있는 그의 몸 된 교회를 통해 사역하신다는 것이다.

6. 하나 더하기 하나는 하나이다.

바울은 자신의 삶에 대해 다음과 같이 설명하였다.

> 내가 그리스도와 함께 십자가에 못박혔나니 그런즉 이제는 내가 산 것

이 아니요 오직 내 안에 그리스도께서 사신 것이라 이제 내가 육체 가운데 사는 것은 나를 사랑하사 나를 위하여 자기 몸을 버리신 하나님의 아들을 믿는 믿음 안에서 사는 것이라(갈 2:20).

바울은 예수와 같이 되기 위해 노력한다고 말하지 않고 그리스도께서 자기 안에 살고 계신다고 말했다.

그는 빌립보 성도들에게 이러한 바탕 위에 그리스도를 닮은 삶에 대해 교훈하였다.

그러므로 나의 사랑하는 자들아 너희가 나 있을 때뿐 아니라 더욱 지금 나 없을 때에도 항상 복종하여 두렵고 떨림으로 너희 구원을 이루라 너희 안에서 행하시는 이는 하나님이시니 자기의 기쁘신 뜻을 위하여 너희로 소원을 두고 행하게 하시나니(빌 2:12-13).

그들은 두렵고 떨림으로 구원을 이루어야(문자적으로는 결실을 거두어야) 했지만 그들 가운데 소원(의지)을 두고 행하게 하시는 분은 하나님이시다.

바울은 갈라디아인의 영적 성숙을 위해 기도하면서 그리스도가 그들 가운데 형상을 이루시는 것이 목적이라고 말했다. "나의 자녀들아 너희 속에 그리스도의 형상이 이루기까지 다시 너를 위하여 해산하는 수고를 하노니"(갈 4:19).

만일 그들 가운데 그리스도의 형상이 이루어졌다면 단순히 그들 옆에서 위로와 충고를 하거나 자신을 따르라거나 어디로 가야 할지 안내하는 역할만 하지 않을 것이다. 그는 멀리 하늘에서 그들을 부르며 기다리고 계신 것이 아니다. 이것은 그가 그들 속에 거하시며 그들의 가장 깊은 내면의 진정한 자아(true and inmost selves)로 계심을 말해 준다.

바울은 자신의 복음 전파가 사실은 살아 계신 그리스도께서 자신을 통해 역사하시는 일임을 알고 있었다. "그리스도께서 이방인들을 순종케 하기 위하여 나로 말미암아 말과 일이며 표적과 기사의 능력이며 성령의 능력으로 역사하신 것 외에는 내가 감히 말하지 아니하노라"(롬 15:18). 그의 사역은 하나님을 위한 것이 아니라 그리스도께서 그의 안에서 그를 통해 하시는 일이었다.

로마 당국에 의해 감옥에 갇힌 바울은 감방에서 빌립보 성도들에게 편지를 기록하였다. 그는 감옥에 갇혀 석방이나 사형 판결을 기다리면서 느낀 개인적인 심정을 표현하였다. 그는 기도를 요청하며 다음과 같이 썼다.

> 이것이 너희 간구와 예수 그리스도의 성령의 도우심으로 내 구원에 이르게 할 줄 아는 고로 나의 간절한 기대와 소망을 따라 아무 일에든지 부끄럽지 아니하고 오직 전과 같이 이제도 온전히 담대하여 살든지 죽든지 내 몸에서 그리스도가 존귀히 되게 하려 하나니 이는 내게 사는 것이 그리스도니 죽는 것도 유익함이니라(빌 1:19-21).

그에게 감옥은 그리스도와 함께 있는 곳이었다. 그것은 구경꾼들조차 바울의 행동과 말을 통해 그를 볼 수 있을 정도였다. 이러한 실재는 우리로서는 이해하기 어렵다. 우리로서는 그가 보이지 않게 우리 옆에 계신다고 생각하는 편이 이해하기 쉽다. 그는 물론 우리와 함께 계신다(is). 그러나 신약성경의 강조점은 그가 우리 안에 우리가 그의 안에 있다는 것이다. 그는 내 안에, 여러분 안에, 우리 안에, 우리가 하는 일과 경험하는 모든 것들 안에 계신다. 그는 우리 안에서 행하시고 우리의 슬픔을 느끼시고 우리의 기쁨을 아신다.

"내게 사는 것이 그리스도니"라는 고백은 내가 지금 이 순간에 경험하고 행하는 것이자 예수께서 내 안에서 경험하고 행하는 것이다. 지금 컴퓨터를 치는 것은 그의 손이며 가게에서 물건을 사는 것이나 학교에 가는 것도 그분이시다. 그는 우리 안에서 인간의 삶에 끊임없이 접근하신다. 그러나 우리는 수동적인 로봇이 아니라 그의 생명에 완전히 동참하여 진정한 선택을 한다. 이것이 바로 믿음의 영광스러운 신비이다.

새 언약의 수학은 하나 더하기 하나는 하나라는 것이다. 그는 우리와 하나가 되어 우리의 사역 대상인 삶에 지친 사람들을 경험하신다. 그는 우리를 통해 그들에게 사역하신다. 그는 출근 시간에 쫓긴 운전자를 경험하신다. 그는 예배를 마치고 천천히 차를 몰며 귀가하는 노부인을 경험하신다. 그는 여러분을 축하하며 웃으신다. 그는 사랑하는 자를 잃고 상실감에 빠진 여러분과 슬픔을 함께 나누신다. 그는 여러분이 삶 가운데 당하는 유혹과 압박에 직면하신다. 그는 인생의 기회와 도전에 직면하시며 여러분 안에서 그것을 받아들이신다. 그는 그것을 경험하시면서 상황에 따라 우리의 자아 깊은 곳에 힘과 지혜와 능력을 주신다. 우리의 삶은 매일 밤마다 그에게 기도로 보고해야 하는 것이 아니다. 그가 우리 안에서 매순간 함께 사시기 때문이다.

이러한 삶은 결코 수도사와 같이 은둔해 사는 삶이 아니다. 이웃을 사랑하라거나 육신의 일을 벗어버리라는 모든 명령은 가정이나 직장 및 세속적 사회를 향해 주어진 말씀이다. 저녁 식탁은 우리의 분노와 악을 거두고 사랑으로 대해야 할 곳이다. 우리의 직장은 우리가 그의 능력으로 시기와 욕심을 버리고 그를 더욱 드러내어야 할 곳이다. 그는 커피 잔을 앞에 두고 상처 입은 사람들의 말을 듣고 그들을 위로하신다.

그러나 우리는 결코 그의 손에 낀 장갑인형이 아니다. 우리는 아무런 생각이 없는 로봇이나 복화술사의 인형이 아니다. 영광의 주께서 우리 안에 거하시며, 그를 떠나 거짓을 원하는 육체의 소욕을 향해 죽고 그의 강력한 힘에 이끌려 가는 선택을 하는 것이 곧 믿음의 삶이다.

The Lost Secret of the New Covenant

제 14장

그리스도인의 삶의 절정

 그리스도인의 삶이란 그가 우리 안에 거하신다는 사실을 인식하고 우리가 처한 모든 상황에서 그의 무한하신 생명으로 이끌림을 받는 삶이라고 요약할 수 있다. 이것은 우리가 그리스도 안에서 영적으로 점차 성숙하면서 더 이상 자신을 의지할 수 없을 만큼 약한 자신의 연약성을 인식하고 점차 그의 주시는 힘으로 살아간다는 것을 의미한다.
 바울은 힘든 시기를 통해 자신의 연약과 그리스도께서 그의 생명과 힘이 되신다는 교훈을 배웠다.

 여러 계시를 받은 것이 지극히 크므로 너무 자고하지 않게 하시려고 내 육체에 가시 곧 사단의 사자를 주셨으니 이는 나를 쳐서 너무 자고하지 않게 하려 하심이니라 이것이 내게서 떠나기 위하여 내가 세 번 주께 간구하였더니 내게 이르시기를 내 은혜가 네게 족하도다 이는 내 능력이 약한 데서 온전하여짐이라 하신지라 이러므로 도리어 크게 기뻐함으로 나의 여러 약한 것들에 대하여 자랑하리니 이는 그리스도의 능력으로 내게 머물게 하려함이라 그러므로 내가 그리스도를 위하여 약한 것들과 능욕과 궁핍과 핍박과 곤란을 기뻐하노니 이는 내가 약할 그 때에 곧 강함이니라(고후 12:7-10).

우리는 육체의 가시가 무엇인지 확실히 알 수 없다. 그것은 어쩌면 바울이 앞 장에서 언급한 대로 그의 명예를 실추시키고 복음을 왜곡하기 위해 그를 따르는 사람들인지도 모른다. 그러나 그것이 무엇인지는 중요하지 않다. 우리의 관심은 그가 가시에 대해 어떻게 했느냐에 있다. 가시는 분명히 그에게 고통을 주었다. 우리에게 고통을 주는 사단의 사자는 결코 사소한 것이 아니다.

그는 하나님께 그것을 제거해 달라고 기도하였다. 히브리어에서 '세 번'은 '반복해서' 라는 의미가 있다. 그러나 기도는 예기치 않은 방식으로 응답되었다. 가시가 제거되는 대신 바울은 자신 안에 거하시는 그리스도의 실재에 대해 깨닫게 된 것이다. 성경은 "내게 이르시기를 내 은혜가 네게 족하도다 이는 내 능력이 약한데서 온전하여짐이라고 하신지라"(9절)고 말한다.

주석 성경은 "너의 연약을 통해 나의 힘과 능력이 온전하여 지고(성취되고 완전하게 되며) 가장 효과적이 되니라"고 번역한다.

그가 겪은 고통은 그에게서 자신에 대한 모든 믿음과 기대를 빼앗아 갔다. 자신을 의지하던 삶이 끝나자 그리스도의 힘을 드러내는 온전한 도구가 되었던 것이다.

자신의 연약함을 온전히 인식하는 경지에 이른다는 것은 쉽지 않다. 우리는 자신이 약하다고 믿지 않는다. 우리는 우리가 조금만 더 열심히 하면 하나님을 기쁘시게 할 수 있을 것이라고 믿는다. 우리의 기도는 전적인 연약에 대해 표현하지 않는다. 우리는 대부분 하나님께서 우리에게 힘을 주사 강하게 하시고 우리가 부족한 것을 채워주시도록 기도한다. 그러나 바울의 교훈은 우리가 전적으로 연약할 때 오직 그의 생명이 우리 안에서 우리를 통해 드러나야만 한다고 말한다.

그러므로 우리의 연약함을 깨닫게 하는 고통은 복으로 간주되어야 한다. 그가 없이는 아무것도 할 수 없다는 인식은 그의 생명을 더욱 속히 우리를 통해 역사하시게 한다. 바울은 "이러므로 도리어 크게 기뻐함으로 나의 여러 약한 것들에 대하여 자랑하리니 이는 그리스도의 능력으로 내게 머물게 하려 함이라"(9절)고 말한다.

그는 본문에서 영어로 번역하기 어려운 표현을 사용한다. '내게 머물게' (resting upon me)는 어떤 것 속으로 빠져 들어가 시야에서 사라진다는 의미이다.[1] 주석 성경은 "내게 머무를 수(장막을 펴고 거할 수) 있도록"으로 번역한다.

이것은 그의 삶을 전적으로 바꾸는 경험이었던 것으로 보인다. 빌립보서 4:11-13은 이에 대한 언급일 수 있다.

> 내가 궁핍하므로 말하는 것이 아니라 어떠한 형편에든지 내가 자족하기를 배웠노니 내가 비천에 처할 줄도 알고 풍부에 처할 줄도 알아 모든 일에 배부르며 배고픔과 풍부와 궁핍에도 일체의 비결을 배웠노라 내게 **능력 주시는 자** 안에서 내가 모든 것을 할 수 있느니라.

'배웠노라'는 말은 '비밀 속으로 들어가다'라는 뜻으로서, 나는 이 표현이 고린도후서 12장에 언급된 것들을 통과하면서 배웠을 것이라고 생각한다. 그는 온전한 연약함 속에 들어감으로써 인생의 모든 상황에 대처할 수 있는 비법을 배웠다.

'자족한다'(content)는 말은 '충분하다', '충분한 힘이 있다', '어떤 일에 만족하다'라는 뜻이다.[2] 이것은 스토아학파가 즐겨 쓰는 말로, 그들은 자신의 의지로 어떠한 환경에도 지배당하지 아니하며 주변에서 무슨 일이 일어날지라도 방해받지 않고 동요하지 않을 수 있다고 생각하였다.[3] 바울은 진정한 만족에 들어갔으며 그것은 자신의 의지나 자만에 의해서가 아니라 자기 안에 계신 그리스도로 말미암는 것이었다.

그의 비법은 사실상 자신이 배운 것을 모든 것에 확장한 것이었다. "내게 능력 주시는 자 안에서 내가 모든 것을 할 수 있느니라." 본문에서 우리가 유심히 지켜보아야 할 단어는 '능력 주시는'(strengthen)이다. 이 단어는 문자적으로 '힘을 불어넣다' 또는 '힘 있게 하다' 라는 뜻을 가지고 있다.[4] 그는 자신에게 불어넣어 주시는 그리스도의 능력으로 어떤 일도 할 수 있다고 말한다. 주석 성경은 이것을 "내가 그리스도의 풍성함 안에서 자족하노라"고 번역한다.

나는 수년 전에 영국의 한 카페에서 차 한 잔을 앞에 두고 이러한 진리와 씨름한 적이 있었다. 나는 차를 따르는 포트를 바라보던 중 갑자기 '능력 주다' 라는 단어의 의미가 분명해져 오는 것을 깨달았다. 찻잔에 흘러 들어가는 액체가 바로 그런 의미였던 것이다. 영국인들은 차를 만드는 방법에 대해 언제나 자부심을 가지고 있었다. 그들은 포트의 물을 미리 가열한 다음 잔마다 차를 한 스푼씩 넣고 뜨거운 물을 부은 후 차가 우러나도록 기다린다. 나는 어릴 적에 할머니가 '차를 우려주겠다' 고 말했던 기억이 난다.

포트와 찻잔을 바라보면서 나는 내가 마시는 것이 실제로는 차가 아니라는 생각이 들었다. 차 잎은 모두 바닥에 가라앉았기 때문이다. 나는 '차에서 나온 물' 을 마시고 있는 것이다. 내가 음미하고 있는 것은 이미 차의 강력한 힘에 녹아 원래의 맛을 상실한 물이다. 마찬가지로 그리스도와의 연합도 물이 차 잎이 되지 않듯 내가 그가 되는 것이 아니며 그리스도가 내가 되는 것도 아니다. 다만 무미건조하고 공허한 나의 삶 속에 풍성하고 영원한 생명이 녹아듦으로써 세상은 나의 생명을 통해 그를 맛보는 것이다. 따라서 그가 없는 나의 삶은 아무것도 아니다.

그러나 빌립보서 4:11-13을 다시 한번 살펴보면 바울은 결코 인형으로서 말한 것이 아니다. 그는 삶의 온갖 환경을 경험해 보았으며 어떤 형편에 처하든지 그것에 만족할 수 있었다. 그러나 그는 이 모든 것이 그리스도의 능력에 녹아들어갔기 때문에 가능했음을 알았다.

골로새서 1:11에도 동일한 말씀이 나온다. 바울은 신자들을 위해 기도하면서 그 영광의 힘을 좇아 모든 능력으로 능하게 하시며 기쁨으로 모든 견딤과 오래 참음에 이르게 해달라고 기도하였다.

본문에 사용된 단어는 연구해 볼 만한 가치가 있다. '능하게 하시며' (strengthen)로 번역된 헬라어 단어는 강력한 힘 또는 내적 능력을 의미하는 '두나미스' (dunamis)이다.[5] '모든 능력' (all might)은 두나미스의 다른 번역이며, '영광의 힘'은 하나님의 전능하신 능력을 의미하는 '크라토스' (kratos)라는 단어를 사용하였다.[6]

'~을 좇아' (according to)는 '~와 일직선으로, ~와 조화되어' (in line with)로 번역할 수 있다. 예를 들어 내가 호텔 6층에 있는 숙소로 가고 싶다고 하자. 엘리베이터를 타서 잠시 기다리면 엘리베이터의 바닥이 6층 바닥의 높이와 같을 때 문이 열린다. 두 바닥이 서로 일직선으로 나란히 되었기 때문이다. 이때 엘리베이터의 바닥은 호텔 6층의 바닥을 좇아(according to) 있다고 말할 수 있다.

이 모든 점을 감안할 때 '모든 능력으로 능하게 하심'은 '하나님의 전능하신 능력과 일직선상에서' 능하게 됨을 의미한다. 이것이 바로 우리가 말하려는 언약이 연합이다.

나는 사람들이 "우리 안에 있는 능력으로 기적을 행하자"라고 말하는 것을 자주 듣는다. 그러나 본문은 계속해서 우리 안에 있는 이러한 능력에 의해 성취되는 기적이 어떤 것인지에 대해 말한다. 그것은 기쁨으로 모든 견딤과 오래 참음에 이르게 하는 것이다. '모든 견딤과 오래 참음'[7]은 환경과 사람에 대한 인내를 말한다. 그리스도 예수는 우리 안에서 우리를 대표하여 거하시며 우리의 삶에서 만나는 모든 일과 사람들에게 그의 전능하신 생명의 능력을 부여하신다.

1. 영적인 역사를 위한 기도

성령께서는 우리를 언약으로 인도하시어 그것에 동참하게 하시지만 성령에 대한 우리의 관계는 그것에 머물러서는 안 된다. 그는 우리의 삶 속에 일어나는 모든 세세한 부분에까지 언약이 작용하도록 우리 안에서 끊임없이 역사하신다. 모든 언약은 그리스도 안에서 성취되었으며 우리가 그와 연합함으로써 우리의 것이 된다. 그러나 우리는 우리의 것을 담대히 요구하고 성령께서 그것을 이루어주시도록 담대히 기대해야 한다.

이러한 사실을 염두에 둘 때에 우리는 바울이 지중해 부근에 흩어져 있던 다양한 회중을 위해 기도하면서 성령의 충만을 통해 그들의 삶 가운데 언약의 목적이 성취되기를 담대히 구하였음을 볼 수 있다. 한 예로 에베소에 있는 성도들을 위한 기도의 내용을 살펴보자.

> 그 영광의 풍성을 따라 그의 성령으로 말미암아 너희 속사람을 능력으로 강건하게 하옵시며 믿음으로 말미암아 그리스도께서 너희 마음에 계시게 하옵시고 너희가 사랑 가운데서 뿌리가 박히고 터가 굳어져서 능히 모든 성도와 함께 지식에 넘치는 그리스도의 사랑을 알아 그 넓이와 길이와 높이와 깊이가 어떠함을 깨달아 하나님의 모든 충만하신 것으로 너희에게 충만하게 하시기를 구하노라…우리 가운데서 역사하시는 능력대로 우리의 온갖 구하는 것이나 생각하는 것에 더 넘치도록 능히 하실 이에게 교회 안에서와 그리스도 예수 안에서 영광이 대대로 영원무궁하기를 원하노라 아멘(엡 3:16-21).

그의 기도는 온갖 풍성한 요구로 넘쳐난다. 이 모든 것은 이미 언약이 성취되었다는 사실에 근거하고 있다. 기능적 연합에 대한 개념은 그가 신자들에게 가장 필요한 것으로서 성령의 힘 주시는 능력을 구했다는 사실에서 분명히 드러난다. 그는 그들이 그리스도와의 실제적인 연합에 대해 깨닫고 그가 그들의 진정한 자아(self)가 될 수 있기를 구했다. 이어서 바울은 그 모든 것의 원천으로 눈을 돌려 그리스도의 한량없는 사랑을 깨닫게 되기를 구하였다.

바울은 에베소 성도들을 '사랑 가운데서 뿌리가 박힌' 자로 표현하였다. 이것은 마치 나무가 땅으로부터 생명을 흡수하듯 사랑에 뿌리를 내리고, 건물이 반석과 같은 기초 위에 든든히 서 있듯이 사랑에 기초하여 굳게 서 있다는 말이다.

그의 기도는 점차 고조되어 그리스도께서 성취하신 언약의 핵심에 이른다. "하나님의 모든 충만하신 것으로 너희에게 충만하게 하시기를 구하노라"(19절). 주석 성경은 본문을 "하나님 자신으로 가득 차서 넘쳐나는 몸"으로 번역한다. 이것은 부활체와 하나님의 완전하고 궁극적인 연합을 의미한다. 이것은 언약의 궁극적 목표이다. 즉 하나님이 우리에게 충만하시어 우리가 그와 같이 충만하게 된다는 것이다. 요한일서 4:17은 이렇게 말한다. 주의 어떠하심과 같이 우리도 세상에서 그러하니라.

어떻게 이런 엄청난 기도가 응답이 될 수 있는가? 그것은 우리 피조물의 생각을 넘어선다. 바울은 우리가 구하고 생각하는 것을 풍성하게 주실 뿐 아니라 그 이상의 것도 넘치게 주시는 하나님께 대한 영광의 찬양과 함께 맘을 맺는다. 주석 성경은 본문의 헬라어 의미를 다음과 같이 해석한다.

> 우리가 [감히] 구하는 온갖 것이나 생각하는 것[최상의 기도, 소원, 생각, 희망, 꿈]보다 훨씬 넘치도록 능히 [목적을 성취]하실 이에게(엡 3:20, 주석 성경)

또한 그는 어떻게 우리가 생각하지도 못하는 것들을 성취하실 것인가? 바울은 "우리 가운데서 역사하시는 능력대로"(20절)라고 말한다. 즉 성령의 능력으로 가능케 하신다는 것이다. 언약의 내용은 우리 가운데 역사하시는 성령의 능력으로 말미암아 날마다 우리의 삶 가운데 적용되며 실제화된다.

2. 그리스도의 몸

성령은 우리를 그에게로 인도하여 연합하게 하시는데, 이것은 몸과 머리의 관계로 설명할 수 있다. 바울은 이러한 관계를 신자의 궁극적 실재로 언급한다.

> 우리가 유대인이나 헬라인이나 종이나 자유자나 다 한 성령으로 세례를 받아 한 몸이 되었고 또 다 한 성령을 마시게 하셨느니라…너희는 그리스도의 몸이요 지체의 각 부분이라(고전 12:13, 27).

바울은 "너희는 그리스도의 몸"이라고 단언한다. 그는 별도의 설명을 하지 않고 있으나 이것이 비유적 관계임을 말하고 있다. 그리스도는 우리의 머리이시며 우리는 그의 지체이자 서로에게 지체가 된다. 이 책을 들고 읽고 있는 여러분의 손과 눈이 여러분의 몸의 한 부분인 것처럼 신자로서 여러분은 확실히 그리스도 안에 있다.

우리는 대부분 그리스도인으로서의 경험을 죄 사함에만 초점을 맞추어 말하지만 신약성경은 그와의 연합을 떠난 죄 사함에 대해서는 일절 언급하지 않는다. 우리와 그리스도는 하나로 연합되었으며 결코 따로 떼어 생각할 수 없다. 바울은 로마서 5장에서 완전한 용서라고 하는 놀라운 말씀을 선언한 후, 계속해서 6장에서 우리가 그리스도 '안에' 있으며 그의 죽으심과 부활 '안에' 있기 때문에 하나님의 용서하시는 은혜를 계속 받기 위해 계속해서 죄에 거하는 것은 전적으로 불가능하다고 말한다.

> 그런즉 우리가 무슨 말 하리요 은혜를 더하게 하려고 죄에 거하겠느뇨 그럴 수 없느니라 죄에 대하여 죽은 우리가 어찌 그 가운데 더 살리요 무릇 그리스도 예수와 합하여 세례를 받은 우리는 그의 죽으심과 합하여 세례 받은 줄을 알지 못하느뇨(롬 6:1-3).

몸의 머리는 단순히 눈과 입을 가진 머리의 외형 이상의 것으로 이해해야 한다. 이것은 온 몸에 생명을 부여하는 보이지 않는 두뇌에 대한 언급이다. 따라서 그리스도는 하늘에 계신 보이지 않는 머리이시며 우리는 그의 뜻을 이 땅에 나타내는 눈에 보이는 그의 몸이다.

신자와 그리스도는 하나이지만 한 덩어리로 섞여 구분되지 않는 것이 아니다. 신자는 그리스도가 아니며 그리스도도 신자가 될 수 없다. 그는 살아 승천하셔서 영광 중에 계신 주님이시며 신자와는 구분된 객관적 대상이시다. 그러나 신자에게 내주하시는 성령으로 말미암아 둘은 기능적으로 하나가 된 것이다.

머리와 몸은 역사를 공유한다. 머리가 경험한 모든 것은 몸도 경험한다. 머리가 간 곳은 어느 곳이든 몸도 가 있다. 머리가 영국에 있으면 몸도 그러하고 영국에서 미국으로 갔다면 몸도 그러하다. 그렇지 않으면 큰 난리가 난다. 둘은 모든 면에서 하나이다. 우리는 그 안에 거한다. 즉 그는 우리 안에, 우리는 그 안에 있다.

그리스도는 죽으셨으나 죄와 사망과 사단을 이기고 승리하셨으며 이제 영원한 생명의 능력으로 살아 계신다. 우리는 그와 연합하였으며 그의 역사는 우리의 역사가 되었다. 그의 죽으심은 우리의 것이 되었으며 이와 같이 바울도 그리스도와 함께 십자가에 못박혔다고 말했다. 뿐만 아니라 그의 부활은 우리의 부활이 되었으며 우리는 모두 부활의 능력으로 살아가고 있는 것이다. 우리는 동시에 두 세상을 살고 있다. 우리는 하늘의 영역에서 살고 있는 동시에 물질세계에서 살고 있다. 우리는 그리스도와의 연합을 통해 세상을 바라보며, 죽음에서 부활한 내적인 눈을 통해 물질세계를 인식한다. 우리는 신적 본질에 동참한 자가 되었으며 그의 영원하신 생명을 통해 성부 하나님의 가족의 일원이 되었다.

머리와 몸, 그리고 몸에 붙은 모든 지체는 모든 것을 동일하게 공유한다. 머리가 풍성하면 몸도 풍성하다. 그는 우리가 물질세계에서 빈곤하게 살아가는 동안 하늘의 풍성함을 누리며 그곳에 살지 않는다. 우리는 그의 안에 있으므로 그가 순종하심을 통해 얻은 모든 복은 우리의 것이다. 우리는 그의 역사와 결합하였으며, 그의 죽음과 부활과 승천에 동참한 자가 되었다.

> 찬송하리로다 하나님 곧 우리 주 예수 그리스도의 아버지께서 그리스도 안에서 하늘에 속한 모든 신령한 복으로 우리에게 복 주시되…또 함께 일으키사 그리스도 예수 안에서 함께 하늘에 앉히시니(엡 1:3; 2:6).

새 언약에 들어간다는 것은 영적 공동체의 일원이 되어 날마다 그리스도와 함께 하늘의 영역에서 살아가는 것을 말한다.

바울은 로마서에서 이러한 내용에 대해 제시하였다. 우리는 그가 로마의 신자들을 한 번도 만난 적이 없으며 그들의 영적 상태에 대해 모르고 있다는 사실을 기억해야 한다. 따라서 그는 모든 신자들에게 해당하는 진리를 기록하였다.

> 무릇 그리스도 예수와 합하여 세례를 받은 우리는 그의 죽으심과 합하여 세례 받은 줄을 알지 못하느뇨 그러므로 우리가 그의 죽으심과 합하여 세례를 받음으로 그와 함께 장사되었나니 이는 아버지의 영광으로 말미암아 그리스도를 죽은 자 가운데서 살리심과 같이 우리로 또한 새 생명 가운데서 행하게 하려 함이니라…만일 우리가 그의 죽으심을 본받아 연합한 자가 되었으면 또한 그의 부활을 본받아 연합한 자가 되리라 우리가 알거니와 우리 옛 사람이 예수와 함께 십자가에 못박힌 것은 죄의 몸이 멸하여 다시는 우리가 죄에게 종 노릇하지 아니하려 함이니(롬 6:3-6).

이것은 세례 이후의 경험이나 두 번째 은혜에 관한 내용이 아니라 처음 그리스도인이 되어 세례 받을 때 일어나는 일에 대한 언급이다. 이것은 결코 기도의 제목이나 대상이 아니며 찾아야 할 대상도 아니다. 이것은 모든 신자들에게 해당된다. 바울은 "나는 신자들에게 말하고 있다. 따라서 너희는 너희가 어떤 사람인지 알아야 한다. 너희는 그리스도의 한 부분으로서 그의 역사를 함께 공유한 자이다"라고 말하고 있는 것이다.

바울은 성도들에게 신자로서 그들의 지위를 상기시켜 주고 그리스도에 대한 신앙의 기초가 무엇인지에 대해 알려주고 있다. 신자로서 그들의 신분에 관한 가장 기본적인 사실은 그리스도 안에서 그와 연합하며 그의 역사에 동참하고 있다는 것이다. 이것은 그들이 세례를 통해 믿음의 삶을 시작하는 순간부터 해당된다.

신자는 그리스도와 함께 그의 역사에 동참하며 매순간 그 안에서 그의 생명을 나눈다. 이 책을 읽고 있는 여러분은 성령께서 주 예수의 역사 속에 여러분을 포함시켰음을 알아야 한다. 여러분은 그리스도와 함께 죽고 그와 함께 부활하였으며 이제 하늘에 속한 성령의 영역 가운데 앉아 있다. 이것은 앞으로 안수를 통해 '얻어야 할' 어떤 것이 아니라 지금 현재 여러분의 삶과 행위의 바탕이 되어 있어야 하는 것이다.

많은 신자들은 이미 이른 곳에 도달하기 위해 절망적으로 애쓰며 살아간다. 이미 앉아 있는 사람에게 계속해서 앉으라고 한다면 얼마나 당황스럽겠는가? 그러나 신자들은 예배드릴 때마다 예수와 함께 죽으라는 말을 듣는다. 그들은 성령께서 그들이 믿을 때 이미 그리스도 안에 옮기셨으며 따라서 그의 죽음과 부활을 함께 경험하게 했다는 사실을 깨닫는 대신 끊임없이 그렇게 해달라고 기도한다.

21세기의 신자들 가운데는 우리가 살아 계신 그리스도와 하나가 되어 이 땅에서 그의 몸을 이루고 있다는 사실에 대해 모르는 사람들이 많다. 우리는 하나님을 '그곳 어딘가에' 계신 분으로 배웠다. 복음주의 교회의 언어는 이러한 사고를 뒷받침하는 진술들로 가득하다. 우리는 서로에게 열렬히 "하나님은 오늘 참으로 여기에 계셨습니다"라고 말하거나 "손을 내밀어 주를 만져라"고 찬양하며 "그가 나를 만나주셨다"고 증거한다.

나는 이런 말과 노래가사가 어떤 의미에서 나왔는지 알고 있다. 그들은 주님의 임재를 특별히 강하게 느낀 순간에 대해 말하고 노래한 것이다. 그러나 우리는 이 말의 의미를 더욱 확장하여 이러한 하나님과의 관계를 날마다의 일상적인 관계로 만들어야 한다. 그렇지 않는다면 우리는 기껏해야 그가 우리 곁에 계신다고 믿거나, 아니면 너무 멀리 떨어져 있기 때문에 큰 소리로 불러 문제를 해결해 달라고 부르짖는 수밖에 없을 것이다. 그들에게 주님은 어려운 문제만 전담하여 해결하는 해결사이다. 기적적으로 문제가 해결되면 우리는 그에게 감사하고 그는 다시 하늘로 돌아가며 우리는 다시 원래의 삶으로 돌아온다.

그러나 신약성경의 신자들은 이런 삶에 대해 몰랐다. 그 이유는 앞에서 살펴본 대로 세포가 몸 '안에' 있고 생명이 모든 세포 '안에' 있듯이, 그들은 주 '안에' 있고 주는 그들 '안에' 계셨기 때문이다. 그들도 성부의 우편에 앉아 계신 주를 향해 객관적인 입장에서 기도하고 예배하였지만 동시에 그들은 성령을 통해 그와 하나가 되었음을 알고 있었다. 신약성경은 신자와 그리스도와의 연합에 대해 계속적으로 언급한다. 신약성경에는 '그리스도 안에' 라는 표현과 함께 그것의 병행구인 '주 안에', '(하나님의)사랑 안에', '성령 안에' 그리고 예수께서 언약의 삶으로 제시하신 '내가 너희 안에 너희가 내 안에' 라는 표현이 나온다.

우리는 그리스도 안에 있으며 그는 우리 안에 계신다. 우리와 그리스도는 언제나 교통 가운데 있다. 우리는 분초도 그를 떠나 있을 수 없다. 나는 지금 지구의 대기권 '안에' 있다. 나는 그 속에서 빛과 생명과 음식을 찾는다. 마찬가지로 우리는 우리의 대기권이자 생명 자체인 그 안에 존재한다.

몸에 있는 신체 세포들은 나의 '안에' 있으며 나는 그들 가운데 있다. 각각의 세포는, 그리고 모든 세포는 나의 현현이다. 내가 떠날 때 몸은 흙으로 돌아간다. 따라서 우리는 그 안에 살고 있다. 그는 우리의 생명이시며 우리의 진정한 삶은 그에게 있는 것이다.

3. 세상에 있으나 그것에 속하지 않음

하루는 연못가에 앉아 이런 것들에 관해 묵상하고 있는데 물거미 한 마리가 갈대에 붙어 있더니 이내 물속으로 사라졌다. 그는 다리털로 모은 공기 방울을 갈대 뿌리로 운반하여 지은 자신의 집으로 돌아간 것이다. 물거미는 바깥세상의 공기를 마시면서 물 안에서 사는 동물이다. 비록 물속에 살지만 그것은 엄밀히 수생동물은 아니다. 그것은 연못 위의 공기를 마시며 산다.

우리는 놀라운 상상력에 대해 이야기하고 있는 것이 아니다. 영광의 인성을 입으신 예수님은 문자적으로, 그리고 실제로 우리에게 임하신다. 우리는 실제로 그와 결합하여 그의 인성을 공유한다. 우리가 복음서에서 읽은 모든 이야기의 주인공이신 그분이 이 방에 나와 함께 계실 뿐만 아니라 그는 내 안에, 나는 그 안에 있으며 우리는 하나인 것이다.

이 진리를 발견한 것은 나의 삶에서 자유를 찾은 위대한 순간이었다. 나는 수차례의 기도 모임을 통해 그리스도와 함께 죽는다는 의미와 씨름하였으나 죽으려고 하면 할수록 더욱 살아나는 자아를 느꼈던 것이다. 그때 나는 믿음의 출발점은 내가 인약이신 그리스도 예수 인에서 인약에 포함되었다는 사실을 깨닫는 것임을 알게 되었다. 나는 거듭나서 그와 연합한 후 그의 역사를 공유하고 있었던 것이다. 그는 내 안에 살아 계시고 그의 생명은 나의 생명이 되었으며 그가 이루신 모든 것들은 나의 것이 되었다. 나의 문제는 그의 죽으심과 부활을 회고하며 내가 그 안에 있었다는 사실 가운데 안식하는 대신 앞으로 나에게 일어날 일을 바라보았다는 것이다.

신약성경 신자들은 자신이 그리스도 안에 있다는 실재를 통해 세상을 바라보았다. 우리가 어떻게 모든 관계들을 해결하고, 인생의 도전과 기회들에 맞서며, 신앙을 가진 노예가 어떻게 의미 없는 일을 계속할 것인가와 같은 모든 인생의 문제는 우리가 그리스도 안에 있기 때문에 해결될 수 있다.

그러므로 너희가 그리스도와 함께 다시 살리심을 받았으면 위엣 것을 찾으라 거기는 그리스도께서 하나님 우편에 앉아 계시느니라 위엣 것을 생각하고 땅엣 것을 생각지 말라 이는 너희가 죽었고 너희 생명이 그리스도와 함께 하나님 안에 감취었음이니라(골 3:1-3).

신약성경의 신자들은 율법이나 규례에 의해 살지 않았으며 오직 그들 안에서 그들과 함께 계시는 그의 나타나심으로 살았다. 그는 그들 속에서 모든 삶을 명령하시고 인도하셨다. 그들에게는 어떤 법도 중요하지 않았으며 오직 그들 속에 있는 생명으로부터 나오는 것뿐이었다.

4. 그리스도안에서 사는 방법

잭은 나에게 편지를 보내어 신앙의 삶을 발견한 것이 어떤 것인지를 설명하였다. 나는 여기서 그가 나에게 쓴 내용 가운데 일부를 인용하고자 한다. 잭은 필리핀에서 선교사로 있었다. 그는 신학교를 졸업하기 직전 여름에 자신의 삶이 어떻게 바뀌었는지를 설명하였다.

그는 그때까지 자신의 삶을 투쟁으로 표현하였다. 그는 성공적인 그리스도인의 삶이라고 생각하는 만큼의 수준에 도달하기 위해 자신을 채찍질하였다. 그러나 그의 영성은 살아나지 않았다. 엄격한 성경 읽기와 기도, 금식, 매달 읽어야 할 영적 거성들의 책 목록 등은 그를 냉랭하고 허전하게 만들 뿐이었다. 그는 이러한 자신의 참 모습에 직면하여 겉으로는 영성의 모습을 하고 있지만 속으로는 신약성경이 요구하는 것과는 너무나 동떨어져 있다는 사실을 알았다. 그는 기도 시간을 엄격히 준수하였으나 이웃을 네 몸과 같이 사랑하라는 예수님의 명령은 지킬 수 없었다. 그는 신학 시험을 치면 A+를 받을 수 있었으나 진정으로 하나님과 동행하고 있느냐를 테스트한다면 낙제점을 받을 수밖에 없었다.

여름방학이 되자 그는 건축 공사장에서 일을 하였다. 그가 생각한 성공적인 그리스도인이 되기 위한 규칙 가운데 하나는 기독교 방송을 듣는 것이었다. 그는 점심시간에는 가까운 공원에 가서 샌드위치를 먹으며 방송을 들었다. 첫 날 그는 필자의 방송을 들었다. 그는 방송을 들은 후 자신에게 일어난 일을 다음과 같이 기록하였다.

"나는 다 알고 있다고 생각하지는 않지만 신학교에서 가장 우수한 학생이었으며 복음이나 속죄에 관한 이론에 대해서는 많이 알고 있기 때문에 누군가 나를 가르칠 수 있을 것이라고는 생각지 않았습니다. 그날 공원에서 예수님의 죽음과 부활과 승천 및 성령을 보내심은 모두 나를 위해 언약을 제정하시기 위함이라는 말을 들었습니다. 나는 전에는 이런 말을 한 번도 들어본 적이 없었기에 그 자리에서 멈추어 섰습니다. 다음 여섯 주간 동안 나는 매일 공원에 나와 방송을 듣고 메모를 하였습니다.

나는 예수께서 십자가에서 이루신 일이 나를 위한 것임을 깨닫게 되었습니다. 나는 머리로는 그가 하신 일을 어떻게 표현해야 하는지 알고 있었습니다. 그것은 시험 답안 제출용이었습니다. 그러나 이것은 전적으로 다른 경험입니다. 그것은 나의 마음에서 우러나오는 것이었습니다. 만일 누가 나에게 묻는다면 예수께서 나를 영원한 죽음으로부터 구원하시기 위해 죽으시고 다시 살아나셨다고 대답하였을 것입니다. 또한 그는 나의 생명의 주이며 나는 최선을 다해 그에게 순종하고 섬기고 있다고 대답하였을 것입니다.

그 후에 나는 전혀 새로운 개념에 직면하였습니다. 그것은 그가 나의 대표자로서 나를 위하여 성부와 언약을 맺으셨다는 것입니다. 그가 성부께 대해 죽기까지 순종하시고 부활하사 아버지께로 가신 것은 모두 나를 대신하신 것이었습니다. 나는 이러한 그의 행위에 포함되어 있었습니다. 나는 내가 완전한 순종을 해야 하고 어떻게든지 자아를 죽여야 한다고 생각하였습니다. 그러나 이제 나는 그가 나를 대신하여 순종하셨으며 나를 대신하여 죽으셨으며 그의 부활을 통해 내가 죽음에서 다시 살아났다는 복음과 마주하게 되었습니다. 문제는 내가 얼마나 순종하고 실패하느냐가 아니라 나를 위한 그의 순종과 죽으심을 얼마나 믿느냐하는 것이었습니다. 이제 나는 영적 훈련을 위한 노력을 그치고 그가 승천하심으로 나를 아버지에게로 인도하심과 그곳에 거하게 되었음을 믿겠습니다.

나는 온전한 그리스도인의 삶이란 부단한 영적 훈련을 통해 언젠가 하나님을 만나거나 순종함으로써 경험할 수 있을 것이라고 생각하였습니다. 나는 죽은 자처럼 느끼고 행동할 수 있게 해줄 수 있는 '무엇인가'가 있을 것이라고 믿고 그것을 향해 부단히 노력하였습니다. 그것은 언제나 미래적이었으며 나는 나를 죽이는 일이라면 무엇이든 하려고 노력했습니다.

그러나 이제 나는 그것이 오히려 역행하는 것이었음을 압니다. 그것을 삶의 출발점으로 삼아 점차 성숙하는 것이 아니라 이미 이루어진 것을 달성하려 했던 것입니다. 나는 그의 부활과 승천이 나를 하나님과의 언약의 교제 속으로 인도하심을 깨닫지 못하고 나를 하나님과의 만남 속으로 이끌어 갈 경험만을 찾아 헤매었습니다.

나에게 세례는 새로운 의미로 다가왔습니다. 전에는 그것이 나의 삶에 아무런 의미가 없었으나 이제 나는 그것이 나를 위해 행하신 그의 사역을 믿는 육체적 표현이며 그것을 통해 성령께서 나를 그에게로 인도하셨음을 알게 되었습니다.

어느 날 나는 대표자를 통해 내가 죽었으며 다시 살아났다고 하는 사실이 분명해졌습니다. 그것은 다시 돌이킬 수 없는 역사였습니다. 나는 죽었습니다. 그리고 나는 죽음에서 다시 부활하였습니다. 나는 영원한 생명의 능력으로 살아 있는 장례식을 치르고 돌아온 사람입니다. 이 모든 것은 나의 대표자 안에서 일어난 일입니다. 나는 사람들에게 가서 내가 부활한 사람임을 알리고 싶었으나 그렇게 하지 않았습니다.

나는 언제나 하나님과의 관계를 하나님과 나 사이에 있는 어떤 것으로 생각해 왔습니다. 그것은 나를 매우 불안하게 하였으며 현재 나의 영적 상태에 따라 달라지는 조건적인 관계였습니다. 나는 나와 하나님과의 관계가 나의 대표자 되신 예수님에게 근거한다는 말이 무엇을 의미하는지 설명할 수 없습니다. 그러나 하나님과 나의 관계는 예수님과 성부의 관계만큼이나 견고한 것입니다.

이제 나의 모든 존재는 예수님에게 달려 있습니다. 나는 그를 떠나서는 아무것도 가질 수 없으며 할 수도 없습니다. 그를 떠나서는 하나님과 함께 하는 역사도 없으며 지금 여기서 그리스도인의 삶을 살 어떤 소망도 없습니다. 되돌아보면 그리스도인으로서 나의 삶은 모범적 그리스도인이 되기 위해 부단히 노력하는 투쟁적 삶이었습니다. 예수님은 내가 모방하려는 분이었습니다. 이제 나는 처음으로 '나에게 사는 것은 그리스도니' 라는 바울의 말이 무슨 뜻인지 이해합니다.

신학교 개강이 가까이 다가오면서 나는 큰 짐이 제거되었음을 깨달았습니다. 그것이 제거되기 전에는 나는 그런 짐이 있다는 사실조차 깨닫지 못하였습니다. 나는 자신이 수고하고 무거운 짐을 그에게 내려놓고 쉬라는 예수님의 초청의 대상이라고 생각해 본 적이 결코 없습니다. 그러나 그 6주간 동안 나는 그 말씀이 나를 향한 것이었음을 알았으며 나는 그에게 나아가 쉼을 얻었던 것입니다. 나는 구원의 즐거움 가운데 있습니다.

그 후로 나는 매일의 삶을 통해 더욱 진리를 배우는 가운데 있습니다. 지금 나는 예수님의 생명을 통해 죽었다가 다시 산 사람으로 살아가고 있습니다."

5. 숨겨진 신비

그리스도와 연합하여 그의 생명으로 사는 이것은 바울이 이전 시대에는 감추었으나 이제 성령으로 우리에게 계시되었다고 말한 '지혜' 요 '비밀' 에 해당한다.

오직 비밀한 가운데 있는 하나님의 지혜를 말하는 것이니 곧 감추었던 것인데 하나님이 우리의 영광을 위하사 만세 전에 미리 정하신 것이라… 기록된 바 하나님이 자기를 사랑하는 자들을 위하여 예비하신 모든 것은 눈으로 보지 못하고 귀로도 듣지 못하고 사람의 마음으로도 생각지 못하였다 함과 같으니라 오직 하나님이 성령으로 이것을 우리에게 보이셨으니 사람의 사정을 사람의 속에 있는 영 외에는 누가 알리요 이와 같이 하나님의 사정도 하나님의 영 외에는 아무도 알지 못하느니라 우리가 세상의 영을 받지 아니하고 오직 하나님께로 온 영을 받았으니 이는 우리로 하여금 하나님께서 우리에게 은혜로 주신 것들을 알게 하려 하심이라(고전 2:7, 9-12).

성령의 계시가 없다면 우리는 결코 이러한 진리를 받아들일 수 없다. 예수와 연합한 우리는 삼위 하나님과 사랑의 교제를 나눌 수 있게 되었다. 성부께서는 성자를 사랑하시듯 그의 안에 있는 우리도 사랑하신다. 우리는 그의 영광을 함께 누리며, 그가 세상에 속하지 않음같이 우리도 더 이상 세상에 속한 자가 아니다.

아버지께서 내 안에 내가 아버지 안에 있는 것같이 저희도 다 하나가 되어 우리 안에 있게 하사 세상으로 아버지께서 나를 보내신 것을 믿게 하옵소서 내게 주신 영광을 내가 저희에게 주었사오니 이는 우리가 하나가 된 것같이 저희도 하나가 되게 하려 함이니이다 곧 내가 저희 안에 아버지께서 내 안에 계셔 저희로 온전함을 이루어 하나가 되게 하려 함은 아버지께서 나를 보내신 것과 또 나를 사랑하심같이 저희도 사랑하신 것을 세상으로 알게 하려 함이로소이다…내가 아버지의 이름을 저희에게 알게 하였고 또 알게 하리니 이는 나를 사랑하신 사랑이 저희 안에 있고 나도 저희 안에 있게 하려 함이니이다(요 17:21-23, 26).

많은 신자들은 신약성경이나 초기 교회의 삶과 동떨어져 있어서 언약에 들어가는 경험이 수개월 또는 수년이 걸리기도 한다. 그러나 이것은 원래 그리스도인의 삶이 시작되는 시초에 누리도록 의도된 것이다. 대부분의 신자들은 신앙생활을 시작하여 어느 정도 지난 후에 세례를 받고 그리고도 한참 후에 성령을 경험한다. 초기 교회에서는 그리스도와의 연합이 세례와 함께 시작되었으며 성령의 충만한 임재로 말미암아 큰 기쁨 가운데 영광스럽게 새 언약에 들어갔던 것이다.

그러나 하나님은 우리를 사랑하신다. 그는 우리 편이시며 우리가 혼란 가운데 있을지라도 자비로 대하신다. 본 장은 수개월 또는 수년 후에 세례를 받거나 아직 성령에 대한 깨우침이 없는 자는 새 언약에 들어가지 못하였다고 말하는 것이 아니다. 여기서 말하는 것은 신약성경은 언약의 역동적인 역사하심을 즉각적이고 완전히 이해하는 구조로 되어 있다는 것이다.

자신의 불신앙을 부끄러워하거나 수치스럽게 생각할 필요는 없다. 그의 모든 것과 그가 이루신 모든 것, 그리고 그의 모든 권세는 우리 안에서 우리를 통해 드러난다. 이제 그는 우리의 삶의 영역이다. 그는 우리 안에서 우리를 통해 삶과 직면하고 이 시대의 노선에 맞서며, 우리는 그의 생명 안에서 그의 생명을 통해 그것과 맞선다.

The Lost Secret of the
New Covenant

성령으로 행함

그러면 실제로 이 모든 것들은 어떻게 우리의 삶 속에 일어나는가? 우리는 어떻게 날마다 그리스도로 살아갈 수 있는가? 우리는 앞서 신자는 세례를 통해 그리스도 안에 있는 새로운 세계로 들어가며 지금까지 몰랐던 새로운 기능성을 부여받는다는 사실을 보았다. 이전에 우리를 얽어매었던 모든 구속과 한계는 예수님의 부활로 사라졌으며, 우리를 명령하던 것들은 제거되고 새로운 지표가 설정되었다. 이제 같은 삶을 반복한다는 것은 생각할 수도 없다.

지금까지 우리의 삶의 일부로서 편안하게만 느껴졌던 이기주의와 탐욕과 분노와 질투의 세계는 끝났으며 그리스도 안의 새로운 실재로 말미암아 영원히 사라졌다. 우리는 하나님의 한량없으시고 무조건적인 사랑에 근거한 새로운 피조물로 태어났다. 자비와 긍휼과 원수를 용서하는 것은 이러한 사랑의 정상적인 발로이다. 우리는 세례를 통해 그리스도 안의 세계로 들어갔으며 언약 만찬을 통해 이 새로운 세상의 생명 되신 그리스도의 품에 안기어 함께 거하게 되었다.

1. 그렇게 여기라

 우리는 어떻게 이 세상과 전혀 어울리지 않는 이러한 사랑 안에서 행하며 살아갈 수 있는가? 이전에 한 번도 해보지 않았고 해볼 생각조차 하지 못하였으며 설사 했다고 하더라도 도저히 할 수 없었던 일이라고 생각했던 그 일은, 그것을 할 수 있다고 여기고 행하는 것으로부터 시작한다. 믿음에는 이러한 의식이 중요하며 다른 어떤 준거 기준이나 과거의 전적이나 느낌은 필요 없다. 우리가 할 수 있는 전부는 솔직히 하나님께 순종하고 그리스도께서 우리 가운데 살아 계시며 우리가 새로운 피조물의 삶을 살 수 있다고 여기고 그대로 행하기만 하면 된다.
 갈릴리 바다에서 건너오라는 예수님의 음성을 듣고 배에서 뛰어 내려 물 위로 걸었던 베드로를 생각해 보라. 그는 순종하였을 때 과거 한 번도 경험해 보지 않았던 일을 할 수 있었다. 사실 그는 바다에 가라앉은 전적이 있다. 그러나 그는 마치 물이 마른 땅이라도 되듯이 그렇게 여기고 배에서 뛰어내렸던 것이다.
 배에서 물로 들어가기 위한 정상적인 방법은 수영하는 자세로 물속으로 뛰어드는 것이다. 그러나 배에서 육지에 내릴 때는 그렇지 않다. 베드로는 마른 땅이 기다리고 있는 것처럼 발로 뛰어내렸음에 틀림없다.
 '그렇게 여기고 행하라'는 것은 감정에 좌우되지 말라는 것이다. 불신앙은 그의 말씀을 증명할 수 있을 것인가에 대한 회의감을 가져온다. 우리의 감정은 우리가 어리석게도 무모한 계획으로 하나님을 순종하려 한다고 비웃고 야유한다. 믿음은 감정에 개의치 않으며 하나님의 말씀이 사실인 것처럼 행동한다. 아브라함은 본토 아비 집을 떠날 때 하나님의 말씀을 그대로 믿었다.
 출애굽기 14장에 보면 이스라엘은 뒤로는 애굽 군대가 쫓아오고 앞에는 홍해가 가로막자 하나님이 사막에서 그들을 버리셨다고 원망하였다. 그들은 애굽 군대의 출현이라는 현상 속에 살았으며 홍해의 출현은 그들에게 닥친 현실이었던 것이다. 그러나 모세는 하나님의 현현이라는 새로운 세계에 살고 있었다. 그는 자신이 할 일을 지시하는 음성을 들었다.

> 여호와께서 모세에게 이르시되 너는 어찌하여 내게 부르짖느뇨 이스라엘 자손을 명하여 앞으로 나가게 하고 지팡이를 들고 손을 바다 위로 내밀어 그것으로 갈라지게 하라 이스라엘 자손이 바다 가운데 육지로 행하리라…모세가 바다 위로 손을 내어민대 여호와께서 큰 동풍으로 밤새도록 바닷물을 물러가게 하시니 물이 갈라져 바다가 마른 땅이 된지라 (출 14:15-16, 21).

하나님의 말씀 앞에 인간의 논리나 감정은 필요치 않다. 앞으로 나가라는 것은 곧 홍해로 들어가라는 말이다. 지팡이를 드는 것이 홍해를 열어 길을 내기 위해 무엇을 할 수 있다는 말인가? 그것은 전혀 이치에 맞지 않는다. 그러나 하나님에 대한 순종은 모든 상식과 논리와 감정을 넘어서야 한다. 모세는 비록 이해는 되지 않았지만 굳센 의지로 하나님의 말씀이 사실인 것처럼 행동하였다.

우리의 감정이나 논리가 하나님의 뜻을 거역한다면 자신에게 이렇게 물어보아야 한다. "만약 이것이 사실이라면 나는 어떻게 해야 할 것인가?" 그리고 우리는 그의 말씀이 사실인 것처럼 행하여야 한다. 우리는 과거에 그런 일을 해본 적이 없기 때문에 다른 대안이란 있을 수 없다. 우리는 오직 하나님의 말씀만을 좇아야 한다.

우리에게는 우리의 믿음을 언제나 '그렇게 여기고 행하는' 방식을 따라 행하게 하는 감각 기관이 있다. 우리가 만일 하나님은 우리와 함께 계시지 않으며 우리만 남겨두고 떠나셨다는 느낌을 믿는다면 그러한 감정에 대한 믿음은 걱정과 불안한 마음을 가지고 그것이 사실인 것처럼 행동하게 만들 것이다. 따라서 우리가 만일 그가 우리 안에 함께 계신다는 언약의 말씀을 믿는다면 이러한 믿음은 그것이 사실인 것처럼 여기고 행하게 할 것이다. 민수기 13장과 14장은 이스라엘이 가나안 접경지역인 가데스에서 보여준 불신앙적 태도에 대해 들려준다. 모세는 이스라엘 각 지파를 대표하는 열두 명의 정탐꾼을 보내었다. 그들은 돌아와 자신이 본 것을 보고하였다. 열 명은 그 땅에 기다리고 있는 엄청난 어려움에 대해 말했다. 그러나 갈렙과 여호수아 두 사람은 돌아와 하나님이 그들과 함께하심에 대한 믿음의 보고를 하였다. 다소 긴 본문이지만 우리가 찾으려는 내용을 담고 있으므로 자세히 읽어보기 바란다.

> 그러나 그 땅 거민은 강하고 성읍은 견고하고 심히 클 뿐 아니라 거기서 아낙 자손을 보았으며…갈렙이 모세 앞에서 백성을 안돈시켜 가로되 우리가 곧 올라가서 그 땅을 취하자 능히 이기리라 하나 그와 함께 올라갔던 사람들은 가로되 우리는 능히 올라가서 그 백성을 치지 못하리라 그들은 우리보다 강하니라 하고 이스라엘 자손 앞에서 그 탐지한 땅을 악평하여 가로되 우리가 두루 다니며 탐지한 땅은 그 거민을 삼키는 땅이요 거기서 본 모든 백성은 신장이 장대한 자들이며 거기서 또 네피림 후손 아낙 자손 대장부들을 보았나니 우리는 스스로 보기에도 메뚜기 같으니 그들의 보기에도 그와 같았을 것이니라(민 13:28-33).

사실 그들이 말한 것은 지극히 상식적인 내용이며 오감에 의해 감지한 정확한 보고이다. 그들의 충고 역시 그들이 본 것에 근거하면 이치에 맞는다.

> 온 회중이 소리를 높여 부르짖으며 밤새도록 백성이 곡하였더라 이스라엘 자손이 다 모세와 아론을 원망하며 온 회중이 그들에게 이르되 우리가 애굽 땅에서 죽었거나 이 광야에서 죽었더면 좋았을 것을 어찌하여 여호와가 우리를 그 땅으로 인도하여 칼에 망하게 하려 하는고 우리 처자가 사로잡히리니 애굽으로 돌아가는 것이 낫지 아니하랴 이에 서로 말하되 우리가 한 장관을 세우고 애굽으로 돌아가자 하매 모세와 아론이 이스라엘 자손의 온 회중 앞에서 엎드린지라(민 14:1-5).

열 명의 정탐꾼과 백성들은 가나안 거인들의 출현과 하나님의 선물을 받을 수 없는 본래적 무능함이라는 현상만을 실재하는 현실로 받아들였다. 그들의 보고 가운데 하나님에 대한 언급은 한 마디도 없다. 그것은 사실상 하나님이나 언약은 전혀 배제된 인간적 보고였다.

그들은 자신의 감각 기관과 그것이 보고하는 증거에만 매달렸다. 감각의 증거는 그들을 밤새 울부짖게 하였으며 온 장막은 하나님의 언약과 약속은 어리석은 꿈에 불과했다는 공포의 대화로 가득하였다.

'그렇게 여기고 행함'은 결코 별개의 행위로 생각해서는 안 된다. 그것은 모든 삶을 그러한 방식으로 이끈다. 그것은 우리가 상황을 어떻게 생각하고 그것을 동료에게 어떻게 말하며 그러한 이미지를 가지고 어디로 가느냐를 모두 포함한다.

> 그 땅을 탐지한 자 중 눈의 아들 여호수아와 여분네의 아들 갈렙이 그 옷을 찢고 이스라엘 자손의 온 회중에 일러 가로되 우리가 두루 다니며 탐지한 땅은 심히 아름다운 땅이라 여호와께서 우리를 기뻐하시면 우리를 그 땅으로 인도하여 들이시고 그 땅을 우리에게 주시리라 이는 과연 젖과 꿀이 흐르는 땅이니라 오직 여호와를 거역하지 말라 또 그 땅 백성을 두려워하지 말라 그들은 우리 밥이라 그들의 보호자는 그들에게서 떠났고 여호와는 우리와 함께하시느니라 그들을 두려워 말라 하나(민 14:6-9).

두 정탐꾼도 다른 열 명의 정탐꾼과 동일한 것을 보았으며 그 땅에 사는 거인들을 보고 위축감을 느꼈다. 그러나 그들은 그 땅의 거민들을 보면서 하나님의 임재를 실재로 받아들이고 언약에 대한 그의 신실하심을 상기하였다. 그들은 하나님께서 언약의 파트너로서 그들과 함께 계시는 것처럼 말하고 행동하였다. 그들이 그 땅과 거민들에 대해 보고한 내용은 꾸밈없는 것이었다. 그들이 하나님의 세계 속에서 발견한 증거는 그들의 눈으로 본 증거들을 무효화하였기 때문이다.

히브리서 4장은 열 명의 정탐꾼과 백성들이 보인 반응을 하나님의 말씀은 들었으나 믿음을 화합하지 않은 예로 제시한다.

> 저희와 같이 우리도 복음 전함을 받은 자이나 그러나 그 들은 바 말씀이 저희에게 유익되지 못한 것은 듣는 자가 믿음을 화합지 아니함이라 (히 4:2).

갈렙과 여호수아는 불가능한 일을 보고 그것에 믿음을 화합하였다. 언약의 하나님은 우리의 오감이 보고한 사실에 대한 해석의 출발점이다.

2. 해를 두려워하지 말라

느낌에 좌우되지 않고 믿음을 선택하는 이 원리는 시편에서 발견된다. 특히 시편 23편의 말씀은 이 원리를 보다 분명히 제시한다. "내가 사망의 음침한 골짜기로 다닐지라도 해를 두려워하지 않을 것은 주께서 나와 함께하심이라 주의 지팡이와 막대기가 나를 안위하시나이다"(4절).

모든 사람이 불안해하며 최악의 상황이 일어날 것이라고 우려할 만한 이 시점에서 다윗은 미래를 직시한다. 그는 사실상 이렇게 말하고 있다. "설사 최악의 두려움이 임할지라도 내가 취할 행동은 한 가지뿐이다. 그것은 해를 두려워하지 않겠다는 것이다." 그는 자신의 내면에 있는 진정한 자아, 즉 그의 영으로부터 우러나오는 생명의 선택을 하였던 것이다. 이어서 그는 그러한 선택을 한 이유에 대해 언급한다. 그것은 주께서 나와 함께하심 때문이었다. 그는 언약의 하나님의 임재 가운데 거하고 있다고 말한다. 사망의 음침한 골짜기는 두려운 실재이지만 그의 출발점이 되었던 보다 큰 실재는 결코 그를 떠나시지 않는 하나님 앞에 존재한다는 사실이었다.

3. 행위를 입어라

자신의 의지로부터 행하는 이러한 믿음의 행위에 관해 성경이 표현하는 또 하나의 방식은 마치 옷을 입듯이 행동을 입으라는 것이다. 이것은 결코 위선적 행위가 아니다. 이 표현은 성경에서 발견되는 것으로서 참된 자아가 반영된 행위를 선택하는 것을 의미한다. 이사야 59:17의 하나님께서 자신의 행위를 옷 입는다는 본문은 이와 같은 맥락의 표현이라고 할 수 있다.

> 의로 호심경을 삼으시며 구원을 그 머리에 써서 투구를 삼으시고 보수로 옷을 삼으시며 열심을 입어 겉옷을 삼으시고.

그는 결코 자신의 참된 모습을 숨기는 행위나 행동으로 자신을 가리고 있는 것이 아니다. '입다' 라는 표현은 우리의 진정한 내적 자아를 반영하는 행동을 하는 것을 말한다.

이사야 51:9은 하나님께 능력을 입기를 간구한다. "여호와의 팔이여 깨소서 깨소서 능력을 베푸소서(put on[입으소서])." 이것은 결코 자신에게 없는 것을 입는다는 뜻이 아니라 진정한 자아 속에 잠재된 참 모습을 입는다는 말이다.

그리스도 안에 거하는 우리의 참 모습을 드러내는 바른 행동을 '입는' 것은 위선이 아니라 믿음의 행위이다. 우리가 위선이라고 부르는 이유는 그의 임재 가운데 실재하기 때문이 아니라 다른 사람에게 영향을 주고 만족시키며 기만하려 하기 때문이다.

우리가 그리스도의 행위로 옷 입는 것은 우리가 그 안에 거하며 그에게 나아가고 그 안에서 우리의 진정한 자아를 발견하며 이러한 행동이 진리임을 알기 때문이다. 그는 결코 우리에게 다른 어떤 사람이 되라고 말하지 않는다. 성경에서 옷은 인격을 나타낸다. 우리는 그의 영광을 찬양하도록 어두움에서 부르심을 받았기 때문에 찬양의 옷을 입는다. 우리는 사랑이신 그와 연합하여 하나님의 사랑으로 충만하며, 스스로의 의지로 사랑의 행위를 옷 입으려는 선택을 한다. 이와 같이 그리스도로 옷 입는 행위에 있어서 우리는 성령과 함께 성부의 뜻을 행하는 사역자이다. 성령의 능력은 우리의 행동을 진정한 자아와 연결하며 우리의 전 인격은 그것을 좇아 움직이게 된다.

우리는 우리에게 맞는 옷, 우리의 진정한 모습을 반영하는 옷을 입으며, 때에 따라 특히 부각되는 옷을 입기도 한다.

요셉은 죄수복을 벗어버리고 총리의 의관을 하였다. 그는 총리가 되었기 때문에 자신의 지위에 어울리는 옷을 입었던 것이다. 만일 그가 궁정에서도 죄수복을 입겠다고 고집했다면 직무를 수행하기 어려웠을 것이다.

탕자는 먼 나라의 옷을 벗어버리고 아버지가 주는 제일 좋은 옷으로 갈아입었다. 그 나라의 누더기는 아버지의 사랑을 받는 아들의 참 모습에 어울리지 않았기 때문이다.

이들 요셉과 탕자의 경우 점차 자신들이 입은 새 옷이 몸에 편하다는 느낌을 가지게 될 것이다. 죄수복과 누더기를 벗고 새 옷으로 갈아입는 것이 처음에는 어색하고 당황스럽기도 하겠지만 그것에 익숙해져야 하며 한동안 주변에서 어울리지 않는 옷을 입었다고 놀리는 옛 친구들의 조소도 듣겠지만 초월해야 할 것이다.

마찬가지로 우리도 지금까지의 우리가 아니라 그리스도 안의 새로운 피조물이기 때문에 새로운 행위의 옷으로 갈아입어야 한다는 현실에 익숙해질 때까지는 한동안 어색함이 있을 것이다. 뿐만 아니라 주변 세상은 우리에게 이제 더 이상 우리의 것이 아닌, 이전에 입던 옷으로 다시 갈아입으라고 유혹하고 협박할 것이다.

> 너희는 이 세대를 본받지 말고 오직 마음을 새롭게 함으로 변화를 받아 하나님의 선하시고 기뻐하시고 온전하신 뜻이 무엇인지 분별하도록 하라(롬 12:2).

필립스 역은 본문을 "세상으로 하여금 원래의 모습으로 돌아가게 하지 말라"로 해석한다. 나는 청소년 의복을 취급하는 한 백화점에서 나이보다 족히 30년은 더 젊은 층들이 입고 다니는 옷을 입고 계시던 한 할머니의 모습을 잊을 수 없다. 우리는 그리스도 안에 있으며 언약을 통해 그와 연합한 자가 되었기 때문에 더 이상 육신적 행동은 어울리지 않는다. 우리가 이전의 옛 사람으로 돌아가려는 것은 자신을 웃음거리로 만들 뿐이다.

옷이 우리에게 오지는 않는다. 우리가 옷장으로 가서 필요한 옷을 골라 그것을 직접 몸에 걸쳐야 한다. 믿음이 그와 그 안에 있는 우리의 참된 모습을 행위로 드러낼 때 성령은 우리의 참 모습에 대해 증거하고 우리의 전 인격으로 하여금 그것을 좇아 움직이게 한다.

이것은 비단 경건한 삶의 성숙에만 해당되는 것이 아니라 죄로 타락하는 과정에도 적용된다. 우리가 어떤 행동을 마음에 두면 그와 같이 행동하게 된다. 시편 109편은 이러한 원리를 매우 극적으로 보여준다.

> 또 저주하기를 옷 입듯 하더니 저주가 물같이 그 내부에 들어가며 기름같이 그 뼈에 들어갔나이다(시 109:18).

다윗이 언급하고 있는 그는 이웃을 저주하기를 아침에 일어나 옷을 입듯 하였다. 그 결과 그의 행동은 악한 자아와 연결되어 그의 행동은 서서히 몸에 배어 결국에는 그를 삼켜버리고 말았던 것이다. 이것은 육신이 작용한 결과이다. 즉 용서하지 않겠다는 의지로 복수를 염두에 두거나 그것으로 옷을 입었기 때문에 그것이 자신의 내적 자아를 형성하게 된 것이다.

우리는 나쁜 동료의 꾐에 빠진 십대 아이들이 불량배의 행위로 옷 입는 것을 종종 본다. 그들은 그 세계의 언어와 노래와 삶의 양식을 채택하였기 때문에 그것이 그들의 삶의 양식이 되는 것은 시간문제일 뿐이다. 그들은 그러한 행동이 하나의 라이프스타일이 되기 전에 다른 것을 '입어야' 한다.

4. 그리스도로 옷 입으라

서신서에는 믿음의 의지적인 행위를 통해 행동을 옷 입으라는 내용이 많이 나온다. "오직 주 예수 그리스도로 옷 입고 정욕을 위하여 육신의 일을 도모하지 말라"(롬 13:14).

우리는 주 예수의 행위로 옷 입을 뿐만 아니라 육신의 필요를 공급하지 않음으로써 그것의 소욕을 굶겨야 한다. 이것은 육신이 갈망하는 장소나 유혹을 피하여야 한다는 말이다. 이것은 그러한 것들을 죽이기 위해서가 아니라 그것이 더 이상 우리의 것이 아니며 그것이 필요하지도 않고 원하지도 않기 때문이다. 우리는 믿음의 행위로 진정한 자아를 강하게 하여야 하며 육체의 소욕을 굶김으로 그것을 십자가에 못박아야 한다. 육신의 부르짖음은 절단한 발가락의 간질거림과 같다. 발가락은 이미 잘렸지만 그것의 느낌은 여전히 살아 있는 것이다. 우리는 진리의 느낌과 행위를 선언하고 우리의 참된 자아의 자리로 돌아가야 한다.

이제 우리에게는 옛 행위의 본 모습이 보이기 시작한다. 그것은 정욕의 기생충으로 우글거리는 누더기였으며 우리는 그것을 과감히 던져버려야 한다. 이 일은 세례를 통해 이루어져야 하며 그 후에는 믿음의 결단이 이어져야 할 것이다. 뿐만 아니라 과거의 행동들은 이제 우리에게 맞지도 않는다. 우리는 그것들을 더 이상 좋게 보지도 않는다. 그리스도 안에서 우리는 그러한 행위로부터 벗어났으며 그것은 더 이상 우리의 모습이 아니다. 그것은 이미 폐기되어 쓰레기통으로 들어갈 준비를 하고 있다.

> 그러므로 너희는 하나님의 택하신 거룩하고 사랑하신 자처럼 긍휼과 자비와 겸손과 온유와 오래 참음을 옷 입고 누가 뉘게 혐의가 있거든 서로 용납하여 피차 용서하되 주께서 너희를 용서하신 것과 같이 너희도 그리하고 이 모든 것 위에 사랑을 더하라 이는 온전하게 매는 띠니라(골 3:12-14).

먼저 우리는 이 서신의 수신자가 정해져 있다는 사실에 유의해야 한다. 그들은 '하나님의 택하신 거룩하고 사랑하신 자'였다. 따라서 그들은 특정일을 행하는 특정 라이프스타일을 옷 입으라는 명령을 받았다. 본문에는 그들의 기분이나 감정에 대해서는 어떤 언급도 없다. 그들이 입어야 할 삶의 양식은 본질적으로 예수님의 인성에서 처음 나타나서 이제 성령으로 우리의 것이 된 사랑이다. 그것은 우리가 사랑의 행위를 품을 때 기능적으로 우리의 것이 된다. 마지막 구절은 다른 모든 것을 덮어주는 코트를 입듯이 사랑을 입으라는 요구이다.

나는 종종 우리가 어떻게 예수님처럼 사랑할 수 있느냐는 질문을 받는다. 그것은 매우 중요한 질문이다. 왜냐하면 그가 우리에게 명하신 것이 바로 그것이기 때문이다. 우리는 자신이 언제나 이웃을 사랑하는 선한 마음을 가지고 있는지 점검하지 않아도 된다. 이 명령은 결코 기분으로부터 나오는 행동에 관한 언급이 아니기 때문이다. 그것은 우리에게 사랑을 입기를 원한다. 그렇게 하고 있다고 생각하고 행하라! 여러분이 누군가를 사랑하고 있다고 여기고 믿음으로 행할 때 성령께서는 여러분 안에서 조용히 역사하실 것이며 여러분은 곧 그를 진정으로 사랑하게 될 것이다.

우리에게 주신 명령은 이러한 행위를 입으라는 것이지 그런 기분을 느끼라는 것이 아니다. 우리는 하나님의 말씀을 통해 우리가 우리의 어두운 육신적 기분이 아니라 그의 임재하심 가운데 거하기를 연습하라는 음성을 듣는다.

> 너희는 유혹의 욕심을 따라 썩어져 가는 구습을 좇는 옛 사람을 벗어 버리고 오직 심령으로 새롭게 되어 하나님을 따라 의와 진리의 거룩함으로 지으심을 받은 새 사람을 입으라(엡 4:22-24).

근본적인 변화가 일어났으면 우리는 마땅히 그것에 걸맞은 새로운 행위를 입어야 한다. 중요한 것은 우리는 결코 성령이 조종하는 줄에 의해 움직이는 꼭두각시가 아니라는 것이다. 우리가 행하고, 우리가 선택하며, "이것이 그리스도 안에서 나의 참 모습입니다. 따라서 나는 진리를 좇아 행할 것입니다"라고 선언하는 것도 우리이다. 믿음은 "그렇다면 이것은 내가 할 수 있는 것이며 마땅히 해야만 하는 것이다"라고 말한다. 이것은 우리가 주께서 우리 안에서 뜻하시고 역사하셨음을 믿으며 따라서 이제 우리의 구원을 이루어 나가겠다는 말이다.

그러므로 사랑을 입은 자녀같이 너희는 하나님을 본받는 자가 되고(엡 5:1).

우리는 하나님을 본받고 그의 행위를 따라하는 자이다. 그러나 이것은 이전에 하나님과 같이 되려고 애썼던 육신의 막다른 길이 아니라는 사실에 유의해야 한다. 우리는 '사랑을 입은 자녀같이' 하나님을 본받아야 한다. 우리가 그의 생명을 받아 그의 행위로 옷 입는 것은 모두 우리 안에 있는 그의 생명으로부터 나오는 것이다. 그렇게 함으로써 그의 사랑을 받은 진정한 우리의 모습으로 돌아오는 것이다.

나는 서아프리카에 있는 정글로 선교 여행을 가서 작은 비행기를 타고 여기저기 다녀본 적이 있다. 우리가 울퉁불퉁한 작은 활주로에 내리자 많은 성도들과 선교사가 나와 우리를 극진히 환영하였다. 한 번은 환영 나온 인파 속에서 선교사들과 악수를 나누며 가던 중 대열 맨 끝에 미국에서 온 구호품 상자에서 꺼낸 낡은 옷을 입은 원숭이를 한 마리 보았다. 그 원숭이는 사뭇 진지하게 서서 손을 내밀었고 나는 엉겁결에 악수를 하였다. 숙소로 돌아오는 길에 보니 그는 뒷짐을 지고 선교사를 따라 고개를 끄덕이는 흉내를 내며 따라오고 있었다. 그가 보여준 완벽에 가까운 사람 행세는 모든 사람들의 인기를 독차지하기에 충분하였다.

나는 그곳에서 런던으로 돌아와서 딸과 한 친구의 영접을 받았다. 그 친구는 "자네 딸이 점점 당신을 닮아가네"라고 말했다. 나는 갑자기 그 원숭이가 떠올랐다. 그가 인간의 흉내를 잘 내면 낼수록 우리는 더욱 많이 웃었다. 내 딸이 점점 나를 닮아갈수록 우리는 더욱 감사하고 축하하였다. 나는 나에게서 생명을 물려받아 살고 있는 딸은 내 안에서 본 나의 행위를 따라하고 있다는 사실을 깨달았다. 그러나 동물이 사람을 따라하면 그것은 흉내 이상 아무 것도 아니며 흉내를 잘 낼수록 웃음만 자아낼 뿐이다.

우리는 새 언약을 통해 영생을 받아 성부 하나님과 연합하였으므로 우리 안에 거하시는 성령을 통해 그의 행위를 받아들여 그것을 행하여야 한다. 그러나 육신이 하나님의 생명을 흉내내려 하면 그것은 기껏해야 추한 모방밖에 되지 않으며 영원한 비극이 아니라고 한다면 최고의 웃음거리밖에 되지 않을 것이다.

5. 감정의 자리

물론 우리는 "그리스도인의 모든 삶이 감정을 배제하는가? 그것은 전적으로 냉철한 판단과 의지로만 사는 삶인가?"라는 의문이 들 것이다. 하지만 그렇지 않다. 오히려 그것과는 전혀 반대이다. 성경은 격한 감정에 관한 언급으로 가득하다. "말할 수 없는 기쁨과 영광으로 즐거워하다"나 "사람이 가히 이해할 수 없는 하나님의 평안"과 같은 표현들은 신자가 그의 임재로 인해 느끼는 환희를 나타낸다.

그러나 우리가 두려워하는 것은 진정한 하나님의 임재가 아닌 단지 느낌으로만 그의 임재에 빠져 즐거워할 수도 있다는 가능성이다. 나는 영적 욕망에 사로잡혀 하나님이 함께 계신다고 확신하는 감정을 좇아 사는 그리스도인들을 안다. 그들은 그에 대한 감정에만 사로잡혀 있기 때문에 바람을 좇듯이 새로운 것만 찾아다니며 주 예수의 인격으로 인한 만족에 대해서는 모르는 사람들이다.

그리스도인의 삶은 경험과 감정으로 사는 것이라고 믿는 것도 이와 유사하다. 그의 임재에 사로잡히는 감정은 선물로 주어지며 우리는 그것으로 인해 기뻐하지만 믿음은 그의 임재가 우리의 삶을 가득히 채우고 있는 것처럼 행동하는 것이다.

몇 년 전에 나는 언약 관계에 있다고 믿고 있던 한 형제와 함께 있었다. 우리는 함께 기도하고 우리가 발견한 진리들을 나누었으며 가능한 자주 집회를 열어 함께 사역하며 서로가 받은 말씀에 대해 나누었다. 나는 그가 나를 시기하여 사역을 훼방하려는 생각을 가지고 있다는 것을 몰랐다. 결국 그는 자신의 의도를 드러내었는데 그것은 대 규모의 한 집회에서였다. 그의 말과 행동은 나를 산산이 부수어 놓고 말았다. 나에 대한 거짓말이 자정 전에 미국 전역에 방송되었으며 내일 아침이면 사실로 받아들여져 사역이 끝날지도 모를 상황이었다. 나는 나의 친구인 그의 말에 완전히 넋을 잃고 얼어붙고 말았다. 나는 모든 시선이 주시하는 가운데 비틀거리며 강단에서 내려와 로봇처럼 건물을 나섰다.

나는 몇 분 동안 아무 생각 없이 걷기만 하였다. 그러다 속에서 분노가 끓어오르기 시작하였다. 그를 향한 분노가 용광로처럼 타올랐으며 그 배신자를 죽이고 싶다는 생각까지 들었다.

그때 나는 마음 깊은 곳에서 성령의 미세한 음성을 들었다. "그는 너를 결코 파괴할 수 없다. 그러나 만일 네가 지금처럼 하면 네 스스로 너를 파괴할 것이다." 그 순간 나는 지금까지 일어났던 일, 배신자, 나의 상처 그리고 앞으로 일어날 모든 일들로부터 돌아섰다. 나는 나를 사랑으로 품으시며 나의 생명 되신 그리스도에게로 향했다. 그리고 내가 무엇을 해야 할지 알게 되었다.

내가 품고 있던 분노의 표현은 하나님의 자녀에게 맞지 않는 옷이었던 것이다. 나는 그를 용서해야 했다는 생각을 하였다. 그러나 나의 감정은 용서를 허락하지 않았다. 나는 그 정도로 화가 난 경우 결코 용서해 본 적이 없다. 나는 그런 경험이 없었으며 나의 감정은 완강히 거부하였다. 그러나 나는 용서를 입기로 하였다. 나는 하나님에 대한 순종의 행위로 용서할 수 있다고 여기고 그렇게 하였다.

나는 다시 그곳으로 돌아가 그를 불러 큰 소리로 "나는 주 예수 그리스도의 이름으로 자네가 한 일을 용서하네. 나는 심판자가 아니니 자네를 탓하지 않겠지만 이 문제에 대해 주님과 상의하게"라고 하였다. 나는 즉시 평안을 느껬고 다시 나왔다.

그러나 십분 쯤 지난 후 내 속에서 다시 '어떻게 그럴 수 있는가' 하는 소리가 들렸다. 그리고는 다시 분한 마음이 들기 시작하여 내 마음을 사로잡았다.

나는 가던 길을 멈추고 다시 뒤를 향해 돌아서서 이렇게 말했다. "나는 십분 전에 이 사람을 용서하였다. 이제 더 이상 이 문제에 대해 언급하지 않겠다."

그날 밤 몇 번이고 다시 분노가 치밀어 올랐지만 점차 뜸해져서 하루 한 번에서 일 주일에 한 번으로, 그리고는 다시 생각나지 않았다. 나는 지금도 여전히 그에 대한 감정이 예전처럼 따뜻하지는 않지만 그리스도 안에 거하기 때문에 그를 용서하였다는 사실을 받아들이고 있다.

일 년 후 그는 울면서 나에게 전화하였다. 나에게는 실패하였지만 누군가가 그에게 분노를 폭발하고 말았던 것이다. 그는 모든 것을 잃고 사역지에서 쫓겨났으며 집도 없이 거리로 나앉게 되었다. 하나님은 나에게 그를 불쌍히 여기는 마음을 주셨으며 나는 그를 집으로 데려와 보살폈으며 그는 점차 믿음과 사역을 회복하였다.

이것이 바로 '그렇게 여기고 행하는 것'이며 경건한 행위로 '옷 입는 것'이다.

6. 유혹을 극복하라

유혹에 대해서는 어떻게 할 것인가? 기분이나 생각, 사상, 및 육체가 폭풍과 같이 몰아쳐서 우리를 죄와 더러운 습관과 정욕으로 몰아가려 할 때 우리는 어떻게 해야 하는가?

우리는 의도적으로 하나님께로 나아가야 한다. 이것은 우리의 감정이나 환경이나 어두움의 세력으로 향하지 말아야 한다는 것이다. 마약과 성적으로 문란한 생활을 하다가 처음 믿은 사람들에게는 아무리 강조해도 지나치지 않는 것이 바로 이것이다. 유혹이 강력한 힘으로 완전히 엄습하기까지 기다리지 말고 그런 생각이 드는 순간에, 첫 번째 속삭임이 들려오는 순간에, 즉시 그리스도의 영에게로 향해야 한다. 여러분 안에는 그가 계시다는 것을 잊지 말아야 한다. 여러분의 몸은 그의 성전이며 여러분은 그 안에 있으며 그는 여러분의 생명이며 호흡이라는 사실을 깨달아야 한다.

이것이 중요한 이유는, 만일 우리가 이러한 사실을 믿지 않으면 휘몰아치는 육신의 소용돌이가 자신의 진정한 모습이라고 믿게 되기 때문이다. 우리가 언제나 마음 깊이 담아두어야 할 생각은 바로 다음과 같은 것이다. "성령께서 언약의 피를 통해 역사하심으로 나의 참된 자아는 죄 사함을 받아 깨끗하게 씻음을 받았다. 나의 진정한 자아는 그리스도와 함께 하나님 안에 감취였다. 바로 그곳으로부터 나는 아버지 하나님의 얼굴을 향한다. 그는 나를 사랑하고 기뻐하는 자신의 아들이라고 선언하며 나는 그를 아바 아버지라 부른다."

이것이 자신의 참 모습을 발견하지 못할 때 엄습하는 극도의 수치심과 싸워야 할 첫 번째 무기이다.

이것은 특히 성적 탐닉에서 헤어나지 못하여 수치심으로 가득 차 있는 사람들에게는 너무나 절실한 문제이다. 크리스(Chris)라는 한 남자는 음란물로부터 건져달라고 회개의 기도를 하고나면 며칠 못 가서 또 도색 잡지와 영화의 유혹이 마음 깊숙한 곳에서 부드럽게 속삭인다고 고백하였다. 그의 첫 번째 반응은 수치심이었다. 그는 "나는 안 돼. 나는 이전과 달라진 것이 전혀 없어. 그런 생각과 정욕은 잠시 숨어 있을 뿐 지금도 여전히 살아 있어"라고 생각했다. 그는 깊은 수치심과 자괴감을 느꼈으며 더 이상 하나님을 뵐 낯이 없었다. 그런 느낌 때문에 그는 이내 보다 깊은 자괴감에 빠져들었으며 더 많은 음란물을 통해 그러한 자신을 달래고자 하였다.

나는 그에게 육체와 상상력 속의 그러한 생각과 정욕은 진정한 자신의 모습이 아니며 그의 참 자아는 그리스도와 함께 하나님 안에 숨었으며 그 순간에도 그의 진정한 자아는 하나님의 사랑의 대상이라고 말하자 그는 할 말을 잃었다. 나는 그에게 이렇게 말하였다. "생각이나 육체적 욕구는 이미 패한 대적의 죽어 있는 몸부림이다. 유혹에 굴복하지 말고 관심도 갖지 말라. 그 순간에 의식적으로 그리스도 안에 거하고 너를 사랑하는 하나님과 그의 아들이라는 너의 참 모습과 만나라. 유혹에 관해 생각하는 것이나 그것과 싸우기 위해 온 관심을 기울이는 것은 하나님을 향하는 것이 아니라 정욕을 실재화하는 것이며 수치심을 가질 뿐이다."

우리가 어느 한 영역에서의 강력한 유혹에 확실히 패배할 수밖에 없는 길은 유혹에 대한 생각으로 수치심을 느끼고 그것과 싸우면서 그것에 대해 생각하지 않으려고 노력하는 것이다. 그러한 일련의 과정은 실패로 이를 수밖에 없다. 생각이 계속되면 상상력 속에서 구체적으로 형상화되고 그것을 용납하지 않으려는 모든 결심은 걷잡을 수 없이 분해되고 만다. 우리는 실패할 수밖에 없고 더욱 깊은 절망과 수치심의 나락으로 떨어지게 된다.

우리는 우리 안에 휘몰아치는 감정의 격랑을 부인하지 않으며 그것을 없애라는 것도 아니다. 우리가 그것과 씨름하면 할수록 그것은 더욱 강해진다. 그 이유는 우리가 그것과 싸움으로써 그것의 지위를 인정하기 때문이다. 즉 우리는 그것을 진정한 자아의 한 부분으로 받아들이고 우리와 상대할 대적으로 인정한 꼴이 되는 것이다. 그러나 결코 그렇지 않다. 그것은 그리스도와 함께 십자가에 못박혔으며 그것을 통해 여러분의 진정한 자아는 성령께로 나오게 되있다.

나는 크리스에게 이렇게 말하였다. "정욕적 습관의 고통이 너를 육체적으로 사정없이 흔들 때에는 네 몸이 어떤 요구를 하든, 그대로 잠잠히 있으면서 이 순간 나는 하나님 앞에 서 있다는 사실을 깨달으라. 그는 너를 사랑하시며 너를 도와 육체의 정욕과 맞서고 계신다는 사실을 알라. 수치심을 갖지 말고 그것이 무엇이든 네가 경험하고 느끼는 바를 솔직히 아뢰고 맡기라. 그리고 그가 너를 자신의 소유로 삼으신 것을 감사하라. 실타래처럼 엉킨 생각의 굴레로부터 벗어나도록 큰 소리로 외치라. 그는 너를 너의 과거로부터 분리시키고 계시며 너를 온전히 세우고 있는 중이시다. 너는 그 순간 너의 진정한 모습인 새 사람으로 화하고 있는 것이다."

이제 우리는 그와 연합된 우리의 정체성이 발견된 바로 그 중심으로부터 그리스도의 행위로 옷을 입는 선택을 하여야 한다. 우리는 예수님의 행위로 옷을 입고 그것이 바로 우리의 속사람의 외적 표현임을 드러내어야 한다.

7. 유혹을 이용하라

다음은 유혹을 이용하는 비결이다. 우리는 유혹을 대적이 아니라 그리스도 안에 있는 긍정적인 삶이 빛을 발하기 위해 필요한 부정적인 도전이라고 생각해야 한다. 우리는 그리스도의 생명을 진공 가운데서 나타낼 수 없다. 그는 육체의 부정적인 요구와 끊임없이 맞서신다.

하루는 나사로의 부활에 대해 이야기를 하고 있는데 한 신자가 꿈꾸는 듯한 눈으로 바라보며 "예수님에 의해 다시 살아나는 기분은 너무 황홀할 것 같습니다"라고 했다. 나는 그에게 다시 살아나기 위해서는 먼저 죽어야 한다는 사실을 상기시켰다. 죽은 자를 살리시는 예수님의 능력은 죽은 자에게 나타나며 진공 상태에서 나타나는 것이 아니다.

우리가 우리 안에 있는 하나님의 사랑의 충만함을 깨닫기 위해서는 인간적으로 아무리 최선을 다해도 사랑받을 수 없는 사람들 가운데 있어야 한다. 우리는 육신이 불안하고 초조해하는 상태에 있을 때 인간의 이해를 초월하는 하나님의 평안을 맛보게 된다. 주님의 기쁨은 우리의 환경이 절망적인 상황 가운데 있을 때 가장 분명히 경험할 수 있다. 앞에서 살펴보았듯이 바울은 하나님의 능력이 우리가 약할 때 가장 잘 드러난다는 교훈을 배웠으며 언약의 수수께끼는 "내가 약할 그 때에 곧 강함이니라"(고후 12:10)는 것이다.

시험과 유혹은 우리에게서 그리스도의 충만한 생명을 드러내기 위해 주어지며, 이와 같은 유혹이 없다면 생명이 드러나야 한다는 생각도 하지 않을 것이며 그럴 필요성도 느끼지 못할 것이다. 우리는 유혹을 대적으로 볼 것이 아니라 '그렇게 여기고 행함'과 '옷을 입는' 기회로 삼아야 할 것이며, 그렇게 함으로써 지금까지 몰랐던 깊은 은혜 가운데 성숙하게 될 것이다. 야고보는 우리에게 너희가 여러 가지 시험을 만나거든 온전히 기쁘게 여기라(약 1:2)고

하였다.

  시험은 성령께서 우리의 삶 가운데 그리스도의 생명을 드러내시는 좋은 기회이다. 우리가 만일 유혹을 성령의 강력하게 하심이 아니라 우리의 의지로 극복해야 하는 대상으로 생각하고 접근한다면 언제나 실패하고 말 것이다. 유혹은 우리가 육체의 거짓 능력에 대해 죽고 부활하신 그리스도의 생명으로 들어가는 시간이다.

8. 크리스틴에 관한 이야기

  크리스틴은 자신의 문제에 대해 알고 있었다. 그것은 남을 험담하는 습관이었다. 그녀는 친구들이 전하는 귀가 솔깃한 얘기를 하나도 놓칠 수 없었다. 그녀는 그것을 속에 담아두고 있지를 못하였다. 그녀는 그런 일급비밀을 아무도 모르게 전한다고 우쭐대며 모든 사람들에게 퍼뜨리고 다녔다. 그녀가 퍼뜨린 확실치 않은 소문 때문에 그녀는 교회 안에서 분란의 진원지가 되었다. 그때 성령께서 그녀의 양심을 찌르셨다. 그녀는 자신이 성령을 근심케 하고 형제자매에게 상처를 주고 있음을 깨달았다. 그녀는 무릇 더러운 말은 너희 입 밖에도 내지 말고 오직 덕을 세우는 데 소용되는 대로 선한 말을 하여 듣는 자들에게 은혜를 끼치게 하라(엡 4:29)는 성령의 음성을 듣고 있었던 것이다.

  성령께서는 그녀가 전화기를 들 때마다 온갖 험담이 쏟아질 것이라는 것을 알게 하셨으며 그녀는 멈추어야 한다고 생각하였다. 그러나 곧 자신에게는 그것을 멈출 힘이 없다는 사실을 깨달았다. 상대가 "그 소문에 대해 알고 있니?"라고 물으면 모든 결심은 사라지고 소문에 빠져들어 한 마디라도 더 캐내려고 집요하게 물었다. 전화기를 내려놓는 순간 그녀는 자신이 한 일을 후회하고 스스로 통제하지 못하는 자신에게 넌더리를 내었다. 그녀는 전화기 옆에다가 상대가 험담을 시작하면 어떻게 하라는 메모를 써서 붙여 놓았다.

그러나 막상 전화기를 들면 메모한 것이 눈에 들어오지 않으며 하나님께 했던 모든 약속과 결심은 온데간데없이 사라지고 말았다.

덕을 세우고 은혜를 끼치는 말만 하겠다는 그녀의 결심 역시 아무런 소용이 없었다. 그녀는 아무리 힘을 달라고 기도해도 친구들과의 그것을 멈출 수 없었다. 그녀는 날마다 예수님께 오늘은 그렇게 하지 않겠다는 약속을 하고 하루를 시작하였다. 친구들을 만나기 전에 그녀는 자신에게 이렇게 속삭였다. "예수님, 오늘은 절대로 험담하는 일에 빨려들지 않겠습니다. 꼭 그렇게 할 것을 약속합니다." 그러나 삼십분도 못 되어 그녀는 모든 약속을 잊어버리고 말았다.

그녀는 그 교회에서 열렸던 집회가 끝난 후 나에게 면담을 요청하였다. 나는 그날 그리스도와의 언약이라는 주제에 대해 말씀을 전하였는데 말씀 가운데 자신의 죄를 극복할 수 있다는 한 가닥 희망의 빛을 발견한 그녀는 나를 찾았던 것이다. 나는 그녀의 이야기를 다 들은 후 "당신은 이런 유혹에 대해 어떻게 생각합니까?"라고 물었다.

그녀는 매우 당황한 듯 노기에 가까운 음성으로 "나는 그것을 증오합니다. 정말 그러기 싫습니다. 그런 생각이 들 때마다 나는 속으로 안돼! 라고 외칩니다"라고 하였다.

나는 "크리스틴양, 유혹을 향해 아니라고 말하지 말고 예수님에게 네라고 하세요"라고 말했다. 그녀는 놀란 듯이 보였으나 고개를 끄덕이며 다음 말을 기다렸다. 나는 그녀에게 이렇게 말하였다. "아니라고 말하는 것은 당신의 의지를 끌어내는 것입니다. 그것은 육신적 힘을 모두 동원하여 유혹을 거부하겠다는 것입니다. 당신은 자신의 능력을 모아 하나님을 기쁘시게 하려 했던 것입니다. 그러나 그리스도인의 삶은 그런 것이 아닙니다. 그것은 기껏해야 죽은 종교에 불과할 뿐입니다. 그것은 당신으로 하여금 육신의 험담하는 행위를 죽이고 그 일을 멈추며 성령으로 그리스도 안에 살게 하려고 하나님께서 주시는 기회입니다."

나는 계속해서 그리스도와의 연합에 대한 말씀을 나누며 골로새서 3:1-3

을 보여주었다. "그러므로 너희가 그리스도와 함께 다시 살리심을 받았으면 위엣 것을 찾으라 거기는 그리스도께서 하나님 우편에 앉아 계시느니라 위엣 것을 생각하고 땅엣 것을 생각지 말라 이는 너희가 죽었고 너희 생명이 그리스도와 함께 하나님 안에 감추었음이니라"(골 3:1-3).

특히 8절과 12-13절에는 위에 계신 그리스도를 생각하며 우리의 생명이 그리스도와 함께 하나님 안에 감춰진 삶이 잘 나타난다.

> 이제는 너희가 이 모든 것을 벗어버리라 곧 분과 악의와 훼방과 너희 입의 부끄러운 말이라…그러므로 너희는 하나님의 택하신 거룩하고 사랑하신 자처럼 긍휼과 자비와 겸손과 온유와 오래 참음을 옷 입고 누가 뉘게 혐의가 있거든 서로 용납하여 피차 용서하되 주께서 너희를 용서하신 것과 같이 너희도 그리하고.

더러운 말을 벗어버리고 사랑의 언어로 옷 입는 것은 처음 세 구절을 떠나서는 결코 성취할 수 없다. 나는 그녀에게 다음과 같이 말했다. "이제 당신은 그리스도와 연합하였으며 그는 당신의 생명이기 때문에 그의 사랑의 언어를 배울 수 있습니다. 중요한 것은 더러운 말에 대해 아니라고 말하는 대신 그리스도 안에 있는 진정한 자아를 향해 예라고 하며 그의 사랑이 당신을 통해 쏟아지게 하는 것입니다. 당신은 결코 로봇이 아닙니다. 당신에게는 중요한 문제를 결정해야 하는 선택권이 주어졌습니다. 그러나 그것은 자신의 힘으로 험담을 중지하려는 노력이 아니라 당신의 생명이며 사랑이며 능력이신 그리스도에게 복종하는 것입니다."

나는 집회를 마치고 다음날 돌아왔다. 나중에 그녀는 나에게 편지를 보내어 그날 대화 이후 자신의 삶이 어떻게 근본적으로 변화되었는지를 알려주었다. 우리가 대화한 그날 밤부터 시작하여 그녀의 문제 접근 방식은 전적으로 변화되었다. 그녀는 하나님께 다시는 험담하지 않겠다고 약속하는 대신 다음과 같이 기도하였다. "그리스도와 연합하여 성령께서 내 안에 거하심을 감사합니다. 이것이 나의 참 모습이며 따라서 이제 험담이나 더러운 말은 나의 진정한 자아와 함께할 수 없음을 감사합니다. 나의 생명이신 주 예수님, 날마다 항상 당신이 나의 생각과 말에 충만하시기를 원합니다. 나는 더러운 욕망 앞에서 한없이 무능하오니 성령께서 나의 생각과 언어 속에 진리와 사랑에 대한 당신의 간절함을 넣어주시기를 간구합니다." 그녀는 친구들을 만나거나 전화를 할 때면 "주님, 이것은 당신의 대화입니다"라고 속삭였다.

그녀는 첫날 전화가 왔을 때 일어난 상황에 대해 언급하였다. 그녀가 첫 번째 발견한 사실은 다시 넘어질 것이라는 두려움으로 인한 긴장감이 없어졌다는 것이다. 대신에 그가 진실로 그녀 안에 거하시며 이것은 그가 하시는 대화라는 평안함이 찾아왔다. 그녀는 평안한 마음으로 그가 어떻게 이 일을 하실지 두고 볼 수 있게 되었다. 대화가 진행되면서 그녀는 자신에게 선택권이 있다는 사실을 깨달았다. 친구가 최근에 들은 것을 이야기하려는 눈치가 보이는 순간에도 그녀는 그 내용에 혹하여 휩쓸리지 않았다. 그녀는 로봇이 아니었다. 그녀는 스스로 선택을 하고 있으며 그렇게 선택할 수 있는 힘은 온전히 그의 은혜임을 깨달았다. 그녀는 전화기를 통해 이야기를 들으면서 자신은 친구들의 말에 휘말리고 싶지 않으며 그럴 필요도 없다는 사실을 깨닫게 되었다. 이어서 이전에 그렇게 결심하고 다짐해도 한 순간에 허물어지게 만들고 말았던 말이 들렸다. "너는 제인의 남편이 전날 직장에서 무슨 일을 했는지 상상도 못할 거야." 크리스틴은 마음속에 조용한 성령의 자각을 감지하였다. 그녀는 "아니야 수잔, 나는 아무것도 듣지 못했어. 차라리 듣지 않을 거야. 성령께서 내가 사람들에게 험담하는 것을 용납하지 않으셔. 제인의 남편을 위해 기도는 하겠지만, 주님께서 그가 한 일을 모두 알고 계시기 때문에 나는 그 일에 대해 알 필요가 없어"라고 하였다. 친구는 깜짝 놀라 '오!' 라고 외쳤으며, 그리고는 갑자기 대화가 끊어지고 말았다.

다음 모임 때 크리스틴이 다가가자 친구들은 모두 그녀를 이상하게 쳐다보았다. 수잔이 전화 대화 내용을 이미 다른 사람들에게 말한 것이 분명했다. 크리스틴은 친구들과의 이 첫 번째 만남을 위해 기도했으며 성령께서는 담대히 적극 대처하라고 재촉하셨다. 그녀는 "나는 지난 며칠 동안 성령께서 나의 삶 속에 이루신 일에 대해 나누고 싶어"라고 말한 후 성령께서 자신에게 행하신 일에 대해 이야기하기 시작했다. 그것으로 그녀에 대한 유혹은 모두 끝났다. 나중에 그들 중 몇 사람이 찾아와 동일한 성령의 역사를 경험했다며 그녀에게 감사하였다.

다음 날 그녀는 이것이 남을 험담하는 일뿐 아니라 다른 사람들을 주도적으로 사랑하는 일에도 해당될 것이라는 확신이 들었다. 그녀는 이 모든 시작하게 한 말씀을 읽었다. "무릇 더러운 말은 너희 입 밖에도 내지 말고 오직 덕을 세우는 데 소용되는 대로 선한 말을 하여 듣는 자들에게 은혜를 끼치게 하라"(엡 4:29). 그리고 나와 함께 나눈 구절도 읽어보았다.

> 이제는 너희가 이 모든 것을 벗어버리라 곧 분과 악의와 훼방과 너희 입의 부끄러운 말이라…그러므로 너희는 하나님의 택하신 거룩하고 사랑하신 자처럼 긍휼과 자비와 겸손과 온유와 오래 참음을 옷 입고 누가 뉘게 혐의가 있거든 서로 용납하여 피차 용서하되 주께서 너희를 용서하신 것과 같이 너희도 그리하고(골 3:8, 12-14).

그녀는 성령께서 그녀에게 험담을 그만 두기만 원하실 뿐 아니라 다른 사람들을 돌아보고 그들이 안고 있는 문제를 살피는 전혀 새로운 삶을 살기를 원하신다는 것을 알았다. 그것은 단순히 한 가지 행동을 그만두는 것이 아니라 새로운 삶을 시작하는 것이었다. 그녀는 성령께 자신을 인도해 달라고 부탁하였다. 그녀는 자신의 말이 어느 정도 교회 내 모든 식구들에게 영향을 미치고 있음을 알았다. 그녀는 교인 명부를 놓고 각 가정을 위해 기도하기 시작하였다. 그녀는 지금까지 다른 사람들을 험담하고 그들의 약점이나 실수를 찾는 일에 많은 시간을 보내었다는 사실을 알았다. 이제 그녀는 시간을 내어 기도하면서 다른 사람들의 약점을 기도의 제목으로 삼았다. 성령께서는 그녀의 고질적인 죄를 교회에 유익을 주는 사역으로 바꾸어 주셨던 것이다.

The Lost Secret of the
New Covenant

제 16 장

성령의 사람

새 언약은 구약성경을 통해 예견되었으며, 모든 선지서는 이 주제를 어느 정도 다루고 있다. 이 언약이 어떤 것인지에 대해서는 여러 가지 표현으로 설명되고 있지만 특히 자주 반복되는 한 구절이 있다. 그것은 나는 그들의 하나님이 되고 그들은 내 백성이 될 것이라는 것이다.

나 여호와가 말하노라 그러나 그날 후에 내가 이스라엘 집에 세울 언약은 이러하니 곧 내가 나의 법을 그들의 속에 두며 그 마음에 기록하여 나는 그들의 하나님이 되고 그들은 내 백성이 될 것이라(렘 31:33).

내가 여호와인 줄 아는 마음을 그들에게 주어서 그들로 전심으로 내게 돌아오게 하리니 그들은 내 백성이 되겠고 나는 그들의 하나님이 되리라 (렘 24:7).

내가 그들과 화평의 언약을 세워서 영원한 언약이 되게 하고 또 그들을 견고하고 번성케 하며 내 성소를 그 가운데 세워서 영원히 이르게 하리니 내 처소가 그들의 가운데 있을 것이며 나는 그들의 하나님이 되고 그들은 내 백성이 되리라(겔 37:26-27).

그는 '우리 하나님' 이다. 이것은 "하나님이여 주는 나의 하나님이시라"(시 63:1)고 외쳤던 시편 기자의 부르짖음 속에도 잘 나타나 있다. 그와 언약한 백성만이 그는 나의 하나님이라고 말할 수 있다. 언약 밖의 사람들도 하나님을 부를 수는 있지만 감히 나의 하나님이라고 주장할 수 없다.

앞에서 살펴본 대로 계약과 언약의 중요한 차이점 가운데 하나는 두 당사자가 교환하는 대상이다. 계약은 자신이 소유하고 있는 물건이나 권리를 교환하지만 언약은 자신을 주고받는다. 계약은 "이제 이것은 너의 것이다"라고 말하지만 언약은 "이제 나는 너의 것이다"라고 말한다. 따라서 하나님은 단순히 물질적 복만을 약속하지 않으신다. 그의 복은 성령을 통해 자신을 선물로 주시는 것이다.

1. 새 언약의 성전

새 언약은 성령을 떠나서는 아무런 효과가 없다. 에스겔 선지자가 예언했듯이 새 언약의 특징은 성령의 내주하심에 있는 것이다. "또 내 신을 너희 속에 두어 너희로 내 율례를 행하게 하리니 너희가 내 규례를 지켜 행할지라"(겔 36:27).

내주하시는 성령은 신자들에게 주 예수로 말미암은 모든 언약의 복을 부여하신다. 그가 없는 복은 사실상 그림의 떡에 불과하다.

우리는 성령께서 모든 신자들 가운데 거하시며 그들의 몸은 그의 거하시는 처소가 된다는 사실을 알고 있다. 그러나 그것은 시작에 불과하다. 성령께서는 각 사람에게 개별적으로 거하시는 것만은 아니다. 그는 지역마다 있는 신자들의 공동체에 거하시며 그것을 새 언약의 성전으로 삼으신다.

옛 언약의 성전은 이스라엘의 예루살렘이었다. 그곳은 하나님께서 자기 이름과 임재를 알리기 위해 선택하신 곳이다. 언약 백성은 그 땅에 살면서 매년 예루살렘으로 가서 언약의 하나님께 경배하고 그들에게 주신 언약을 기념하며 그에게 영광을 돌렸다. 그러나 새 언약에는 언약의 하나님이 백성들 가운데 거하실 땅도 없고 장소도 없다. 그는 지역별로 구성된 신자들의 몸, 즉 교회 안에 거하신다. 그의 임재는 오직 그곳에서만 드러난다.

'지성소'를 의미하는 '나오스'(naos)라는 헬라어가 모든 신자의 몸을 묘사하는 말로 사용된다는 사실에 대해서는 이미 살펴본 바 있다(고전 6:15). 그러나 이 단어는 원래 하나님의 백성들의 모임을 묘사하는 말로 사용되었다. 지역마다 신자들이 모여 하나님의 백성으로 구성되면 그곳은 곧 하나님의 처소가 되었으며 하나님의 영광이 거하시는 장소가 되었던 것이다.

> 그의 안에서 건물마다 서로 연결하여 주 안에서 성전이 되어가고 너희도 성령 안에서 하나님의 거하실 처소가 되기 위하여 예수 안에서 함께 지어져 가느니라(엡 2:21-22).

바울이 언약과 관련된 용어로 고린도 교회의 신자들을 묘사한 내용을 살펴보라.

> 하나님의 성전과 우상이 어찌 일치가 되리요 우리는 살아 계신 하나님의 성전이라 이와 같이 하나님께서 가라사대 내가 저희 가운데 거하며 두루 행하여 나는 저희 하나님이 되고 저희는 나의 백성이 되리라 하셨느니라(고후 6:16).

> 너희가 하나님의 성전인 것과 하나님의 성령이 너희 안에 거하시는 것을 알지 못하느뇨 누구든지 하나님의 성전을 더럽히면 하나님이 그 사람

을 멸하시리라 하나님의 성전은 거룩하니 너희도 그러하니라(고전 3:16-17).

새 언약의 성령은 죄인을 그의 임재로부터 분리시켰던 휘장을 걷어버렸다. 이제 우리는 예수 그리스도의 얼굴에 있는 하나님 자신의 영광을 볼 수 있게 되었다. 우리는 지성소로 들어갔으며 휘장 뒤 하나님의 임재 안에 거하게 되었다. 우리는 그의 영광을 볼 뿐만 아니라 그와 같은 형상으로 화하여 더욱 밝은 영광에 이르게 되었다.

우리가 다 수건을 벗은 얼굴로 거울을 보는 것같이 주의 영광을 보매 저와 같은 형상으로 화하여 영광으로 영광에 이르니 곧 주의 영으로 말미암음이니라(고후 3:18).

새 언약의 성전은 '산 돌'인 하나님의 백성이며, 하나님은 성령으로 우리 가운데 거하신다. 건물 전체를 떠받치고 있는 모퉁이 돌은 주 예수님이시다. 하나님의 백성은 성전의 돌일 뿐만 아니라 그곳에서 성령의 능력으로 섬기며 예배하는 제사장이다.

사람에게는 버린 바가 되었으나 하나님께는 택하심을 입은 보배로운 산 돌이신 예수에게 나아와 너희도 산 돌같이 신령한 집으로 세워지고 예수 그리스도로 말미암아 하나님이 기쁘게 받으실 신령한 제사를 드릴 거룩한 제사장이 될지니라…오직 너희는 택하신 족속이요 왕 같은 제사장들이요 거룩한 나라요 그의 소유된 백성이니 이는 너희를 어두운데서 불러내어 그의 기이한 빛에 들어가게 하신 자의 아름다운 덕을 선전하게 하려 하심이라(벧전 2:4-5, 9).

초기 교회에서는 교회당에 가는 사람이 없었다. 지정된 장소에 세워진 건물이 교회라고 생각하지 않았기 때문이다. 교회는 지역 내의 신자들이 살아 있는 돌이 되어 세워진 새 언약의 성전이었으며, 하나님의 임재가 알려지고 드러나는 곳이었다. 교회는 건물이 아니라 지역별로 함께 모여 언약의 하나님께 예배와 찬양을 드렸던 사람들의 모임이었다.

2. 그리스도의 몸

신약성경은 공동체에서 떨어져 나온 신자의 개별적인 하나님과의 관계에 대해서는 언급하지 않는다. 각 신자는 그리스도와 연합하여 그의 몸, 즉 하나님의 백성이 되었다. 언약은 우리와 개별적으로 함께하는 것이 아니라 언약의 대상으로서 그리스도 안에 있는 '백성'과 함께한다.

그리스도인이 된다는 것은 그에게 찾은 바 되어 개인적으로 그에게 나아오는 것이지만, 동시에 그리스도의 몸인 언약 백성들과의 관계 속으로 들어오는 것이다. 우리는 예수님의 비유를 통해 그가 잃어버린 것을 개별적으로 찾으시지만 언제나 그것을 무리 속으로 이끄신다는 사실을 볼 수 있다. 잃은 양은 양떼에게로 돌아오며 잃은 동전은 여인에게 남아 있는 아홉 개의 동전에게로, 그리고 잃은 아들은 아버지에게로 돌아올 뿐만 아니라 온 집안의 환대를 받는다.

그리스도를 통한 하나님의 구원 사역의 대상은 하나님의 백성이다. 하나님은 서로 무관한 일련의 개인들을 개별적으로 구원하여 각각 관계를 맺게 하신 것이 아니다. 그의 구원 사역은 공동체적이다. 그가 우리를 대신하여 자신을 주심은 모든 불법에서 우리를 구속하시고 우리를 깨끗하게 하사 선한 일에 열심하는 친 백성이 되게 하려 하심이니라(딛 2:14).

서구 사람들은 자신이 이웃과 고립된 채로 다른 사람과 거의, 또는 전혀 관계없이 살아가며 성공이나 실패를 거둔다고 생각한다. 따라서 구원은 개인적이며 하나님과의 관계는 다른 누구와도 연결되지 않는다.

이에 따라 신자가 홀로 TV 앞에 앉아 예배하는 컴퓨터 교회의 성도가 양산되었다. 우리는 신약성경 시대에는 이러한 진풍경을 생각할 수도 없었다는 사실을 알아야 한다. 구원은 개인적이며 우리는 각자 개별적으로 그리스도에게로 인도함을 받지만, 구원받은 자는 그 안에서 연합된 몸의 한 부분이 된다. 새 언약에 들어가는 것은 그리스도 및 그의 백성들과 하나로 연합하여 이 땅에서 하나님의 임재를 구현하는 것이다.

이러한 혼란을 더욱 가중시킨 것은 신약성경에는 실제 헬라어로는 복수이지만 단수로 취급된 구절이 많다는 것이다. 영어에는 you의 복수형이 따로 없다. 사실 you는 복수이며 다만 thou라는 단수 형태가 사용되지 않을 뿐이다. 따라서 이 표현의 의미를 바로 알기 위해서는 신약성경 여러 곳을 뉴욕에서 사용하는 'yous'나 텍사스 주에서 사용하는 'y'all'로 번역해야 할 것이다. 이것은 이러한 구절들이 일차적으로는 하나님의 백성에게 복수로 적용되며 다음으로 공동체 내의 각 개인에게 적용되어야 함을 말해 준다. 다음은 한 예이다.

> 그러므로 나의 사랑하는 자들아 너희가 나 있을 때뿐 아니라 더욱 지금 나 없을 때에도 항상 복종하여 두렵고 떨림으로 너희 구원을 이루라 너희 안에서 행하시는 이는 하나님이시니 자기의 기쁘신 뜻을 위하여 너희로 소원을 두고 행하게 하시나니(빌 2:12-13).

확실히 이 구절은 모든 믿는 자에게 각각 적용되는 말씀이다. 그러나 이 말씀은 엄밀히 그 지역에 있는 하나님의 백성들의 공동체와 연결된 신자들에 대한 말씀이다. 우리가 하나님의 백성과 교제하며 그들의 권면과 증거와 기도와 사역을 받아들일 때 그는 우리 가운데 역사하셔서 그의 기쁘신 뜻과 이루게 하신다.

나의 생명이 내 몸 안에 있는 모든 세포 속에 살고 있다는 것은 맞는 말이지만, 이것은 어디까지나 각 세포가 몸 안에 있을 때에 그렇다는 것이다. 자신은 고립되어 있으며 혼자서 최선을 다해 신앙을 지키다가 천국에 갈 것이라고 생각하는 사람들도 많다. 그들에게 그리스도인이 된다는 것은 죽어서 가는 곳만이 전부이다. 신약성경에서 신자는 성령께서 거하시는 공동체의 한 구성원으로 묘사되며, 그들은 공동체적인 삶을 통해 거주지에서 하나님의 생명과 성품을 드러낸다. 다음은 또 하나의 예이다.

> 자녀들아 너희는 하나님께 속하였고 또 저희를 이기었나니 이는 너희 안에 계신 이가 세상에 있는 이보다 크심이라(요일 4:4).

많은 사람들은 이 구절을 하나님과의 개인적인 관계라는 차원에서 해석한다. 그들은 우리 각자 안에 살아 계신 분이 세상에 있는 이보다 크시다고 주장한다. 실망스럽게 생각할는지 모르겠지만 이 구절의 일차적인 뜻은 그런 것이 아니다. 이 서신의 수신인은 '자녀들' 이라고 하는 다수의 사람들로, 그 지역에 있는 신자 전체를 지칭한다. 신자들로 구성된 몸 가운데 거하시는 성령은 이 땅에 임재하신 하나님으로서 지옥과 세상의 모든 권세들보다 크시다는 것이다. 신자들의 몸 안에서라는 말은 몸에 붙은 각 지체들에게 해당된다. 그러나 우리가 성경을 엄밀히 적용하면 본문은 TV로만 다른 신자들과 접촉하는 홀로 고립된 신자에게는 해당되지 않는다.

> 하나님이 그들로 하여금 이 비밀의 영광이 이방인 가운데 어떻게 풍성한 것을 알게 하려 하심이라 이 비밀은 너희 안에 계신 그리스도시니 곧 영광의 소망이니라(골 1:27).

우리는 '너희 안에 계신 그리스도' 가 모든 신자에게 해당된다는 것을 보았다. 즉 너의 몸은 하나님의 거하시는 처소라는 것이다. 그러나 엄밀히 말해 본문은 하나님의 영광, 즉 지성소에 거하시던 하나님의 임재가 이제 유대인과 이방인을 포함한 그의 모든 백성들의 회중 가운데 거하신다는 의미이다.

3. 새로운 공동체

신약성경에 나타난 하나님의 백성들은 스스로에 대해 '마지막 때'를 사는 성도로 생각하였다. 여기서 '마지막 때'는 일부 종말론자들이 주장하는 이스라엘과 러시아와 적그리스도를 포함한 환상적인 예언에 관한 언급이 아니다. 이것은 죽음으로부터의 부활, 사망의 통치의 종식, 하나님 나라의 절정, 주 예수의 영원한 통치, 이 세상 질서의 사라짐, 얼굴과 얼굴을 대하여 봄 등이 주요 특징이다. 하나님의 백성들은 이미 이 시대로 들어갔다는 것이다.

> 예수를 너희가 보지 못하였으나 사랑하는도다 이제도 보지 못하나 믿고 말할 수 없는 영광스러운 즐거움으로 기뻐하니 믿음의 결국 곧 영혼의 구원을 받음이라(벧전 1:8-9).

우리는 하나님 자신의 생명인 영원하고 유일한 생명에 참예한 자이다. 우리는 주 예수의 부활에 동참하여 성령 안에서 천국을 누리고 있다.

> 저희에게 당한 이런 일이 거울이 되고 또한 말세를 만난 우리의 경계로 기록하였느니라(고전 10:11).

> 한번 비췸을 얻고 하늘의 은사를 맛보고 성령에 참예한 바 되고 하나님의 선한 말씀과 내세의 능력을 맛보고(히 6:4-5).

신약의 신자들은 로마제국의 시민으로 살면서도 하나님 나라의 시민권을 우선으로 알았다. 그들에게 이 세상의 형적은 지나가고 있었다(고전 7:31).
신자는 이 땅에 거하지만 하늘의 진정한 시민으로 살아가는 사람들이다. "오직 우리의 시민권은 하늘에 있는지라 거기로서 구원하는 자 곧 주 예수 그리스도를 기다리노니"(빌 3:20).

바울은 빌립보 성도들에게 보낸 서신에서 로마제국에 속한 빌립보성의 지위에 대해 언급하였다. 정복자 로마는 마케도니아를 식민지화하려는 목적으로 이 중요한 거점을 택하여 마케도니아의 '작은 로마'로 명명했다. 빌립보성의 모든 시민들은 비록 그리스어를 사용하는 마케도니아인이었으나 모두 로마제국의 시민이 되었다. 모든 성에는 로마의 법이 시행되었으며 로마의 풍속과 유행과 습관이 장려되었다. 주변 수마일에 걸쳐 살고 있던 마케도니아인들은 제국의 수도와 흡사한 생활을 하였다. 빌립보성에 들어가는 것은 로마에 들어가 로마의 전부를 경험하는 것과 같았다. 로마인들은 식민지화하는 방법을 알고 있었으며, 머지않아 나라 전체가 로마화되었던 것이다.

마찬가지로 바울은 빌립보 성도들에게 이렇게 말하고 있다. "너희는 빌립보에 살고 있으나 이미 하늘의 시민이 되었다. 신자들 간의 삶은 곧 이 땅에서 '작은 천국'을 형성하는 것이다. 그곳에는 그의 뜻이 하늘에서 이룬 것처럼 이루어질 것이며 사랑의 법이 시행될 것이다. 너희의 삶은 그리스도의 마음을 나타내며 그 안에 사는 것이 어떤 것인지를 보여주게 될 것이다. 너희는 사실 빌립보에 있는 하나님의 영광의 임재 안에 거하고 있다."

다른 나라를 여행하다 보면 때로는 서방에 적대적인 감정을 가진 나라에 머물기도 한다. 그런 나라에서는 미국 국기가 걸린 것을 보기만 해도 마음이 놓인다. 그것은 미국 대사관이라는 표시이며 그곳 문지방만 넘어서면 미국의 법이 시행되는 '작은 미국'에 들어가는 것이다. 그 건물에 들어가는 것은 곧 미국의 전초지로 들어서는 것이다. 마찬가지로 신자들의 모임으로 들어서는 이방인이나 신자들은 천국으로 들어가는 것과 같으며 천국으로 가는 길에서 하나님의 무조건적인 사랑을 맛보게 되는 것이다.

이와 같이 신약성경의 신자들은 성령 안에서 마지막 시대의 모든 능력 가운데 살았지만 그들은 여전히 장차 그리스도의 재림으로 절정에 이를 시기를 기다렸다. 그들은 이미 시작된 종말을 살면서 마지막 절정의 순간을 간절히 기다렸던 것이다.

이러한 이해는 그들에게 어떻게 살아야 할 것인지에 대한 뚜렷한 인생관과 삶의 방향을 제시해 주었다. 그것은 그들에게 이미 끝나 지나가고 있는 세상을 향해 어떠한 자세로 살아야 할지에 대한 분명한 인식을 심어주었던 것이다.

이 세상이나 세상에 있는 것들을 사랑치 말라 누구든지 세상을 사랑하면 아버지의 사랑이 그 속에 있지 아니하니 이는 세상에 있는 모든 것이 육신의 정욕과 안목의 정욕과 이생의 자랑이니 다 아버지께로 좇아 온 것이 아니요 세상으로 좇아 온 것이라 이 세상도 그 정욕도 지나가되 오직 하나님의 뜻을 행하는 이는 영원히 거하느니라(요일 2:15-17).

그들은 이 세상에 속하여 세상이나 세상에 있는 것들에 대해 애착을 갖지 말라는 명령을 받았다. 그들은 자신이 육신의 만족에 모든 삶의 의미를 두는 세상에 마음을 두지 않고 지나가는 나그네요 순례자로 생각하였다.

사랑하는 자들아 나그네와 행인 같은 너희를 권하노니 영혼을 거스려 싸우는 육체의 정욕을 제어하라(벧전 2:11).

우리는 영원이라는 도장을 받은 자로서 도시의 거리를 돌아다니거나 직장이나 공장에서 일한다. 우리는 나그네요 순례자이며 다른 세계의 시민이다.
장차 올 천국은 성령께서 교회 가운데 계심과 같이 확실하다. 성령께서는 신자에 대한 소유권을 인 치신다. 그의 임재는 곧 "이 사람은 나의 소유"라는 뜻이다. 또한 그는 우리가 이미 받고 있는 언약의 최종적 기업의 보증이 되신다.

그 안에서 너희도 진리의 말씀 곧 너희의 구원의 복음을 듣고 그 안에서 또한 믿어 약속의 성령으로 인 치심을 받았으니 이는 우리의 기업에 보증이 되사 그 얻으신 것을 구속하시고 그의 영광을 찬미하게 하려 하심이라(엡 1:13-14).

4. 아가페 공동체

아가페이신 하나님의 영원하신 생명의 능력으로 이 세상을 사는 사람은 서로에 대한 하나님의 사랑으로 확인된다.

> 너희가 다 믿음으로 말미암아 그리스도 예수 안에서 하나님의 아들이 되었으니 누구든지 그리스도와 합하여 세례를 받은 자는 그리스도로 옷 입었느니라 너희는 유대인이나 헬라인이나 종이나 자주자나 남자나 여자 없이 다 그리스도 예수 안에서 하나이니라 너희가 그리스도께 속한 자면 곧 아브라함의 자손이요 약속대로 유업을 이을 자니라(갈 3:26-29).

시대를 막론하고 바울이 말하는 공동체는 하나의 기적이다. 인종이나 사회적 지위나 성별은 그리스도 안에서 초월되며 서로를 진심으로 사랑하고 받아들인다. 이와 같이 서로 용납하는 사랑의 공동체는 사랑이신 하나님께서 백성들 가운데 살아 역사하시기 때문에 가능하다. 그들의 마음에는 그의 사랑이 쏟아진다. 세상에 있는 언약 백성들은 서로에 대한 하나님의 사랑으로 확인된다.

> 새 계명을 너희에게 주노니 서로 사랑하라 내가 너희를 사랑한 것같이 너희도 서로 사랑하라 너희가 서로 사랑하면 이로써 모든 사람이 너희가 내 제자인 줄 알리라(요 13:34-35).

이 사랑을 우리 마음에 쏟아 부어주시는 분은 성령이시다.

> 소망이 부끄럽게 아니함은 우리에게 주신 성령으로 말미암아 하나님의 사랑이 우리 마음에 부은 바 됨이니(롬 5:5).

언약은 이 땅에 있는 그리스도의 몸 된 신자들로 형성된 새로운 신적 공동체를 세운다. 그들에게는 성령을 통해 그의 생명과 그의 존재가 주입된다. 이곳은 예수 그리스도께서 성령으로 그들과 함께 거하시는 곳이다. 그의 사죄의 음성이 선포되고 그의 치료의 능력이 경험되는 것도 이곳이며, 하나님께서 자신을 계시하시고 그의 목적을 드러내시는 곳도 바로 이곳이다.

성령의 임재는 하나님의 언약 백성임을 보여주는 표시이다. 성령이 거하시는 곳에는 사랑이 있다. 성령을 최우선 하며 전적인 사랑으로 인도함을 받지 않는 단체는 진정한 의미에서 교회라고 할 수 없다. 이와 관련하여 요한일서 4:7-8을 살펴보자.

> 사랑하는 자들아 우리가 서로 사랑하자 사랑은 하나님께 속한 것이니 사랑하는 자마다 하나님께로 나서 하나님을 알고 사랑하지 아니하는 자는 하나님을 알지 못하나니 이는 하나님은 사랑이심이라.

요한은 기독교 공동체를 향해 서로 사랑하라고 명령하였다. 그는 아가페라는 단어를 사용한다. 이것은 하나님의 유일하고 무조건적인 사랑을 뜻하는 단어이다. 그가 이렇게 명령한 이유는 그것(agape)이 하나님의 사랑이기 때문이다. 그것의 영원한 원천은 사랑이신 하나님이다. 그러므로 우리는 서로 사랑해야 한다. 이것은 요한에게 누가 하나님의 백성의 공동체에 속한 자인가라는 질문에 대한 대답이다. 사랑하지 않는 자는 하나님으로부터 나지도 않았고 그를 알지도 못한다.

하나님의 사랑은 그리스도 안에 있는 하나님의 행위를 통해 규명되어야 한다. 그리스도인은 사랑을 추상적으로 말해서는 안 된다. 사랑은 주 예수의 인격을 겉으로 드러내는 외형이다. 우리의 구원은 그의 사랑을 보고 믿으며, 그를 유일하신 진리로 고백하며, 그에게 아멘으로 화답하며 모든 삶을 맡기는 것이다.

어느 때나 하나님을 본 사람이 없으되 만일 우리가 서로 사랑하면 하나님이 우리 안에 거하시고 그의 사랑이 우리 안에 온전히 이루느니라 그의 성령을 우리에게 주시므로 우리가 그 안에 거하고 그가 우리 안에 거하시는 줄을 아느니라 아버지가 아들을 세상의 구주로 보내신 것을 우리가 보았고 또 증거하노니 누구든지 예수를 하나님의 아들이라 시인하면 하나님이 저 안에 거하시고 저도 하나님 안에 거하느니라 하나님이 우리를 사랑하시는 사랑을 우리가 알고 믿었노니 하나님은 사랑이시라 사랑 안에 거하는 자는 하나님 안에 거하고 하나님도 그 안에 거하시느니라(요일 4:12-16).

그는 서로를 진정으로 사랑하는 신자들의 공동체를 통하여 보이지 않는 하나님의 모습을 볼 수 있다는 놀라운 말을 한다. 우리는 그의 영을 받은 백성들의 공동체로서 그 안에 거하며 서로 사랑하는 자이다. 이것은 공동체에 속한 모든 사람에게 해당되기 때문에 공동체 전체에도 해당된다. 그것은 공동체에만 해당되는 것이 아니라 공동체에 속한 한 사람 한 사람 모두에게 해당된다.

누구든지 하나님을 사랑하노라 하고 그 형제를 미워하면 이는 거짓말 하는 자니 보는 바 그 형제를 사랑치 아니하는 자가 보지 못하는 바 하나님을 사랑할 수 없느니라 우리가 이 계명을 주께 받았나니 하나님을 사랑하는 자는 또한 그 형제를 사랑할지니라(요일 4:20-21).

그는 기독교 공동체에서 사랑이 절대적으로 필요함을 보임으로써 자신의 주장을 요약한다. 우리는 하나님의 무한하시고 무조건적인 사랑의 대상이다. 우리는 성령을 통해 그 사랑에 동참하였으며 성령의 능력으로 형제를 사랑한다. 만일 그렇지 않다면, 요한은 우리가 하나님의 백성이라는 주장을 일언지하에 거절한다.

우리는 앞에 놓인 이 고귀한 목적을 향해 가고 있다. 아직 부족하다고 낙심하지 말라. 아직도 작은 푸른 사과는 자란 세월을 감안하면 온전한 것이다. 그가 남은 시간 동안 우리 안에서 이루실 사역에 비교하면 우리는 대부분 아직도 푸르고 신 사과이다.

우리를 향한 하나님의 사랑은 어떤 부모의 사랑보다 위대하다는 사실을 알고 믿어야 한다. 아기는 비틀거리며 넘어지기도 하지만 부모는 한 발짝 내 딛는 시늉만 해도 기뻐한다. 모두 드러누워 있는 가운데 혼자 비틀거리며 내딛는 한 걸음은 대단히 축하받을 일이다. 마찬가지로, 지극히 서투르고 미숙할지라도 신자가 사랑으로 행하며 그리스도께서 살아 계심을 나타내는 징조를 보일 때 하늘에서는 큰 기쁨이 있다. 자신의 실수나 불완전에 초점을 맞추지 말고 그리스도께서 자신의 삶 속에 살아 계심을 보여주는 한 걸음을 취함으로 하나님께 영광을 돌리고 그 기쁨에 동참하라. 우리는 비록 넘어지기도 하지만 우리 가운데 거하시는 분이 누구이심을 알고 있다. 자신을 돌아보아 자신의 연약함을 더욱 깨닫고 그로 인해 그를 더욱 깊이 의지하라.

5. 교회 생활

사람들은 나에게 세상에 그런 교회가 존재할 수 있겠느냐고 묻는다. 편지나 이메일로 묻는 질문 가운데 대부분은 교회에 관한 것이다. 그들은 "신약성경의 초대교회와 조금이라도 유사한 교회가 어디 있습니까?"라고 묻는다. 수많은 사람들은 지역 교회에 대해 지쳐버렸다. 그들은 주님을 사랑하지만 그의 백성들에 대해서는 포기해 버린 상태이다. 그들은 '포춘'(Fortune)이 선정한 전미(全美) 500대 기업과 같이 운영되는 교회에 지쳐 있다. 이런 교회의 성도들은 마치 헌금하러 교회에 가는 것 같다고 생각한다. 어떤 성도들은 매주 퍼붓는 저주의 말씀에 주눅이 들어 있다. 과연 이 책에서 말하는 것과 같은 하나님의 백성들이 어디에 있다는 말인가?

21세기에 들어선 오늘날 교회들이 영적으로 열악한 상황에 처해 있다는 데에는 의심의 여지가 없다. 한편으로는 배교가 성행하고, 또 한편으로는 기껏해야 육신적이며 때로는 주술적이기까지 한 초자연적 경험에 대한 영적 욕망에 사로잡혀 있다. 어떻게 우리가 진정한 신자들의 공동체 속으로 들어갈 수 있는가?

이런 의문에 대해 솔직히 대답하겠다. 나는 자신이 출석하는 교회 문제로 많은 신자들과 대화하는 가운데 그들이 기존 질서에서 벗어나려는 관점에서 이 문제에 접근하고 있다는 사실을 알았다. 교회를 찾는 것은 일종의 사회적 환경을 선택하는 것으로 잘못 인식되고 있다. 그것은 마음에 맞는 사람들끼리 모인 배타적 그룹에 들어가서 매주 제공되는 적절한 강론과 교제의 기쁨을 누리는 것이라고 생각한다. 교회는 함께 모여 공동의 목적을 성취하고 공동의 관심사를 나누며 자녀들을 깨끗하고 안전한 환경에서 자라게 하고 기쁨과 교제를 누리는 곳으로 생각한다. 성령으로 말미암아 초자연적 모임과 연합하여 언약의 아가페 공동체를 이루려는 생각은 전혀 하지 않는다.

신자는 같은 지역 내에 동일한 영생의 은혜를 받은 자들과 함께 모여 그 지역 안에서 눈에 보이는 아가페 공동체를 형성해야 한다. 신자는 교회 내 모든 성도들과 함께 그 지역에 있는 그리스도의 몸을 형성한다.

나는 완전한 교회를 찾아다니는 사람에게 종종 이렇게 말한다. "당신은 스스로 성도를 섬길 준비와 자격을 갖추지 못하는 한, 성도들이 당신을 섬길 자격이 없다고 생각할 것입니다. 당신은 그리스도 안에서 다양한 단계에 있는 불완전한 사람들의 그룹에 속해 있습니다. 그들은 그리스도께서 사랑하신 것같이 서로를 사랑할 수 있는 시점에 이르기까지 많은 실수를 할 것입니다. 당신은 그들 모두가 그리스도 안에서 언약의 형제요 자매이기 때문에 그들과 함께 해야만 하며 당신 역시 실수가 많으며 계속해서 사랑을 배워야 할 불완전한 사람입니다."

신약성경의 교회 역시 완전하지 않았다. 바울은 자신이 불신자처럼 살아가는 불완전하고 미성숙한 신자들을 대하고 있다는 사실을 알고 있었다. 바울이 그러한 교회들을 어떻게 대하였는지 살펴보면 오늘날 불완전하고 미성숙한 자들 가운데 어떻게 지내야 할지를 알게 될 것이다.

6. 성령께서 주신 이미지

바울은 소위 성령께서 주신 이미지를 가지고 있었다. 그는 자신이 사역이 끝날 무렵 지니게 될, 그리스도 안에 있는 신자들의 참 모습을 보았다. 그는 성도들의 그런 모습을 마음에 품고 편지를 보내었다. 고린도 교회는 여러 면에서 영적으로 좌초되어 있었다. 몇몇 지도자를 중심으로 분열된 채 갈등과 다툼이 끊이지 않았다. 바울은 그런 그들에게 서신을 보내면서 성령께서 영감으로 보여주신 이미지를 가지고 그들을 대하였다.

고린도에 있는 하나님의 교회 곧 그리스도 예수 안에서 거룩하여지고 성도라 부르심을 입은 자들과 또 각처에서 우리의 주 곧 저희와 우리의 주 되신 예수 그리스도의 이름을 부르는 모든 자들에게 하나님 우리 아버지와 주 예수 그리스도로 좇아 은혜와 평강이 있기를 원하노라 그리스도 예수 안에서 너희에게 주신 하나님의 은혜를 인하여 내가 너희를 위하여 항상 하나님께 감사하노니 이는 너희가 그의 안에서 모든 일 곧 모든 구변과 모든 지식에 풍족하므로 그리스도의 증거가 너희 중에 견고케 되어 너희가 모든 은사에 부족함이 없이 우리 주 예수 그리스도의 나타나심을 기다림이라 주께서 너희를 우리 주 예수 그리스도의 날에 책망할 것이 없는 자로 끝까지 견고케 하시리라(고전 1:2-8).

이런 교회에 보내는 서신으로는 놀라운 내용이 아닐 수 없다. 이것은 바울이 그들의 여러 가지 문제점에도 불구하고 그들을 그런 식으로 볼 수 있었기 때문이다. 여러분은 자신이 속한 공동체를 바라볼 때 언제나 그리스도의 몸이라는 관점에서 그들과 당신이 그리스도 안에서 가지게 될 참 모습을 바라보아야 한다. 즉 언젠가 성령의 사역을 통해 변화될 여러분의 모습을 볼 수 있는 신앙의 눈을 가져야 한다.

7. 성령으로 하는 기도

그러나 곧이어 바울은 그들이 보다 자라고 성숙하도록 기도하였다. 그의 기도는 서신서 전체를 통해 발견된다. 에베소서 1:16-21, 3:14-21, 빌립보서 1:9-11 및 골로새서 1:9-12이 대표적인 예이다. 그는 이러한 기도를 통해 신자들이 그리스도 안에 있는 자신들의 참 모습을 경험으로 알기를 원하였다.

1960년대 초 나는 북아일랜드에 있는 한 농촌 교회에서 성도들의 영적 성장을 위해 노력하였으나 뜻을 이루지 못하였다. 그때 나는 신약성경의 이러한 기도들이 성령을 통해 우리에게 하나의 모델로 주신 것임을 깨달았다. 나는 나 자신을 위해, 그리고 성도 한 사람 한 사람을 위해 상황에 따라 본문을 구체적으로 적용해 가며 기도하였다. 몇 개월 후 우리 모두에게 변화가 찾아왔다. 목회자와 성도를 위해, 그리고 자신을 위해 날마다 이러한 기도를 할 때에 놀라운 기적을 체험하게 될 것이다.

모든 것을 성령님께 맡겨라. 그리고 여러분이 속한 공동체가 아가페 공동체를 이루기 위해 여러분이 어떤 위치에서 어떤 역할을 해야 할지 보여주시기를 기도하라. 무엇보다도 그것이 언약의 공동체이기 때문에 오직 헤세드를 통해 사랑의 교제가 이루어진다는 사실을 잊지 말라. 모든 지체를 향해 견고하고 신실한 언약의 사랑으로 대하라. 비방과 모든 악을 버리라. 그리고 그들에게, 그리고 그들에 대해 사랑의 말만 하라.

The Lost Secret of the New Covenant

제 17장

하나님의 벗

브라질에서 목회자를 대상으로 한 집회를 마친 후 한 젊은 목회자의 간증을 들었다. 그는 서툰 영어로 자신이 어떻게 하나님께 전적으로 헌신하여 복음을 전파하게 되었는지에 대해 이야기했다. 그는 장래가 보장된 훌륭한 직장을 버리고 자신이 속한 교단의 파송을 받아 아내와 어린 딸을 데리고 멀리 아마존의 한 마을로 떠났다. 그들은 모든 것을 버리고 오직 복음 전파에 최선을 다하였다. 그는 작은 교회를 성도들로 채우기 위해 열심히 기도하며 모든 힘을 다하였다.

그러나 아무것도 일어나지 않았다. 사람들은 찾아오지 않았고 몇 명 되지 않는 기존의 성도들도 전혀 열심을 내지 않았다. 질식할 것만 같은 더위 속에서 가진 돈도 점차 바닥이 나고 말았다. 성도들의 십일조로는 가족들의 입에 풀칠하기도 어려웠다. 몇 주가 지나고 몇 달이 지나면서 아내와 자식은 굶주림 가운데 고통당하게 되었으며 후원금을 보내기로 한 교단은 약속을 제대로 지키지 않았다. 그는 하나님과 사람들로부터 천대와 버림을 받았다고 생각하였다.

어느 날 밤, 무더위로 잠을 이루지 못하던 그의 마음에 낙심과 절망이 밀려왔다. 그는 아내를 깨워 리우데자네이루(Rio Janeiro)로 돌아가 다시 사업을 하겠다고 말했다. 그러나 떠나기 전에 그는 하나님께 울분을 토로하고 싶었다.

그는 아내에게 "하나님은 우리를 이곳으로 데려와 던져 놓으신 후 우리가 살든지 죽든지 관심도 없었소. 아무래도 하나님께 따져봐야겠소"라고 말했다. 그는 아내에게 짐을 꾸리게 한 후 하나님께 자신의 상한 마음과 울분을 토로하기 위해 멀리 떨어진 정글 속 한 오두막으로 향했다.

오두막에서의 첫날 아침 그는 그동안 참고 눌러왔던 감정의 둑을 터뜨리고 말았다. 그는 하나님께 왜 자신과 가족을 그런 불모지로 데려와 고통 받게 하셨느냐고 원망하며 분노를 터뜨렸다. 그는 두 주먹을 불끈 쥐고 "당신은 우리를 굶겨 죽이시려고 이곳에 데려왔습니까?"라고 소리치며 하나님에 대한 절망으로 울부짖었다.

그날 오후, 그는 갑자기 하나님의 임재가 오두막을 가득 채우고 온 세상이 고요해짐을 느꼈다. 그때 그는 마음속에 다음과 같은 하나님의 음성을 분명히 들을 수 있었다.

> 나는 너와의 교제를 원한다. 나를 섬기는 것이 우리의 교제에 방해가 된다면 나는 네가 다시 옛날처럼 직장으로 돌아가 나의 벗이 되기를 원한다. 나에게는 너와의 교제가 너의 모든 사역보다 중요하다.

그는 놀라움과 기쁨에 싸여 오후 내내 울었다. 그 몇 마디가 그의 기독교관을 송두리째 바꾸어 놓고 말았다. 그는 지금까지 그의 모든 사역보다 그와의 교제를 더욱 원하시는 하나님은 꿈에도 생각해 보지 못하였다. 그가 생각하는 하나님은 오직 섬김을 받으시는 일종의 군주였다. 그는 하나님과의 사랑의 교제를 나누기보다 오직 그를 위해 일을 하겠다는 생각만 했던 것이다. 그는 자신을 파송한 교단의 지도자가 "가서 하나님을 위하여 일하라"고 권면했던 것을 기억했다. 그것은 그의 모든 삶을 지배하였던 것이다. 그리스도인이 되는 목적은 하나님을 위해 일을 하기 위해서였다. 심지어 그의 기도 시간은 그리스도인으로서 하나님을 섬기기 위한 활동에 필요한 '해야 할 일의 목록'(to-do list)을 제시하는 시간이었다. 그의 벗이 되어 그와 함께 사랑의 교제를 나눈다는 개념은 한 번도 생각해 본 적이 없었다. 그러나 이제 그는 그러한 삶에 대한 생각으로 가득한 마음으로 기쁨의 눈물을 흘렸던 것이다.

다음 날, 그는 집으로 돌아가 아내에게 모든 것을 이야기하였다. 그들은 교회를 떠나지 않았으며 새로운 우선순위를 세웠다. 그들은 마치 복음을 처음으로 듣고 새로운 소명을 받은 것 같았다. 그는 자신에게 가장 중요한 것은 하나님을 위해 일을 하는 것이 아니라 그의 사랑 가운데 함께 벗이 되어 사랑의 교제를 나누는 것임을 알았다. 그는 자신을 한없이 사랑하시는 하나님과 깊은 영적 교제를 누리는 가운데 그러한 관계가 자신의 사역을 인도하게 했다. 그의 삶은 하나님을 위해 일하는 것으로부터 그 안에 거하는 삶으로 바뀌었다.

그의 설교는 무한하신 사랑의 하나님과의 연합이라는 새로운 복음 이해를 반영한 내용으로 바뀌었다. 작은 교회는 풍성히 차고 넘쳤으며 그는 그때까지 그곳에서 사역하는 중이었다.

그가 받은 계시는 언약의 약속 가운데 하나이다.

> 그들이 다시는 각기 이웃과 형제를 가리켜 이르기를 너는 여호와를 알라 하지 아니하리니 이는 작은 자로부터 큰 자까지 다 나를 앎이니라 내가 그들의 죄악을 사하고 다시는 그 죄를 기억지 아니하리라 여호와의 말이니라(렘 31:34).

이것은 교리에 관한 신조나 하나님의 존재에 관한 지적 확신에 관한 언급이 아니다. 이것은 무엇보다도 그를 알라는 것이다. 이 언약의 말씀은 우리를 그의 가까운 벗으로 삼으시려는 하나님의 간절한 사랑을 쏟아내고 있다.

1. 궁극적 우정

우리에게 자신의 생명을 선물로 주시어 이 땅에서 장차 올 시대의 생명으로 살게 하시려는 하나님의 뜻을 이루는 것은 언약이다. 이 선물은 그들을 하나님의 자녀가 되게 하고 그와 가까운 벗으로 교제할 수 있는 말할 수 없는 특권을 주신다.

> 여호와의 친밀함(secret)이 경외하는 자에게 있음이여 그 언약을 저희에게 보이시리로다(시 25:14).

이것은 성경에서 가장 놀라운 구절 가운데 하나라고 할 수 있다. 이 한 구절에는 인간을 위한 하나님의 놀라운 계획이 담겨 있다. '친밀함' (secret[신비])에 해당하는 히브리어는 '연합' 이라는 의미를 가지고 있으며 같은 구절에 나오는 '언약' 이라는 단어와 대칭이 된다. 하나님과 사람의 밀접한 교제의 연합은 그와 우리의 언약에 의해 성취된다.

'여호와의 친밀함'[1]은 다양한 영어로 표현될 수 있는 단어이다. 이 단어는 매우 절친한 친구 간에 머리를 맞대고 함께 비밀을 나누는 것을 묘사하는 말이다. 그것은 서로 목숨을 건 약속을 통해 절대적으로 신뢰하는 친구 사이를 뜻한다. 즉 강할 때나 약할 때, 승리하였을 때나 패하여 슬픔에 잠겼을 때에도 결코 상대를 배반하지 않고 사랑하며 약할 때 서로 힘이 되어주는 사이이다. 그것은 신실하고 충성스러우며 오래 참는 우정이다.

인간 사회에서 이러한 관계를 발견하는 것도 놀라운 일이 되겠지만, 이 구절은 여호와 하나님과 사람의 관계에 대한 언급이다. 하나님은 세상을 사랑하시지만 신자는 하나님과 마음을 나누는 절친한 벗의 관계이다. 모든 신자는 예수 그리스도 안에서 성령의 능력으로 하나님과 이러한 관계를 누리도록 부르심을 받았다. 우리의 중생은 이러한 교제를 가능케 하는 것이며 우리가 죄에서 구원 받은 것도 모두 이러한 관계를 위해서이다. 우리가 세상에서 구원을 받은 것은 하나님의 벗이 되어 그와 친밀한 관계를 누리기 위함이다. 새 언약은 이 땅에 거하지만 진정한 삶의 영역을 천국에 두고 살아가는 삶을 가능하게 한다.

본문은 "여호와의 친밀함이 경외하는 자에게 있음이여"라고 하였다. 이와 같이 친밀한 교제는 그를 경외하는 자에게 있다. 이것은 서로에게 편안함을 찾으려는 친구 사이에 관한 언급으로는 어울리지 않는 것처럼 보인다. 우리는 '여호와를 경외함'이라는 구절의 의미를 알아야 한다. 이것은 결코 우리가 그를 무서워하고 조심한다는 의미가 아니다. 이것은 그와 친밀한 관계에 들어간 상태를 의미한다.

'경외함'(fear)[2]이라는 단어에는 '경외심을 갖다', '존경하다', '기대하다', '숭배하다', '복종하다'라는 뜻이 있다. 이것은 구약성경에서 하나님에 대한 신앙의 성격을 묘사하는 말로 사용되었다. 우리는 그에 대한 경외심을 가지고 그를 존경하고 숭배하며 그에게 복종한다. 또한 이 단어에는 그가 한 약속을 지키실 것이라고 믿고 기대한다는 개념도 있다. 성경에는 우리가 하나님으로부터 무엇인가를 추출할 수 있는 믿음의 공식과 같은 것은 없다. 믿음은 하나님께서 우리에게 주신 계시에 대한 긍정적인 반응이다.

이러한 경외심은 우리가 그 대상을 하나님으로부터 다른 사람이나 사단적인 것으로 돌릴 때 악한 두려움이 된다. 그럴 경우 우리는 오직 하나님께만 돌려야 할 존경과 경외심과 순종을 그들에게 돌리는 것이 되며 그들을 무서워하고 떨게 된다. 우리는 그들을 두려워하는 것이다. 즉 어떤 궤계보다 위대하신 하나님의 사랑을 믿고 순종하며 경외하는 것이 아니라 그들이 우리를 해할 능력이 크다고 믿는 것이다.

2. 여호와를 아는 지식

언약의 핵심이 성령을 통해 그와 하나로 연합하는 것이라면 언약의 목적은 그를 아는 것이다. '알다'[3]라는 단어는 히브리어나 헬라어에서 여러 가지 의미를 가진다. '야다'(yada)라는 히브리어는 관찰을 통해 아는 직접적인 지식, 가까운 사이의 앎을 나타낸다. 이 말의 반대어는 그것에 관해(about) 아는 간접적인 지식이다. 그것은 연구 자료에 대한 지식과 같은 것으로서 남편과 아내 사이의 앎과는 다르다.

야다[4]는 밀접한 언약관계의 연합이다. 이것은 종종 인간 사회에서 가장 신성한 언약인 결혼을 묘사하는 말로 사용된다. 그것은 그의 전부를 아는 것이다. 또한 야다는 상대에 대해 어떤 비밀도 남김없이 속속들이 아는 것을 말한다. 우리가 예수 그리스도를 통해 하나님과 누리는 관계는 바로 이러한 것이다. 다음의 성구에서 보듯이 야다는 하나님 앞에서 모세의 삶을 한 마디로 요약한다.

> 여호와께서 모세에게 이르시되 너의 말하는 이 일도 내가 하리니 너는 내 목전에 은총을 입었고 내가 이름으로도 너를 앎이니라(출 33:17).

> 그 후에는 이스라엘에 모세와 같은 선지자가 일어나지 못하였나니 모세는 여호와께서 대면하여 아시던 자요(신 34:10).

구약성경은 이스라엘과 하나님의 관계를 혼인관계로 묘사하며, 신약성경에서도 그리스도는 교회의 신랑으로 묘사된다.

야다는 지식의 대상이나 사건과 직접적인 관련을 가진 경험적 지식을 나타낸다. 보디발은 자기 집에서 일어난 일에 대해 '알지 못하였다.' 그것은 그가 집안일에 관여하지 않았기 때문이다(창 39:6). 하나님을 안다는 것은 그를 가까이서 친밀하게 경험하는 것을 의미한다.

야다는 감정이 아니라 하나님께 순종하는 믿음의 표현이다. 애굽의 바로가 이스라엘을 보내지 않은 것은 다음과 같은 이유 때문이었다.

바로가 가로되 여호와가 누구관대 내가 그 말을 듣고 이스라엘을 보내겠느냐 나는 여호와를 알지 못하니 이스라엘도 보내지 아니하리라(출 5:2).

이것은 그가 여호와에 대해 지식적으로는 알고 있었으나, 자신의 삶이나 왕으로서의 권한과 관련하여 그의 권위를 인정하지 않는다는 뜻이다.

솔로몬은 여호와를 앎으로 그를 온전한 마음과 전심으로 섬기라는 권면을 받았다.

내 아들 솔로몬아 너는 네 아비의 하나님을 알고 온전한 마음과 기쁜 뜻으로 섬길지어다 여호와께서는 뭇마음을 감찰하사 모든 사상을 아시나니 네가 저를 찾으면 만날 것이요 버리면 저가 너를 영원히 버리시리라(대상 28:9).

야다의 의미는 예수께서 다락방에서 삼위 하나님의 사랑을 깨닫고 그 안에 거하라는 말씀을 하실 때 가장 잘 드러난다. 그러나 예수님은 그것이 낭만적인 사랑에 대한 감성적인 느낌이 아니라 그의 계명에 대한 순종으로 나타나는 것임을 분명히 했다.

나의 계명을 가지고 지키는 자라야 나를 사랑하는 자니 나를 사랑하는 자는 내 아버지께 사랑을 받을 것이요 나도 그를 사랑하여 그에게 나를 나타내리라…사람이 나를 사랑하면 내 말을 지키리니 내 아버지께서 저를 사랑하실 것이요 우리가 저에게 와서 거처를 저와 함께하리라 나를 사랑하지 아니하는 자는 내 말을 지키지 아니하나니 너희의 듣는 말은 내 말이 아니요 나를 보내신 아버지의 말씀이니라(요 14:21-24).

성경이 말하는 하나님과의 교제는 그의 목적에 대한 계시와 연결된다.

사무엘이 아직 여호와를 알지 못하고 여호와의 말씀도 아직 그에게 나타나지 아니한 때라(삼상 3:7).

신약성경에는 기노스코(ginosko)[5]라는 단어가 사용되었다. 이것은 완전히 이해하다(understand completely), 지식을 받아들이다, 그것에 대해 알고 인식하며 이해한다는 뜻이 있다. 이 단어는 알고 있는 대상이 자신에게 매우 가치 있거나 중요하며 따라서 양자 사이에는 하나의 관계가 형성된다는 것을 보여준다. 예수님은 영생에 대해 다음과 같이 말씀하시면서 이러한 점을 분명히 하셨다. "영생은 곧 유일하신 참 하나님과 그의 보내신 자 예수 그리스도를 아는 것이니이다"(요 17:3).

영생은 단순히 우리가 죽은 뒤에 천국에 가는 것이 아니다. 그것은 우리가 신의 생명에 동참하여 삼위 하나님과 친밀한 교제를 누린다는 점에서 지금 여기서 천국이 시작되는 것이다.

'기노스코'는 우리를 하나님의 사랑과 만나게 한다. 우리는 그를 아는 것은 오직 그가 창세 전에 우리를 아시고 사랑하셨기 때문이다. 우리가 그를 아는 것은 그가 먼저 우리를 아신 것에 대한 반응이다.

시편 139편에는 그가 우리의 모든 것을 아신다는 내용이 기록되어 있다. 1-3절에서 야다는 알다(know)로 번역되었다.

> 여호와여 주께서 나를 감찰하시고 아셨나이다 주께서 나의 앉고 일어섬을 아시며 멀리서도 나의 생각을 통촉하시오며 나의 길과 눕는 것을 감찰하시며 나의 모든 행위를 익히 아시오니.

이것은 하나님께서 우리의 모든 것을 아시기 때문에 우리를 안다고 말하는 것이 아니다. 그는 우리를 아시며 우리를 즐겨 사랑하신다는 말이다. 이 시는 이러한 사상을 더욱 깊이 다룬다. 13-16절에서 그는 우리가 나기도 전 모태에서부터 우리를 한없는 사랑으로 돌보셨다고 말한다.

또한 이 단어는 우리의 구원과 관련하여 언급된다.

> 또 누구든지 하나님을 사랑하면 이 사람은 하나님의 아시는 바 되었느 니라(고전 8:3).

> 이제는 너희가 하나님을 알뿐더러 하나님의 아신 바 되었거늘 어찌하 여 다시 약하고 천한 초등 학문으로 돌아가서 다시 저희에게 종 노릇하 려 하느냐(갈 4:9).

> 그러나 하나님의 견고한 터는 섰으니 인침이 있어 일렀으되 주께서 자 기 백성을 아신다 하며 또 주의 이름을 부르는 자마다 불의에서 떠날지 어다 하였느니라(딤후 2:19).

> 나는 선한 목자라 내가 내 양을 알고 양도 나를 아는 것이…내 양은 내 음성을 들으며 나는 저희를 알며 저희는 나를 따르느니라(요 10:14, 27).

이들 구절에 나타난 내용적 발전(progression)에 유의해야 한다. 그는 사 랑으로 우리를 아신다. 우리는 그 사랑에 반응하며 그를 알아간다. 우리는 이 러한 지식 가운데 그의 음성을 듣고 그를 사랑하고 순종하며, 그를 아는 자로 인정을 받는다.

야다는 감성적인 느낌이 아니라 행동하는 사랑이다. 그는 우리를 아시되 십자가에 달리시기 까지 사랑하셨다. 그에 대한 우리의 사랑은 기꺼이 그의 뜻을 행하는 것으로 표현되어야 한다. 우리는 그를 알기 위해 그를 순종하는 것이 아니라 이미 그를 알고 있기에 순종하며, 이제는 이러한 사랑의 관계로 부터 그의 뜻을 기꺼이 행하는 것이다.

> 우리가 그의 계명을 지키면 이로써 우리가 저를 아는 줄로 알 것이요

저를 아노라 하고 그의 계명을 지키지 아니하는 자는 거짓말하는 자요 진리가 그 속에 있지 아니하되 누구든지 그의 말씀을 지키는 자는 하나님의 사랑이 참으로 그 속에서 온전케 되었나니 이로써 우리가 저 안에 있는 줄을 아노라 저 안에 거한다 하는 자는 그의 행하시는 대로 자기도 행할지니라(요일 2:3-6).

사랑하는 자들아 우리가 서로 사랑하자 사랑은 하나님께 속한 것이니 사랑하는 자마다 하나님께로 나서 하나님을 알고 사랑하지 아니하는 자는 하나님을 알지 못하나니 이는 하나님은 사랑이심이라…하나님이 우리를 사랑하시는 사랑을 우리가 알고 믿었노니 하나님은 사랑이시라 사랑 안에 거하는 자는 하나님 안에 거하고 하나님도 그 안에 거하시느니라 (요일 4:7-8, 16).

그가 먼저 우리를 사랑하셨으며 우리를 아셨다는 사실은 아무리 강조해도 지나치지 않다. 우리가 그를 알고 사랑하며 사랑으로 행하는 것은 모두 그의 주권적인 사랑으로부터 기인한다. 사랑과 순종에 대한 첫 번째 단계는 결코 완전하지 않고 주저하며 망설이는 수준이 되겠지만 중생한 자의 마음 가운데 있는 하나님의 생명이 우리의 전 인격을 사랑으로 순종케 하시는 사역은 이미 시작되었다. 그에 대한 이러한 지식은 계속해서 성장하게 된다.

오직 우리 주 곧 구주 예수 그리스도의 은혜와 저를 아는 지식에서 자라가라 영광이 이제와 영원한 날까지 저에게 있을지어다(벧후 3:18).

3. 하나님을 아는 지식에 대한 가르침

우리는 어떻게 하나님을 친밀히 아는 지식을 얻을 수 있는가? 이것은 결코 성경 공부를 통해 얻어지는 것이 아니다. 그것은 죽은 지식에 불과하다. 우리는 그를 알기를 원하지만 이것은 단순히 그에 관한 지식을 얻고자 함이 아니다. 우리는 새로운 신학적 학설로 그를 알 수 없으며 그와의 사랑의 교제를 통해 자라가야 한다.

또한 이러한 지식은 교회 내의 소수 엘리트만 누리는 지식이라고 생각해서도 안 된다. 그는 모든 자녀가 이러한 지식을 누리기를 원하신다. 앞에서 살펴본 대로 이것은 영생의 본질이다. 언약의 약속은 이것이 모든 사람의 것임을 분명히 밝히고 있다.

> 그들이 다시는 각기 이웃과 형제를 가리켜 이르기를 너는 여호와를 알라 하지 아니하리니 이는 작은 자로부터 큰 자까지 다 나를 앎이니라 내가 그들의 죄악을 사하고 다시는 그 죄를 기억지 아니하리라 여호와의 말이니라(렘 31:34).

'다' (all)라는 것은 처음에는 극히 적은 숫자로 출발하겠지만 결국 최대한 커질 것이다. 그는 마치 초신자나 아직도 많이 배회하는 자를 다루듯이 권면할 것이다. 이 하나님을 아는 지식은 바로 여러분과 나의 것이다.

야다와 기노스코는 이것을 연인이나 친구 사이의 관계로 설명한다. 하나님을 섬기려는 삶으로 만족하려는 사람들에게 이것은 하나의 충격이 아닐 수 없다. 그러나 그는 무엇보다도 우리와 교제하기를 원하신다. 그는 우리가 그를 원하는 것보다 훨씬 더 우리를 원하신다. 복음이 우리에게 최우선으로 요구하는 것도 우리를 벗으로 부르신 하나님의 품에 거하는 사랑의 관계이다. 21세기에 들어선 오늘날 많은 사람들은 복음을 진노하신 하나님과 지옥으로부터 벗어나는 탈출구로만 전락시켜 버린 시들고 움츠린 신학으로 만족하고 있다.

하나님을 간절히 찾는 한 사람의 부르짖음을 들어보자. 그리고 그의 무한하신 사랑의 마음으로부터 나오는 동일한 말씀에 귀를 기울이자.

하나님이여 사슴이 시냇물을 찾기에 갈급함같이 내 영혼이 주를 찾기에 갈급하니이다 내 영혼이 하나님 곧 생존하시는 하나님을 갈망하나니 내가 어느 때에 나아가서 하나님 앞에 뵈올꼬(시 42:1-2).

시인은 자신의 마음을 토로하고 있으나 이것이 하나님의 부르짖음이라면 어떻게 할 것인가? "사랑하는 아들아 사슴이 시냇물을 찾기에 갈급함같이 내가 너를 찾기에 갈급하다. 내가 너를 심히 갈망하니 언제나 나의 마음이 흡족할꼬?" 하나님께서 그리스도 안에서 십자가에 달려 '내가 목마르다'고 부르짖었을 때 그는 물보다 더 간절한 갈증이 있었다. 그는 우리의 사랑과 교제에 목말라했던 것이다. 그는 우리와 함께하지 않으니 차라리 죽음을 택한 것이다. 이것이 바로 언약 메시지의 신비인 것이다.

우리는 모두 그와 친밀한 교제를 위해 부르심을 받았다. 그것은 우리의 가정에서, 학교에서, 우리의 공장과 사무실에서, 살아 있는 연합으로 드러나야 한다. 우리는 하나님과의 친밀한 교제를 위해 사회를 떠나거나 종교적이 될 필요는 없다. 매일의 삶 속에서 사회적 의무와 책임과 임무를 다하는 가운데 하나님과 동행하여야 한다. 그와의 교제는 모든 삶이 조화를 이루는 핵심이 된다.

아브라함은 하나님의 벗으로 부르심을 받았다. 그는 분명 은둔자나 수도사가 아니었다. 창세기는 그를 한 무리의 족장이자 300여 명의 고용인을 거느린 경영자로 묘사한다. 그는 소와 양과 낙타를 기르고 상거래를 하면서 하나님의 벗이 되어 그를 의지하는 삶을 살았다.

이것이 그가 지키겠다고 맹세한 언약의 약속임을 기억해야 한다. 이것은 우리의 삶에 새롭게 부과된 짐이나 전적으로 매달려 추구해야 할 가외의 과업이 아니라 하나님의 피로 비준된 언약의 약속이다. 그는 우리로 하여금 그를 알게 하신다. 이 지식은 성령을 통해 주어지며 우리의 삶을 통해 성숙한다.

내가 여호와인 줄 아는 마음을 그들에게 주어서 그들로 전심으로 내게 돌아오게 하리니 그들은 내 백성이 되겠고 나는 그들의 하나님이 되리라 (렘 24:7).

그 때에 예수께서 대답하여 가라사대 천지의 주재이신 아버지여 이것을 지혜롭고 슬기 있는 자들에게는 숨기시고 어린 아이들에게는 나타내심을 감사하나이다 옳소이다 이렇게 된 것이 아버지의 뜻이니이다(마 11:25-26).

'지혜롭고 슬기 있는 자들'은 더 똑똑한 자이다. '어린아이들'은 배우지 못하고 무식하며 미숙한 자들이나 어린아이같이 유치한 자들이다. 본문이 말하는 두 가지 요점에 대해 알아야 한다. 하나는 그가 이것을 똑똑한 자들에게는 숨기셨다는 것이며 또 하나는 그가 이것을 어린아이 같은 자들에게 나타내셨다는 것이다. 우리가 종교적 진리에 대해 부지런히 연구하며 하나님을 알려고 하면 할수록 그를 아는 것으로부터 멀어진다. 반면에 자신의 부족과 연약을 깨닫고 단순히 그에게 나아오기만 하면 우리에게 언약의 약속을 이루어 주신다.

옛 언약은 중보자가 있었다. 사람들은 제사장을 통해 하나님께 나아갔으며 선지자를 통해 하나님의 말씀을 들었다.

그들이 다시는 각기 이웃과 형제를 가리켜 이르기를 너는 여호와를 알라 하지 아니하리니 이는 작은 자로부터 큰 자까지 다 나를 앎이니라 내가 그들의 죄악을 사하고 다시는 그 죄를 기억지 아니하리라 여호와의 말이니라(렘 31:34).

새 언약에서는 지상의 중보자가 없지만 직접 그를 알고 접근할 수 있다.

그러므로 우리가 긍휼하심을 받고 때를 따라 돕는 은혜를 얻기 위하여 은혜의 보좌 앞에 담대히 나아갈 것이니라(히 4:16).

우리가 그 안에서 그를 믿음으로 말미암아 담대함과 하나님께 당당히 나아감을 얻느니라(엡 3:12).

두 본문에 사용된 '담대히'(boldly)와 '담대함'(boldness)은 동일한 말이다. 이것은 오직 대제사장을 통해 그것도 일 년에 한 차례씩, 오직 한 사람만이 지성소로 들어갔던 옛 언약만 아는 사람들에게는 큰 힘이 된다. '담대히' 라는 단어의 뜻은 매우 강력하다. 우리는 자유롭게 아뢰며 아무런 두려움 없이 당당히 나아갈 수 있다. 영어의 '철면피'(brass neck)는 바로 이러한 뜻이다.

이것은 우리가 가르침을 받을 필요가 없다는 말이 아니다. 하나님은 교회에 목사와 교사를 세우셨다. 그러나 교사는 성령에 전적으로 의존해야 한다는 사실을 명심해야 한다. 청중은 성령께서 언약의 약속을 깨닫게 하지 않으시면 교사의 말을 이해할 수 없을 것이다. 자기 백성으로 하여금 그를 알게 하는 것은 하나님의 사역이다. 진리를 가르치는 교사는 하나님으로부터 배워야 하며 성령께서는 그들을 통해 가르치신다. 교사나 학생은 가르침을 위해 성령께 전적으로 의존해야 한다. 성경을 가르치는 것이 수학을 가르치는 것이나 같다면 우리가 가진 것은 자료 모음에 불과할 것이며 지적인 자만심을 불어넣게 될 것이다. 성령께서 가르치면 우리는 하나님과의 친밀한 교제로 인도함을 받을 것이며 성자의 형상을 닮아갈 것이다.

하나님을 아는 지식은 머리가 아니라 마음에 있다. 이 지식에 대한 느낌은 신학적 문제를 머리로 이해하는 데서 오는 지적 만족이 아니다. 그것은 사람의 가르침이나 연구와 상관없이 하나님을 더욱 확실하고 친밀하게 아는 내적 지식으로 직접적이고 즉각적으로 임한다. 이에 대해 요한일서 5:10은 믿는 자는 자기 안에 성령의 증거가 있다고 말한다.

이것은 물론 필자의 가장 큰 문제점에 해당하는 것이기도 하다. 나 역시 학자 스타일의 사람이다. 어쩌면 나는 책의 묘미를 알고 있는지도 모른다. 그러나 나는 그에 관해 아는 지식 안에서 그를 아는 지식을 잃어버리지 않도록 노력하고 있다.

이것은 성경 강좌나 교회 학교에서 인간적인 전달과 가르침을 통해 배울 수 있는 그런 지식이 아니다. 그런 시간을 통해서도 전달될 수는 있겠지만 지식적 깨우침과는 다르다. 개인적 성경 연구와 같은 가르침은 사실을 쌓아가는 것이지만 이 지식은 확실한 인식과 확신을 통해 오는 은혜의 전달이다.

4. 그의 안에 거할 것인가, 그를 위해 일을 할 것인가?

안타깝게도 우리는 이러한 언약의 교제에 훨씬 못 미치는 상태에서 만족하고 있다. 누가복음 15장의 탕자 비유에서 예수님은 탕자가 죄로 말미암아 비참한 상태에 이르게 되자 다시 집으로 돌아갈 결심을 했다고 말씀하신다. 그는 아버지가 자기를 사랑하여 다시 아들의 자리로 회복시켜 주실 것이라는 생각은 하지 못하였다. 그는 아버지의 품꾼으로 써달라는 고용 제의를 하기 위해 어떻게 말할지를 준비하였다.

> 지금부터는 아버지의 아들이라 일컬음을 감당치 못하겠나이다 나를 품군의 하나로 보소서 하리라 하고(눅 15:19).

품꾼(hired servants)은 오늘날 표현으로 임시직이라고 부른다. 종(servants)은 일이 있든 없든, 평생 그 집에 기거하며 보살핌을 받는다. 그러나 품꾼은 주로 농번기나 추수기에 일이 많아 종만으로 감당할 수 없을 때 부르는 일용직이다. 고용주는 아침 일찍 일을 찾는 사람들이 모여 있는 시장에 나가 필요한 사람을 찾아 하루 일당을 정하고 농장으로 데려간다.

탕자가 자신을 품꾼으로 써달라고 제의했다는 것은 그가 아버지의 재산과 상관없이 언제든 아버지가 필요할 때마다 아침 일찍 일꾼으로 부름을 받아 일을 하겠다는 뜻이다. 이것은 아직도 아버지를 가까이할 자격이 없다는 생각으로, 자신의 전과를 감안하여 생각한 최선의 판단이었던 것이다.

그러나 예수님은 아버지가 아직도 상거가 먼데 그를 알아보았다고 말씀하신다. 그는 자기 아들임을 알아보고 그에게 달려가 얼싸 안고 그에게 입을 맞추었다. 예기치 않았던 사랑에 놀란 아들은 자신에게 무슨 일이 일어나고 있는지도 깨닫지 못하였다. 터무니없지만 그는 일 년에 몇 번만이라도 자신을 임시직으로 써달라고 간청해야겠다는 생각을 하였다. 그러나 아버지는 그의 제안이 나오기도 전에 더 이상 들으려 하지도 않았다. 아버지에게는 다른 일꾼이 필요치 않았다. 아버지에게 있어 그는 좋은 옷과 신과 가락지를 끼워 살찐 소를 잡고 축하해야 할 사랑하는 아들이었던 것이다.

오늘날 많은 교회는 하나님을 위해 열정적으로 일하는 것을 헌신적인 그리스도인의 삶으로 생각하고 있지만 우리는 이렇게 자문해 보아야 한다. 우리가 하나님께 나아오는 것은 지나친 거리감으로 인해 그를 섬기기 위해서인가 아니면 그의 기쁨의 대상이 되어서 그의 사랑 안에 있는 우리의 진정한 정체성을 찾기 위해서인가?

우리가 교회 일에 얽매일수록 구원받은 성도로서 최선을 다 해야 할 영광스런 소명으로부터 멀어지는 경우도 많은 것 같다. 우리가 교회 내에서의 지위가 높이 올라갈수록 우리는 일과 프로그램과 직분에 집착하는 경향이 있다. 미국 웨스트코스트에 있는 한 대형 교회의 담임 목사는 나에게 "나는 하나님께 전적으로 헌신하고 그를 섬기기 위해 모든 것을 버렸으나 지금 나는 이 도시에서 가장 카리스마적인 행위를 연출하는 자가 되고 말았습니다"라고 털어놓았다. 부근 수마일에서 가장 큰 교회를 건축한 어떤 목회자는 봉헌식 날 사무실에서 창백하고 수심 가득한 얼굴로 "이것입니까? 내가 이것을 위해 나의 생애를 바쳤다는 말입니까? 나는 지난 수년 동안 이 건물에 나의 모든 삶을 바쳤지만 나는 벌써 이 건물에 싫증이 납니다"라고 말했다.

목회자나 회중에게 가장 절실하게 요구되는 것은 그리스도께서 우리를 삼위 하나님과의 친밀한 언약관계로 인도하시기 위해 돌아가셨다는 사실을 깨닫는 일이다. 우리가 그를 위해 정신없이 일하는 동안 우리는 그 안에 거하라는 복음의 핵심으로부터 벗어나는 위험에 처할는지도 모른다.

우리는 브라질 목회자가 처한 것과 동일한 과정을 겪어야 할 필요는 없다. 여러분은 하나님과의 관계를 어떻게 정의하는가? 주인의 명령만 기다리는 고용인과 같은 관계인가? 아니면 날마다 그의 사랑에 화답하며 가장 친한 벗으로서 그를 기뻐하는가? 그를 위해 일을 하는 자인가 그의 사랑 안에 거하는 자인가?

안타깝게도 그에게는 수많은 종이 있으나 벗은 없다!

성령께서 우리를 불러 하나님을 아는 지식에 대한 내적 사모함을 희미하게나마 일깨워 주실 때에 우리는 즉각 화답하여 성령께서 그를 알게 하시도록 마음의 준비를 갖추어야 한다.

> 그러므로 우리가 여호와를 알자 힘써 여호와를 알자 그의 나오심은 새벽빛같이 일정하니 비와 같이, 땅을 적시는 늦은 비와 같이 우리에게 임하시리라 하리라(호 6:3).

'힘써 알자'(pursue)는 단어는 '열정과 흥분된 마음으로 추구하다' 라는 뜻을 가지고 있다. 선지자는 우리가 이러한 지식을 힘써 추구하도록 촉구할 뿐만 아니라 새벽에 동이 트듯이, 때가 되면 비가 내리듯이 그를 반드시 찾을 수 있다고 주장한다.

개종한 신자들을 향한 바울의 기도의 대부분이 이 문제에 초점을 맞추고 있다는 사실은 매우 중요하다. 그는 그들이 지적이고(intellectual) 연구적이며(subject studying) 객관적인(about) 지식의 수준을 넘어 친밀한 경험적 지식으로 자라기를 원하였다. 다음과 같은 그의 간구는 우리의 평생 기도 제목으로 삼아야 할 것이다.

> 그 넓이와 길이와 높이와 깊이가 어떠함을 깨달아 하나님의 모든 충만하신 것으로 너희에게 충만하게 하시기를 구하노라(엡 3:19).

저자후기

지금까지 우리는 새 언약의 신비에 대해 살펴보았으며 이제 지면상의 이별을 고할 때가 되었다. 그러나 여전히 문제는 남아 있다. "이제 우리는 어떻게 할 것인가?"

우리는 먼저 새 언약이라고 부르는 진리의 본질에 대해 이해해야 한다. 새 언약의 사건은 정한 시간, 정한 장소에서 하나님의 피가 뿌려짐으로 역사에 뿌리를 내리고 있지만, 우리는 이것을 단순한 고대 역사로 접근해서는 안 된다. 복음은 지금 우리에게 주시는 하나님의 말씀이다. 그의 말씀은 갈릴리에서 처음 전파될 때와 같이 우리에게 여전히 새롭게 다가온다. 그 때의 사건은 그의 무한하신 능력으로 당시의 순간을 우리에게 재현한다.

이러한 말씀과 사건은 실제 역사이기 때문에 우리는 지적인 차원에서 그것에 대해 생각하고 논의하며 이해할 수 있다. 그러나 그것은 살아 계신 하나님의 행위에 대한 선포이기 때문에 우리는 객관적인 논쟁을 넘어 그것들을 믿고 우리의 모든 삶을 언약이신 주 예수께 맡겨야 한다.

새 언약의 복음은 영원한 현재 시제이다. 그것에 담긴 모든 것은 현재적이다. 그것에 덧붙일 것은 없으며, 우리 안에는 그것에 합당한 자로 세우게 할 수 있는 어떤 요소도 없다. 그것은 지금 이 순간에 우리가 거저 받을 수 있는 순수한 선물이다.

우리는 이것이 우리의 거짓 자아인 육신에 치명적인 위협을 주는 것임을 알아야 한다. 하나님의 순순한 선물에 예라고 대답하고 받는 것은, 곧 우리 스스로는 아무것도 할 수 없으며 구원이나 그리스도인으로서의 삶을 살기에 전적으로 무익한 자임을 자처하는 것이다. 독립심이나 자만심 및 구원을 이루려는 행위는 모두 육신적 소욕이다. 내 힘으로는 어찌 할 수 없는 것을 선물로 받는 것이야말로 육신에 대해 확실히 죽는 것이다.

우리는 하나님께서 거저 주시는 선물인 새 언약이 이 순간에도 우리를 기다리며 언약의 성취를 간절히 바라고 있다는 사실을 알아야 한다. 우리가 우리를 기다리는 선물을 발견할 때 우리는 이 순간을 벗어나기 위해 몸부림치고 있는 거짓 자아의 힘을 인식하게 될 것이다. 그것은 두 가지 면에서 우리를 중단시키려 한다. 먼저, "더 연구하라. 너는 아직 이해하지 못한다. 완전한 지식을 통해 그것을 받을 자격을 갖추어라"고 촉구한다.

우리의 삶과 행동에 아무런 영향도 미치지 못하면서 끝없이 연구하고 논의하며 논쟁하는 것은 육신이 최전방에 구축하는 일차적 저지선 가운데 하나이다. 더욱 많은 지식을 쌓으면서도 선물은 받지 않는다고 생각해 보라! 이와 같은 육신의 방어적 전략을 믿는 것은 '~에 관한'(about) 지식일 뿐, 전적으로 의지하는 삶을 살지 못하게 하며 자신의 삶과 행위를 그렇게 '믿은 것'과 일치시키지 못하게 만든다.

안타깝게도 오늘날 자신의 삶과 행위에 접목시키려는 진지한 계획 없이 단순한 취미로 복음의 진리를 연구하는 신자들이 얼마나 많은지 모른다. 그런 정보는 그야말로 정보일 뿐이다. 그것은 단순한 지적 호기심만 충족할 뿐이다. 그것은 사실상 2 + 2 = 0이라고 생각하는 것처럼 엉뚱한 지식에 불과할 뿐이다. 그것은 신적 생명이 빠진 종교적 육신의 활동에 불과하며, 아무런 성령의 조명도 없이 자만심과 논쟁과 분열만 가속화할 뿐 사랑의 실천은 없다.

신약성경은 거듭해서 우리의 전 인격을 신앙의 대상에게 맡길 것을 요구한다. 이러한 믿음은 지적 활동으로부터 생명의 힘으로 변화시킨다. 우리는 신적 진리에 관해 생각하고 연구하며 논쟁할 때, 이 모든 연구가 성령의 조명을 통해 더욱 깊이 그를 의지하는 방향으로 전개되어야 한다는 사실을 깨닫고 경외심을 가지고 접근해야 한다.

누가 하나님의 사랑을 연구함으로 알 수 있겠는가? 인간의 두뇌는 너무 작고 제한되어 있어 무한하신 하나님의 사랑을 받아들일 수 없다. 그러한 사랑은 오직 성령의 조명과 자신을 전적으로 그에게 맡기는 신앙적 결단을 통해 알 수 있다. 따라서 새 언약의 모든 진리에 대해 어느 정도의 이해는 필요하겠지만 그 후에는 살아 계신 언약의 주님께 모든 것을 맡기고 그가 우리의 삶을 변화시키시도록 해야 한다.

우리가 하나님의 선물을 받아들이지 못하게 하기 위해 육신이 구축하는 두 번째 저지선은 그것을 조건부로(with conditions) 받아들이게 한다는 것이다. 즉 그것을 받을 수 있는 헌신적인 마음의 자세와 더욱 경건한 삶을 살겠다고 다짐할 준비를 갖출 시간을 달라는 것이다. 그것은 내일이 될 수도 있고 다음 주가 될 수도 있다. 그러나 사실 육신은 그렇게 함으로써 언약의 약속을 바로 받지 못하는 이유를 제시하고 그동안 그것을 받기에 합당한 준비와 자격을 갖출 시기를 결정하는 권한이 자기에게 있음을 보이려는 의도인 것이다.

종교적 육신은 어떤 희생을 치르더라도 통제권을 지니려 한다. 그리스도 안에서 모든 것을 내어주신 하나님의 무조건적인 사랑과 마주한다는 것은 육신에 대해 죽는다는 것을 의미한다. 출애굽 당시 바로는 개구리로 뒤덮인 카펫을 밟고 다니며 끈적거리는 그들과 함께 침상에 쪼그리고 잠을 잤으며 개구리가 여기저기 뛰어다니는 식탁에 앉아 식사를 하였다. 그러나 신기한 것은 모세가 바로가 원하기만 하면 언제든 재앙이 끝나고 개구리가 사라질 것이라고 선언하였음에도 불구하고, 바로는 지금 당장 재앙을 끝내고 개구리를 떠나게 하지 않고 내일 그렇게 해달라고 대답하였다. 그러한 판단은 하나님의 손에 달려 있는 모든 상황을 하루 더 연기할 수 있는 권한이라도 행사하기 위함이었다. 그는 설사 하룻밤 더 개구리와 같이 다니며 잠을 잘지라도 그들을 보낼 시기를 결정하는 권한이 자기에게 있음을 보여주고 싶었던 것이다.

한번은 이 진리에 대해 회중들과 함께 나누며 한 주간을 보낸 적이 있다. 강론이 끝나자 담임목사는 회중들을 앞으로 나오라고 한 후 내가 말한 축복을 받기 위해 '값을 내라'고 했다. 나는 정중히 지적한 후 회중에게 어떤 대가도 필요치 않으며 선물을 받기 위한 어떤 조건이나 이유도 없으며 그것을 받기 전에 추구해야 할 어떤 과정도 없다고 말하였다.

언약의 선물에 대한 믿음의 반응은 바로 지금 이 순간 우리가 알고 있는 모든 자아를 우리가 알고 있는 그에게 전부 맡기는 것이다. 우리는 자신에 대해 거의 알지 못하며 그에 대해서는 더욱 모르지만 우리가 그에게 복종하고 모든 것을 맡길 때 더욱 많은 것을 알게 될 것이다. 순종은 복잡한 것이 아니며 마음으로부터 '예'(yes)라고 시인하는 것이다. 어떤 약속도 필요치 않으며 오직 '예'라고 시인하고 그의 선물에 감사하기만 하면 된다. 우리는 이와 같은 순종의 태도를 통해 성령께서 그의 기적을 일으키실 공간을 확보하게 되는 것이다.

우리는 계속해서 언약에 포함된 진리에 복종함으로써 우리 자신에 대해 파악하게 된다. 육신은 언제나 우리를 과거의 우리로 규명하려 하겠지만 그에게 복종하는 믿음은 우리를 언약의 선물에 의해 규명하려 할 것이다. 우리는 사랑의 선물에 비추어 우리 자신의 참 모습을 바라보아야 한다.

"나는 무한하시고 무조건적인 사랑을 받았다."
"나는 이제 주 예수를 통해 하나님과 언약을 맺었다."
"나는 그리스도에게 속하여 그 안에 살고 있다."
"내 안에 계신 성령께서는 나의 마음속에 하나님의 사랑을 쏟아 부으신다."
"나의 몸은 성령께서 거하시는 처소이다."

이러한 자세를 가질 때 우리는 주 예수를 아는 참된 지식과 은혜 안에서 점점 성장하게 될 것이다.

미주

제2장

1) Vines Expository Dictionary of old and New Testament Words, s.v. "new."
2) "Covenant and Creation: A Theology of Old Testament Covenants," by W. J. Drumbrell, Paternoster Press, P. 16.
3) Webster's Universal Encyclopedic Dictionary, 2002 Edition, Barnes and Noble; Webster's New College Dictionary, Houghton Mifflin Co., 1995, s.v. "represent."
4) Webster's Universal Encyclopedic Dictionary, 2002 Edition, Barnes and Noble, s.v. "contract."
5) Vines Expository Dictionary of old and New Testament Words, s.v. "lovingkindness."

제3장

1) Vines Expository Dictionary of Old and New Testament Words, s.v. "live."
2) Vines Expository Dictionary of Old and New Testament Words, s.v. "life."
3) Vines Expository Dictionary of Old and New Testament Words, s.v. "sin."

제4장

1) Vines Expository Dictionary of Old and New Testament Words, s.v. "lovingkindness."
2) Strong's "Hebrew" entry #1984 s.v. "halal." Vines Expository Dictionary of Old and New Testament Words, s.v. "Praise."

제5장

1) Vines Expository Dictionary of Old and New Testament Words, s.v. "love."
2) Strong's "Hebrew" entry #3045 s.v. "yada." Vines Expository Dictionary of Old and New Testament Words, s.v. "to know."

제6장

1) Vines Expository Dictionary of Old and New Testament Words, s.v. "mediator."
2) Webster's Universal Encyclopedic Dictionary, 2002 Edition, Barnes and Noble; s.v. "intercede"; Strong's, "Hebrew" entry #5241, s.v. "huperentugchano."
3) Complete Word Study Dictionary, New Testament, Spiros Zodhiates, TH.D., AMG Publishers, Chattanooga, TN, #1834, s.v. "interpret."
4) Dictionary of Ecclesiastical Latin, s.v. "ecce", and "homo."
5) Complete Word Study Dictionary, New Testament, Spiros Zodhiates, TH.D., AMG Publishers, Chattanooga, TN, #3860, s.v. "paradidomi."

제8장

1) Encarta World English Dictionary, s.v. "ratify."

제9장

1) Vines Expository Dictionary of Old and New Testament Words, s.v. "faithfulness."
2) Vines Expository Dictionary of Old and New Testament Words, s.v. "faithfulness."

제10장

1) Complete Word Study Dictionary, New Testament, Spiros Zodhiates, TH.D., AMG Publishers, Chattanooga, TN, #3340, s.v. "repentance."

제11장

1) Kittel Theological Dictionary of the New Testament, Volume 1, page 348ff.
2) Webster's Universal Encyclopedic Dictionary, 2002 Edition, Barnes and Noble; s.v. "symbol."
3) Vines Expository Dictionary of Old and New Testament Words, s.v. "communion."
4) Vines Expository Dictionary of Old and New Testament Words, s.v. "eat."

제12장

1) Webster's Universal Encyclopedic Dictionary, 2002 Edition, Barnes and Noble; s.v. "debt."
2) Complete Word Study Dictionary, New Testament, Spiros Zodhiates, TH.D., AMG Publishers, Chattanooga, TN, #142, s.v. "forgiveness."

제13장

1) Complete Word Study Dictionary, New Testament, Spiros Zodhiates, TH.D., AMG Publishers, Chattanooga, TN, #1968, s.v. "epipito."
2) Vines Expository Dictionary of Old and New Testament Words, s.v. "temple."
3) Strong's Exhaustive Concordance, #3485 s.v. "naon."

제14장

1) Complete Word Study Dictionary, New Testament, Spiros Zodhiates, TH.D., AMG Publishers, Chattanooga, TN, #1981.
2) Vines Expository Dictionary of Old and New Testament Words, s.v. "content."
3) Wycliffe Bible Commentary, Electronic Database, 1962 Moody Press, s.v. Philippians 4:11-13
4) Complete Word Study Dictionary, New Testament, Spiros Zodhiates, TH.D., AMG Publishers, Chattanooga, TN, #1743, s.v. "endunamoo."
5) Complete Word Study Dictionary, New Testament, Spiros Zodhiates, TH.D.,

AMG Publishers, Chattanooga, TN, #1743, #1412, s.v. "dunamis."

6) Complete Word Study Dictionary, New Testament, Spiros Zodhiates, TH.D., AMG Publishers, Chattanooga, TN, #2894, s.v. "kratos."

7) Complete Word Study Dictionary, New Testament, Spiros Zodhiates, TH.D., AMG Publishers, Chattanooga, TN, #5281, s.v. "patience."

제17장

1) Vines Expository Dictionary of Old and New Testament Words, s.v. "secret."
2) Vines Expository Dictionary of Old and New Testament Words, s.v. "fear."
3) Vines Expository Dictionary of Old and New Testament Words, s.v. "know."
4) Vines Expository Dictionary of Old and New Testament Words, s.v. "know."
5) Complete Word Study Dictionary, New Testament, Spiros Zodhiates, TH.D., AMG Publishers, Chattanooga, TN, #1097, s.v. "ginosko."

참고문헌

Vine, W. E.; Unger Merril; White, William. Vines Expository dictionary of Old and New Testament Words, Nashville, TN: Thomas Nelson Publishers.

Webster's Universal Encyclopedic Dictionary, 2002 Edition, Barnes and Noble.

Strong, James. Strong's Exhaustive Concordance of the Bible. "Hebrew and Chaldee Dictionary", "Greek Dictionary of the New Testament" Peabody, MA: Hendrickson.

Zodhiates, Spiros, Complete Word Study Dictionary of the New Testament, Chatanooga, TN, AMG Publishers.

Steltin, Leo, Dictionary of Ecclesiastical Latin. Peabody, MA, Hendrickson Publishers.

새 언약의 비밀

The Lost Secret of the New Covenant

2007년 12월 20일 초판 발행

지은이 | 말콤 스미스
옮긴이 | 황의무

펴낸곳 | 사) 기독교문서선교회
등록 | 제16~25호(1980. 1. 18)
주소 | 서울시 서초구 방배동 983-2
전화 | 02) 586-8761~3(본사) 031) 923-8762~3(영업부)
팩스 | 02) 523-0131(본사) 031) 923-8761(영업부)
홈페이지 | www.clcbook.com
이메일 | clc@clcbook.com
온라인 | 기업은행 073-000308-04-020, 국민은행 043-01-0379-646
　　　　예금주: 사)기독교문서선교회

ISBN 978-89-341-0982-2 (03230)
* 낙장 · 파본은 교환해 드립니다.

CLC 추천도서

하나님 나라의 서막
Kingdom Prologue
메리데스 클라인 지음|김구원 옮김|
신국판 양장|480면

창세기에 관한 성경신학적 주석으로서 언약을 통해 발전하는 하나님 나라의 토대를 밝히는 데 주력하며 아울러 하나님 나라의 역사적 발전 과정과 그 제도의 구조와 기능을 다루고 있는 본서는 독자들에게 성경적 세계관의 포괄적 모습과 참된 성경적 신앙에 대한 서론적 그림을 제공해 줄 것이다.

70인역 성경으로의 초대
Invitation to the Septuagint
모세 실바 · 캐런 좁스 지음|김구원 옮김|
신국판 양장|488면

자세하면서도 알기 쉬운 70인역 성경에 대한 입문서인 본서는 히브리어 성경의 최초 헬라어 번역인 70인역 성경이 어떻게 만들어져 전승되었으며 오늘날 성경 연구에 어떤 의미가 있는지에 대한 최신 정보를 담고 있다. 명확하고 이해하기 쉬운 문체로 기록된 이 책은 신학생이나, 목사 모두에게 도움을 줄 것이다.

CLC 기독교문서선교회

> CLC 추천도서

선지자와 그리스도
The Christ of the Prophets
팔머 로벗슨 지음ㅣ한정건 옮김
신국판 양장ㅣ584면

본서에서 저자는 선지자들의 예언 속에 나타난 예수 그리스도를 설명한다. 본서를 통해 예언이 과연 무엇이고 하나님의 계획하심과 그 목적이 무엇인지, 또한 오늘날 우리가 그 계속 진행되는 하나님의 구속역사 가운데 어떠한 위치에 서 있으며 또 어디를 향하여 나아가고 있는지 발견하기 바란다.

이스라엘의 선지자
The Prophets of Israel
레온 우드 지음ㅣ김동진 옮김
신국판 양장ㅣ560면

본서는 우드 박사가 말년에 집필한 저술로 선지자 연구의 최고 걸작으로 꼽는다. 선지자 이야기를 중심으로 다루고 있는 본서는 자유주의적 비평가들의 공격으로부터 선지자들의 신적 권위와 위치를 확고히 세우고 그들의 사역에 나타난 하나님의 뜻을 분명히 밝혀주고 있다.

CLC 기독교문서선교회

CLC 추천도서

구약성경의 이해
Making Sense of the Old Testament
트렘퍼 롱맨 3세 지음 | 김은호 옮김
신국판 | 208면

본서에서 저자는 구약을 이해하는 열쇠는 무엇이며, 구약의 하나님은 또한 신약의 하나님인지, 그리스도인은 구약을 어떻게 삶에 적용시켜야 하는지 등 구약을 이해하는 데 필요한 실제적인 원리들을 제시하고 있다.

신약성경의 이해
Making Sense of the New Testament
크레이그 L. 블롬버그 지음 | 왕인성 옮김
신국판 | 248면

본서는 신약성경의 역사적 신뢰도, 예수와 바울의 가르침 사이의 유사성과 비유사성의 문제, 문학비평의 다양한 주제들을 다루고 있다. 본서는 신약성경을 바로 알기 원하는 사람들을 위한 훌륭한 자료가 될 것이다.

CLC 추천도서

새 언약과 새 창조
The End of the Beginning
윌리엄 J. 덤브렐 지음 | 장세훈 옮김 |
신국판 | 248면

본서는 요한계시록 21-22장에 드러난 주요 사상과 주제를 연구하여 독특한 성경신학 방법론을 제시한다. 요한계시록의 최종 환상에 도달하는 방식을 새 예루살렘, 새 성전, 새 이스라엘, 새 언약 그리고 새 창조를 묘사하면서 해답을 제시하고 있다.

언약신학과 종말론
The Search for Order
윌리엄 J. 덤브렐 지음 | 장세훈 옮김 |
신국판 양장 | 472면

마지막 종말의 날보다는 역사를 향해 펼쳐진 하나님의 전 계획을 보여주는 이 책은 독자들에게 성경적 종말론의 구조를 하나님의 계속적인 역사로서의 종말론에 대해 이해할 수 있도록 인도해 준다.

CLC 기독교문서선교회

CLC 추천도서

하나님의 언약
The Divine Covenants
아더 핑크 지음ㅣ김의원 옮김ㅣ
신국판ㅣ424면

본서는 하나님의 영원한 언약에 대해 전체적인 구조 속에 행위언약과 은혜언약을 총체적으로 다루고 있다. 본서는 신적 언약들에 대한 올바른 이해를 제시하면서 그 중요성에 큰 감동을 제공할 것이다.

십계명 해설
The Ten Commandments
토마스 왓슨 지음ㅣ이기양 옮김ㅣ
신국판ㅣ416면

본서는 청교도 시대 런던에서 가장 인기 있던 설교자 중 한 사람인 토마스 왓슨 목사의 설교 가운데 십계명에 대한 설교를 모은 것이다. 그는 하나님의 뜻이 구체화된 최종 요약이라 할 수 있는 십계명에 대해 설명하고 있으며, 각 계명의 의미와 효력뿐 아니라 도덕법의 총괄적인 분야까지 상세히 다루고 있다.

CLC 기독교문서선교회